JN109881

戦争孤児たちの戦後史 1

総論編

浅井春夫・川満 彰 編

吉川弘文館

刊行のことば

二〇二〇年を「戦争孤児問題」研究元年に

二〇二〇年を「戦争孤児問題」研究元年として、この課題のとりくみが全国に広がることを願っています。そして、憲法を守ることを通して、再び子どもたちを戦場に送ることのない国であり続けたいという誓いの年にしたいと思います。

二〇一六年一一月に立ち上げた「戦争孤児たちの戦後史研究会」の三年数ヵ月の集団的研究の成果として『戦争孤児たちの戦後史』（全三巻）を刊行することになりました。研究会の代表運営委員が各巻を担当し、浅井春夫・川満彰編『第一巻　総論編』、平井美津子・本庄豊編『第二巻　西日本編』、浅井春夫・水野喜代志編『第三巻　東日本・満洲編』という内容構成です。

戦後、長い闇のなかにあった戦争孤児問題に、昨年から今年にかけて、いくつもの戦争孤児に関わる書籍が出版されてきました。本書はこれまでの戦争孤児研究の到達点と課題を整理し、今後の研究を展望する転換点にしたいと考えています。現在は戦争孤児の体験者の声を聴くことのできるギリギリの時期となっています。全国各地で陽の目をみることを待っている戦争孤児関係の史資料を発掘し、聴き取り調査などのとりくみを通して、戦争孤児問題の研究が本格的に展開されることをめざしています。

「戦争孤児たちの戦後史研究会」について

私たちの研究会の名称は、「戦争孤児たちの戦後史研究会」としています。

一般的に使われることの多い「戦災孤児」ではなく、「戦争孤児」としました。各種の辞典によれば、戦災は「戦争による災害」の略語です。その点では戦争と被害の関係を明確に意識することを避け、戦争の人為性をあいまいにしている用語です。それに対して「戦争孤児」は、戦争政策による犠牲者であるという本質を表す用語として使っています。

もう一つ重要なのは、「戦後史」という観点です。戦争孤児としての人生の局面は、浮浪児状態や施設入居期間という点では一定の期間ですが、その状況から脱出したとしても戦後の社会を生きる困難は筆舌に尽くせない経験をした人たちが多いのです。そうした現実を意識しながら、敗戦直後の数年間に焦点をあてながらも、戦後史という視点を大切にして戦争孤児問題を考えています。

これまで各地の研究者や地元の団体と協同して、東京（創立総会、立教大学）、京都（テーマ＝「『駅の子』と伏見寮」、会場＝大善院）、広島（「広島の戦争孤児と戦災児育成所」、皆賀沖会館〈元広島戦災児育成所跡〉）、愛媛（「戦争孤児と施設養護」、男女共同参画推進センター）、長崎（「原爆孤児と被ばく福祉」、恵みの丘原爆ホームなど）、沖縄（「戦争孤児になる瞬間と孤児の現在」、沖縄大学）、東京（「東京大空襲と戦争孤児」、東京大空襲・戦災資料センター）、京都（「海を渡った孤児院」、一燈園）で、八回の全国を巡回する研究会を開催してきました。あわせてフィールドワークも各地で行いました。歴史の事実を掘り起こし活動している仲間たちとの交流も重ねてきました。その成果が全三巻の内容となっています。

奇しくも戦後七五年の日本の針路を私たち一人ひとりが考えなければならない年に、戦後の一つの総括として戦争孤児問題を現段階で理論的に整理し、曲がりなりにも歴史研究の問題意識・方法・叙述という展開ができたことに安堵しています。

現代的課題に対する問いを持ち続け、歴史的想像力を枯渇させることなく模索していくことに、誠実でありたいと胸に刻んでいます。

戦争孤児問題を歴史教科書で学べるように

戦争の反省は戦後政治のなかでまともな総括がされないまま現在に至っており、あらためてこの時期に戦争孤児たちの戦後史を掘り起こすことは大きな意義があります。いま戦争孤児たちの戦後史に光を当てて、歴史をつなぎ、歴史をつくる研究運動を、仲間たちとすすめたいと思います。

悲しみの記憶・切なさの感情・排除の体験を私たちはどう文字として起こすことができるだろうかと逡巡することもよくあります。それでも聴き取り調査のなかで、戦争孤児の方々が最後にいわれる「戦争は絶対に繰り返してはいけません！」という一行のことばに励まされてきました。

私たちは、歴史の研究が、過去の記憶と記録の解析とともに、沈黙のなかにある声に耳を澄ませ、生きる希望を発見するとりくみでありたいと願っています。私たちは今後の研究においても歴史的想像力を子どもたちにはぐくむための本物の歴史教科書が必要であると思っています。

多くのおとなたちとともに、子どもたちが歴史の事実・現実・真実を学ぶことをこの国で伝えていきたいものです。そのために本書が役立つことを心から願っています。

戦争孤児たちの戦後史研究会　代表運営委員

浅井春夫
川　満　彰
平井美津子
本　庄　豊
水野喜代志

目　次

Ⅱ部　さまざまな孤児問題

Ⅲ部　孤児問題研究をすすめるために

はじめに——戦後七五年と戦争孤児問題への新たな視点——

浅井春夫

一　戦争をする国としての戦前と戦後七五年

日本が参加した戦前の戦争

国を代表する政治家や憲法「改正」を求める人たちは、日本はこれまで何十年も戦争をしなかった国であり、決して戦争などするはずがないというが、はたしてそうであろうか。

歴史を具体的にみると、近代においてわが国は、一八七四年の初の海外侵攻「台湾出兵」に始まり、一八九四～二〇二〇年の一二六年間で、六回の戦争に手を染めてきた。その頻度を考えると、約二〇年間に一回は他国との戦争をしてきたことになる。次にみるように戦前の日本は戦争をする国であった。

一八九四～九五年　日清戦争

一九〇四～〇五年　日露戦争

一九一四～一八年　第一次世界大戦

一九三一～三三年　いわゆる〝満洲事変〟（十五年戦争の始まり）

一九三七～四五年　日中戦争
一九四一～四五年　アジア・太平洋戦争

戦後七五年は、日本が海外に出て直接かかわる戦争をせず死者を出すことはなかったが、戦前だけをみれば、五一年間で六回の戦争があった。実に一〇年に一回は戦争をしていたのであり、戦争をしていた期間を足すと二五年にわたることになる。まさに二〇世紀は戦争の世紀であった。その意味では戦後の七五年間、戦争の世紀をストップさせてきたのが日本国憲法第九条であり、戦争を繰り返させてはならないという国民の声と運動であった。

「凡そ世に戦争程非慈善的の大なるものはあらず」

凡そ世に戦争程非慈善的の大なるものはあらず。多くの壮丁（成年男子—筆者）はこれが為めに殺され、多くの廃者（障がい者—筆者）はこれが為めに生じ、多くの老者はこれが為めに扶養者を失ひ、多くの妻女はこれが為めに寡婦となり、多くの児童はこれが為めに孤児となり、あらゆる人生の悲哀苦痛はこれが為めに起り来る。吾人は常に慈善の熾んならんことを願ふ丈け、夫れ丈け深く戦争の賛辞を悲しまざるを得ず。

この一節は、『東京孤児院月報』（第四九号、一九〇四年三月一五日発行、東京孤児院は現在の東京育成園）の表紙に、同孤児院幹事の桂木頼千代が記者「伴水」の名で「戦争と慈善」と題して書いた論説である。

一九〇四年といえば、二月八日に日露戦争が始まった年で、朝鮮半島とロシア主権の「満洲」を主戦場に、一年半に及ぶ戦争が繰り広げられた時期である。戦闘に参加した日本側の軍人と軍属の数は、戦闘地域と後方支援を合わせると、一〇八万人を超えている。このうち戦死者は約八万四〇〇〇人、戦傷者は一四万三〇〇〇人を数えている。

このような時代背景のなかで、この一文が書かれている。現在に通じる戦争の本質が明確に書かれた論説である。

どのような戦争も〝正義と平和〟や〝自衛〟〝国土防衛〟の名のもとに行われてきた。そして〝戦争の後始末〟を担ってきたのが社会福祉事業であった。わが国における戦争孤児・浮浪児の〝収容〟のための児童養護施設、戦争で夫を亡くした寡婦と子どものための母子寮（現在の母子生活支援施設）、戦争で重傷を負った傷痍（しょうい）軍人のための身体障害者施設などによって、戦後、戦争犠牲者のためのケアと救済の制度として再出発をすることになった。こうした戦争と福祉の負の歴史を再び繰り返すことがあってはならないのである。

二　戦争体制における国家予算の変質

戦時体制の骨格

戦時体制の骨格は軍事政治であり、軍部による政治における独裁が外交においても貫かれていくことになる。戦時体制は軍事政治を土台に、戦争社会として三つの柱で構成されている。それは第一に国家による徹底した管理社会であり、第二に社会的排除が横行する社会であり、第三として超貧困の暮らしが強制される社会である。

国家的管理社会は、戦前でいえば〝密告社会〟を骨格にしており、「隣組（となりぐみ）」が重要な役割を果たしてきた。隣組は、戦時体制の銃後を守るための国民生活の地域基盤であるとともに、相互監視機能を持っていたのである。一九三八年に、「交隣相助、共同防衛」の目的を持った隣組制度が上からつくられている（遠山ほか、一九五九、一六四頁）。

社会的排除社会とは、国民と〝非国民〟という二分法で端的に示されるように、多数派が少数派に貶めた人々を排除する社会のあり方である。その内実は、日本人と他民族、健常者と障がい者、健康者と病者などの二分法に基づいた少数者の排除のしくみで、国家的管理社会とともに社会的排除社会は戦時体制を強化し構成する柱である。

超貧困社会は、「欲しがりません、勝つまでは」のスローガンに代表されるように、国民に窮乏生活を押しつける現実を生みだしてきた。お国のために、いのちの尊厳を踏みにじり、生活を犠牲にすることを当然のこととしてきたのである。

こうした歴史的事実を、戦後二〇年ほど経ってようやく民衆は語るようになってきた。暮しの手帖編『戦争中の暮しの記録』(暮しの手帖社、一九六八年三月発行、保存版は一九六九年)には、一二一五名の応募手記からさまざまな体験が記録されている。それらの戦時中の暮らしを凝縮した言葉でいえば、「それは、言語に絶する暮し(ママ)であった」(暮しの手帖編、一九六八、五三頁)。次に、こうした超貧困社会に突入することになった実態を財政史の観点から考えてみよう。

国家予算に占める直接軍事費の比重

大蔵省昭和財政史編集室編『昭和財政史 第一巻 総説』(東洋経済新報社、一九六五年)および『昭和財政史 第四巻 臨時軍事費』(同、一九五五年)の概略を紹介しておこう。

財政の急膨張の主要原因である「臨時軍事費特別会計」は、盧溝橋(ろこうきょう)事件(一九三七年)を処理するために開設された項目である。アジア・太平洋戦争では一般予算の七割が戦費に充てられ、日清戦争の七七六倍、日露戦争の一〇三倍、平均物価指数を踏まえれば日清戦争の一四五倍、日露戦争の三〇倍を投入した。臨時軍事費の歳入のうち、公債・借入金が八六・四%、歳出では兵器購入の物件費が八三・五%、人件費は九・三%となっている。「一般会計と臨時軍事費との純計に対する直接軍事費の比重は、どんなに低い時でも三割に近く、高いときには九割に近い比重を占めているのである」(大蔵省昭和財政史編集室編、一九五五、三頁)。

表でまとめているように、国家予算に占める直接軍事費の比重は、日清戦争(一八九四〜九五年)六九・三〜六五・五%、日露戦争(一九〇四〜〇五年)八一・八〜八二・三%、満洲事変(一九三一年)三一・二%、アジア・太平洋戦争末期(一九四四年)では八五・三%を占めるまでになっている。

『昭和財政史 第四巻 臨時軍事費』の本文の最後に、「今次の戦争のための直接的戦費は、現在(昭和二八年平均)の物価にしておよそ八九兆円、すなわち今日の予算規模で九〇年度分が九カ年たらずの戦争のために消費されたのである」とまとめられている（大蔵省昭和財政史編集室編、一九五五、三九〇頁）。

一九七七年に厚生省が明らかにした数字では、アジア・太平洋戦争の「軍人・軍属・准軍属」の戦没者二三〇万人、外地で戦没した一般邦人三〇万人、内地での戦災死者五〇万人、計三一〇万人となっている。戦争は多くの人々のい

表　明治以降における軍事費の比重

年　度	一般会計と臨時会計との純計	直接軍事費	割合（%）	参 考 事 項
1887年	79,453	22,452	28.3	
1894年	185,299	128,427	69.3	日清戦争
1895年	178,631	117,047	65.5	
1902年	289,227	85,768	29.7	
1904年	822,218	672,960	81.8	日露戦争
1905年	887,937	730,580	82.3	
1910年	569,154	183,626	32.3	朝鮮併合
1914年	617,994	304,566	49.3	第1次世界大戦開戦
1918年	1,142,806	580,069	50.8	シベリア出兵
1925年	1,526,819	448,009	29.3	南満出兵
1931年	1,476,875	461,298	31.2	満洲事変
1934年	2,163,004	951,895	44.0	対ソ作戦24個師団配備
1937年	4,742,320	3,277,937	69.1	日中戦争突入
1941年	16,542,832	12,503,424	75.6	アジア・太平洋戦争突入
1942年	24,406,382	18,836,742	77.2	
1943年	38,001,015	29,828,820	78.5	ガダルカナル島撤退
1944年	86,159,861	73,514,674	85.3	直接軍事費の比率は過去最高
1945年	37,961,250	17,087,683	45.0	敗戦

（出典）大蔵省昭和財政史編集室編『昭和財政史 第４巻 臨時軍事費』東洋経済新報社，1955年，４～5頁の同名の表をもとに筆者が作成．
（注１）直接軍事費は，陸海軍省費・臨時軍事費・徴兵費の合計．
（注２）割合（%）は，小数点第４位で四捨五入した数字で再計算した数値である．

のちを奪い、財政の果てしない無駄遣いが横行し、国民を分断してきた。その歴史を直視することが求められている。

三　本書の各論考にふれて

本書は、全体をⅢ部構成としている。Ⅰ部「孤児問題を把握する視点」、Ⅱ部「さまざまな孤児問題」、Ⅲ部「孤児問題研究をすすめるために」というⅢ部構成である。

Ⅰ部「孤児問題を把握する視点」

第一章「戦争孤児研究の到達点と課題」（浅井春夫）で、これまでの研究の流れと論点、戦争孤児問題把握の類型などについて、どのような問題意識を持って整理する必要があるかをまとめており、そのうえで今後に取り組むべき課題を提起している。戦争孤児問題の本質は、ストレートにいえば国家の棄児政策であることを指摘している。

第二章「キーワードで知る戦争孤児問題」（片岡志保）は、戦争孤児問題に関するキーワードをおおよそ年代順に説明した内容となっており、キーワードの説明を通して戦争孤児をめぐる政策の姿勢を浮き彫りにすることを試みた論考である。戦争孤児問題は、政策側の優先的な課題ではなく、場当たり的な施策で対応されていたことが理解できる。

第三章「戦争孤児問題の制度・法律の変遷」（山田勝美）は、戦争孤児問題に対する主として国の法制度の変遷について整理しており、そこから浮かび上がる問題点を論究した内容である。「国児」および「遺児」として扱われた、戦争推進の戦力としての児童の位置づけが敗戦によって失せ、そうした戦争孤児の認識が戦後の社会政策においても〝子どもへの無関心〟という点で継続していることを想起させる論考となっている。

第四章「女性の戦争孤児体験を聴き取る」（艮香織）は、継続して女性への聴き取り調査を実施してきたまとめである。戦争孤児研究にジェンダーの視点を意識して体験の記憶を分析したときに、何を浮き彫りにできるのかという新たな研究のスタンスである。戦争孤児の複雑で深刻な体験を機械的な二分法では類型化できないが、女性としての体験から何を抽出できるのかに注目をしたい論考である。

第五章「戦中・戦後の児童養護施設の実態と実践」（藤井常文）は、東京大空襲の被災児童、さらに全国の孤児たちが闇市の立ち並ぶ上野(うえの)・池袋(いけぶくろ)などに集まってきたが、国・都が公的な責任を十全に果たしたとは言い難く、少なくない民間の施設実践において試行錯誤が繰り返されていた。だが、その現場も暮らしは荒れることが多かった。そのなかでも職業教育の実践理念が芽吹いていたが、理念と実践の乖離という現実は否定しようのない事実であった。こうした理念が子どもたちの発達と権利保障につながるのはかなりの時間を要することになる。

Ⅱ部「さまざまな孤児問題」

第一章「「駅の子」と伏見寮(ふしみりょう)」（本庄豊）にかかわって、今日の戦争孤児問題への注目は、「駅の子」という呼び方とともに広がってきたといっても過言ではない。駅は、戦争孤児にとっては闇市も近隣に立つ　いのちと暮らしの拠点であり、全国への流浪への出発点であり終結点でもあった。それぞれの戦争孤児にとっては、どのようなおとなと出会うのか、いかなる施設で生きるのかは人生の分岐点でもあった。その意味で伏見寮は歴史の希望と良心としてとどめておくべき実践の現場であったことが記述されている。

第二章「学童疎開と疎開孤児」（金田茉莉）は、集団疎開先での暮らしが忍耐と強制の毎日であったことを自らの体験として記述している。集団疎開は国策として強制的に遂行された施策であった。それは近い将来の兵士と銃後を守る戦力の温存が目的であった。国はそうした疎開孤児の隠蔽と捏造の数字を発表することで、疎開孤児の実態を歴史から〝抹殺〟してきたことを告発している。

第三章「沖縄の戦争孤児」（川満彰）では、戦場孤児の実態として、米軍の占領下で多くの孤児たちが孤児院に収容された。本章は沖縄本島だけでなく、周辺の島や日本以外で生まれた戦争孤児など、海外への侵略政策に起因して生み出された孤児にも論究している。戦場となった沖縄の戦争孤児問題を網羅した内容となっており、子どものトラウマ（心的外傷後ストレス障害）について問題を提起している。

第四章「戦争孤児としての「混血児」」（上田誠二）は、エリザベスサンダースホームと聖ステパノ学園（園内学校）の実践に着目した論考である。「混血児」が生みだされる社会的背景と優生保護法の制定に伴って、優生思想にさらされる「混血児」の現実が論述されており、そうした現実に抗う澤田美喜の教育・運営実践の骨格が整理されている。本章から、現代の教育福祉実践者は学ぶべきことが多いであろう。現代的視点で読み取ることが私たちに求められている。

第五章「舵子（かじこ）問題と戦争孤児」（水野喜代志）は、地域性の高い特異な歴史的問題として、愛媛県や瀬戸内の島々での漁業労働に戦争孤児がかかわった問題を取り上げている。舵子は小舟の漕ぎ手であり、戦争孤児を含めた少年が人身売買され、事例的には児童虐待問題を孕んだ問題として、たびたび社会的な問題となってきた。戦争孤児たちがさまざまな人生の歩みをいかに重ねたのかを提起した論考である。

Ⅲ部「孤児問題研究をすすめるために」

第一章「戦争孤児を生みだしたアジア・太平洋戦争」（平井美津子）は、この戦争の歴史的流れと全体の構造を概説しており、戦争孤児問題を考えるうえで必要不可欠な知識が網羅されている。この戦争がわが国において戦争孤児を生んだだけでなく、日本軍が侵略した国・地域においても戦争孤児を生みだしたことを忘れてはならないという筆者の視点を共有したい。

第二章「世界の戦争孤児問題」（結城俊哉）は、日本と世界の戦争孤児を網羅的に記述するとともに、世界という視野に立って、戦争孤児問題の過去・現在・未来を考える論考となっている。現代の戦争と紛争のなかで生きている子どもたちの現実を通して、時代を共有する人間として何を考えるべきかを問題提起しており、戦争孤児問題の学び方が問われる論考である。

第三章「聴き取り調査の基本的スタンスと方法」（石原昌家）は、筆者自身の聴き取り調査の経験を踏まえて、これからの研究と聴き取り調査を進めていくうえで共有すべき論考である。この分野の研究に向かおうとする人たちに、わかりやすく、かつ立ち返るべき原点が明示されている。「自分の聴き取りに満足せず、つねに未完成という意識があれば、聴き取り相手からさらにさまざまな体験を聴き出せる可能性があるだろう」ということばに励まされながら、戦争体験者が確実に少なくなっていくという期限の限られたとりくみに向かいたい。

「戦争孤児問題年表」（酒本知美）は、日本の動き、日本の子どもに関する動き、国際的な動きという三つの柱で構成された年表で、一九〇〇年ごろ～一九六〇年の期間をフォローしている。戦争孤児問題を研究するうえで、歴史の大きな流れがわかるように整理されており、知っておくべき歴史的事実のミニマムが網羅されている。

四　戦争孤児問題研究の新たな視点と課題

『戦争孤児たちの戦後史』（全三巻）の出版をした以降のとりくみの展望を描くうえで、ここではいくつかの課題提起することを通して研究を拡げていきたいと考えている。率直に戦争孤児問題研究の新たな視点と課題について提起しておきたい。

第一に、戦争孤児たちの「戦後史」という視点で、戦争孤児問題研究をこれまで取り上げられることはほとんどなかった。敗戦直後の一定の期間＝戦争孤児であった体験期における体験記としての著書・記録などはあるが、戦後史の視点でまとめられたものは少ない。私たちが提起した研究の枠組みは、戦争孤児としての体験期に焦点をあてるとともに、その期間の体験と人間関係、記憶がそれぞれの人生の歩みにどのような意味を持ってきたのかという研究の視点である。そうした視点から記録として残されているものは多くはない。このような研究課題は、聴き取り調査の重要性が問われることになるが、聴き取りのできる方々が年齢的にかなり厳しい現状に差しかかっている。その点ではここ数年が聴き取り調査のできるギリギリの状況となっている。全三巻の刊行をバネに、戦争孤児たちの戦後史研究を大きく広げていきたいと願っている。

　戦後史の視点に関して、補足的にいっておくと、兵士や看護などに従事したなどの戦場体験だけでなく、空襲被害体験、さらに〝戦中・戦後の生活体験に付随するトラウマ〟を戦争孤児が抱えていることも想像に難くない。また、沖縄においてはまさに孤児においても戦場体験がトラウマとなっており、この点にもさらに光をあてていく必要があると感じている。

　第二に、子どもの貧困という視点からの研究を進めていくことも新たな視点と課題としてあげておきたい。敗戦後の五年間は、経済格差が縮小した時代であったことが指摘されている（橋本、二〇〇九、六七〜九二頁）。経済格差の縮小が平等化を促進したという統計上の観点からいうこともできるが、多くの勤労世帯のエンゲル係数は高原状態が続いており、「健康で文化的な生活」保障という観点からみれば、食べることに汲々（きゅうきゅう）とした暮らしを余儀なくされていた。その意味では敗戦直後の国民生活は「引き下げられたレベル」での平等にすぎなかった（岩田、二〇一七、三〇〜三二頁）。そうした実態のなかで戦争孤児たちの生活は、衣食住のレベルにおいて、さらに家族的依存と人間関係においては、切ない（胸が締めつけられるような悲しさや、つらさのこと）生活状況のなかにあったのである。貧困の極致のなかで暮らしてきたことの具体的内容に注目し、〝引き下げられた平等〟のもとでの最下層が形成されたことの分析も課題としてある。〝浮浪者〟〝浮浪児〟〝戦災孤児〟〝闇の女〟などの形容を伴うことで、さらに戦争孤児や女性たちの社会的排除と職業的な囲い込みにつながっていくプロセスを解明する課題がある。

第三として、子ども政策・児童福祉政策における〝子どもへの無関心〟という実際が、いかに形成されたのかを考察することも重要な視点と課題である。アジア・太平洋戦争における日本国の敗戦に伴って、戦後の再出発は国民の再形成・再統合をめざす過程でもあったが、戦後処理のあり方は、元軍人・軍属とその遺族などの恩給受給者と、空襲被害者・戦争孤児・民間戦争被害者・沖縄戦民間被害者などとを完全に分断してきたのであった。子どもへの無関心も組み込んだ「国民への無関心」（タラ・ザーラ、二〇一九、三八九〜三九三頁）が露わになった戦前から戦中戦後の政治のあり方の連続性を視野に置くことは、この分野においても重要な視点と課題である。

第四として、ジェンダーの視点を通して、戦争孤児問題をどう捉えていくのかについて今後の課題として考えたい。それは端的にいえば、社会的に付与された性別によって「子どもの人権」と「子どもの最善の利益」に大きな差異があったのではないかという問いである。それはいわゆる「混血児」への差別的な視線と関係が生みだされたこととも深く関連しているのではないか。改めて時代をさかのぼって、ジェンダーの視点で戦争孤児問題を考察することが求められている。

第五として、今後の研究で深めたい課題として、戦争孤児問題を国内の問題だけではなく、海外に渡った孤児院の研究も正面に据えてとりくむ必要がある。それは侵略政策のもとでの孤児院の建設だけではなく、日本軍の侵略によって現地での戦争孤児を生みだすことになった歴史的事実への注目である。具体的には、第二巻のⅡ部第四章「引揚げ孤児」（本庄豊執筆）でもふれられているが、旧「満洲」にあった奉天（ほうてん）孤児院、大連（だいれん）孤児院、日本領としていたサイパン孤児院など、〝海を渡った孤児院〟の史料の収集と考察をしていく課題である。この課題には、①海外への孤児院の設立の社会的背景の分析、②孤児たちの引揚・帰国への国内の受け入れ体制の実際、③日本人孤児院だけでなく、現地の孤児たちのための孤児院の意義と役割なども視野においた研究課題となろう。

第六に、施設入所の経験と孤児院に入らなかった浮浪児としての経験には、人生史においてどのような変化があったのかを視野において研究しなければならない。それは戦争孤児たちにとって、里親も含めて社会的養護のもとで暮らした経験がいかに人生の分岐点であったのかを問う視点でもある。施設実践と運営はまさに多様であったが、施設の養育理念とケアが孤児たちにどのような影響を与えたかについて、個別の施設史の分析から考えてみたい。

第七に、今回の全三巻の編集のなかで残念ながら、北海道・東北の戦争孤児問題は次期の課題として残さざるを得なかった。改めてとりくみたいと考えている。

第八として、運動的な課題であるが、戦争被害者としての裁判に関するとりくみも大きな問題としてある。「全国空襲被害者連絡協議会」「沖縄・民間戦争被害者の会」などの裁判のとりくみがあるにもかかわらず、日本政府は戦後、民間の空襲被害者に何の補償もしていない現実がある。一方で元軍人・軍属や、その遺族には、総額六〇兆円を超える恩給や年金を支給してきた。国が起こした戦争の被害に対する責任を問い続けるという課題をなおざりにすることはできない。

二〇一七年四月二七日、超党派の議員連盟（会長・衆議院議員河村建夫元官房長官）が国会内で総会を開き、「空襲等民間戦災障害者に対する特別給付金に関する法律」（仮称）案の素案をまとめた。その要点は、①対象者は生存する障害者とケロイドなど「外貌に著しい醜状（しゅうじょう）」が残る人（国籍条項はなし）に対し、②一時金五〇万円を支給、③対象期間は一九四一年一二月八日～四五年九月七日、④戦災孤児や精神的被害を負った人などの被害の実態調査を国に義務づける（傍線―筆者）、⑤死亡者を追悼する施設の設置などを行う、⑥補償ではなく「慰藉（いしゃ）」（なぐさめ、いたわること）の位置づけ、⑦請求期間は施行日から三年以内、⑧早急に支給するため公布日に施行、などとなっている。こうした法律案を超党派で成立させる運動が求められている。

最後に改めて強調しておきたいことは、「刊行のことば」で記した「戦災孤児」と「戦争孤児」の名称のちがいについてである。自民党憲法改正草案は、その前文で「我が国は、先の大戦による荒廃や幾多の大災害を乗り越えて発展し」などと述べて、戦争も自然災害も同列に並べて記述しており、戦争責任についての反省がまったくない前文となっている。戦争は政治の延長であり、戦争を推進した国の責任が鋭く問われる行為である。その点では現行憲法前文の「日本国民は、（中略）政府の行為によって再び戦争の惨禍が起ることのないようにすることを決意し、ここに主権が国民に存することを宣言し、この憲法を確定する」という先の戦争の反省と新たな歴史をつくる決意を示している。こうした現在の情勢を考えても、「戦災孤児」と「戦争孤児」という用語のちがいには頑固にこだわっておきたい。

参考文献

岩田正美『貧困の戦後史』筑摩書房、二〇一七年
大蔵省昭和財政史編集室編『昭和財政史 第四巻 臨時軍事費』東洋経済新報社、一九五五年
大蔵省昭和財政史編集室編『昭和財政史 第一巻 総説』東洋経済新報社、一九六五年
大谷　正『日清戦争』中央公論新社、二〇一四年
暮しの手帖編『戦争中の暮しの記録』暮しの手帖社、一九六八年、保存版は一九六九年
スーザン・L・カラザース著、小滝陽訳『良い占領？―第二次大戦後の日独で米兵は何をしたか―』人文書院、二〇一九年
タラ・ザーラ著、山時眞貴子・北村陽子監訳『失われた子どもたち』みすず書房、二〇一九年
遠山茂樹・今井清一・藤原彰『昭和史 新版』岩波書店、一九五九年
中村光博『「駅の子」の闘い―戦争孤児たちの埋もれてきた戦後史―』幻冬舎、二〇二〇年
橋本健二『「格差」の戦後史』河出書房新社、二〇〇九年
松本　泉『日本大空襲―米軍戦略爆撃の全貌―』さくら舎、二〇一九年
安丸良夫『戦後歴史学という経験』岩波書店、二〇一六年

吉田裕ほか編『アジア・太平洋戦争辞典』吉川弘文館、二〇一五年
吉見義明『買春する帝国―日本軍「慰安婦」問題の基底―』岩波書店、二〇一九年

Ⅰ部　孤児問題を把握する視点

第一章　戦争孤児研究の到達点と課題

浅井春夫

はじめに――聴き取り調査のなかで――

「中国残留孤児の人たちを、ず〜とうらやましく思った時期がありました」

東京大空襲で火の海のなかを逃げ惑い、母親が死亡する直前に、近くにいた名前も知らない女性に本人があずけられたことで生きのびた方の言葉である。どうにかして母親の名前と亡くなったときのことを知りたいと、その方は長い間探し続け、行政資料にある個人情報についての情報開示請求をした戦争孤児体験者であった。

中国残留孤児だったら、国・厚労省が子どもの身元を責任もって探してくれるので、どれだけうらやましかったか、そう思っていたとのことであった。

「そんなことをあなたに答える必要はない！」

聴き取りも後半に差しかかったとき「どのような職業で暮らしてこられたのですか」という問いに、急に声を荒げて、即座にこのような言葉を投げ返された。誠実で温厚な方であったが、このときには異様に感じるほど、語気を強くした。戦後を生きのびるためにどんな職業についてきたのかはわからないが、この方にとって戦後がいかに困難のなかにあったのかを感じた瞬間であった。このように、戦争孤児体験者の記憶の底にしまってある〝痛み〟に無自覚なままに土足で踏み入れてしまうことがあった。

「履歴書を書くことがいやだったなあ。だって書くことがないんですから」

大手企業で仕事をしてきた方で、戦争孤児のなかでは〝社会的地位を築いた人〟とみられている人の言葉である。父母・家族の欄、親戚関係、生い立ちの記録など、自らのプライバシーに関する情報を持たないで、青年期を生き、そして定年退職まで仕事をまっとうされた人が、気持ちを押し込んで生きてきた戦後の歴史なんだと実感した。

私が戦争孤児の方々への聴き取り調査をしているなかでも、「『孤児であったことはしゃべってはいけないよ』とみんなから言われた」という方が少なくなかった。私たちが踏み込めない、踏み込んではいけない戦争孤児たちの戦後史を肌で感じることがいく度となくあった。

「孤児院での記憶は、コンクリートで固めて、沖縄の海に沈めたい！」

沖縄戦後に建てられた孤児院で暮らした経験を、この男性は吐き捨てるように語った。私には孤児院での生活をそれ以上聴くことはできなかった。戦争を生きのびて、少年期の一時期を孤児院で暮らした彼にとって、そこでの生活体験はトラウマとなって記憶のなかに住みついているのだと思った。まさに記憶の断面を吐きだすような言葉のなかに、生き抜いてきた人の強さを想う。心の傷は、折り合いをつけることはできるが、何十年たっても癒えることがないのだろう。

これらの言葉は戦争に巻き込まれ、戦争孤児として暮らしながら、希望を胸に生き抜いてきた人たちの声である。そうした人たちとともに、沈黙を貫いて生き、亡くなった方々もどれだけいるのであろうか。私たちの研究は、そうした沈黙の海のなかにある声を聴き取ることも使命であると感じている。

一　戦争孤児の現実――敗戦直後の実態と「戦災孤児調査」――

戦争孤児の戦後史

戦争孤児は、まさに戦争が終わると新たな戦争が始まっていた。東京・上野の地下道には戦争孤児があふれ、大勢の孤児たちが餓死・凍死していた。生き残った孤児たちも地獄の生活であった。全国から上野の地下道や闇市、駅の構内に浮浪児たちが集まってきた。新聞売り・靴磨き・盗み・ヤクザが絡むヒロポン（覚醒剤の一種）や密造酒の密売などで生活するなど、生きるためには何でもやらなければならなかった。

敗戦直後の子どもの実態を調査した大谷進は、「浮浪児」増加の社会的背景を、「食糧不足の折、上野に来てもらひをし、満腹の味をおぼえ、家出をした者」が含まれており、「最近次第に家出浮浪児の数は増加する傾向にあり、敗戦直後の戦災による孤児の数に迫る現象があらはれて来た」と述べている（大谷、一九四八、九七頁）。

戦争孤児として、浮浪児として、自ら稼がないといけなくなった女の子の仕事は、身の安全を保つため、男の子たちと並んでできる靴磨きが多かった。一方で、性の売買にかかわることもあった。ある孤児は「女の子はたしかに売春していたよ。お金じゃなく、おにぎり一個と引き換えにやっている子だっていた」と述べている（石井、二〇一四）。

施設に収容された戦争孤児も悲惨を極めていた。戦前から開院していた徳島県の阿波国慈恵院では「戦災孤児、親の行方がわからない子、はぐれた子など六〇人の子らがいたが、すさんだ世の中そのままによくけんかがあった。いがみ合い、ののしり合う原因はすべて食べ物にあった」、「食べ物はまるでなかったし寝具などもなく、院児たちは飢えた子犬のように体を丸めて寝た（中略）あれほど家族的にまとまっていた院内の雰囲気も殺伐としたものになっていた」という（阿波国慈恵院百年史保育園併設三十年史編集委員会編、二〇〇〇、二七～二八頁）。

一九四六年一一月に開設された神戸市立「子供の家」（二〇一三年に廃止）では、当時の食事内容は、朝はお粥、お昼は、学校でまだ給食制度がないため、職員が蒸しパンを学校に持っていき、夕食は麦飯で、それがなくなると代用食はうどんなどであった。あまりにもお腹の空いた男子中学生は通学途中で弁当を食べ、昼時は裏山で空を見上げて寝ていたという（白井・藤原、二〇一九、八四頁）。民間施設だけではなく、行政が運営する施設も空腹の日々を過ごしていることに変わりなかった。

こうした状況は全国のどの施設においても同様だった。戦中、飢餓状態を生きのびた戦争孤児は、戦後も引き続き飢餓生活を強いられ、いじめや暴力の渦中にいたのである。彼らは、〝戦争乞食（こじき）〟〝野良犬〟〝バイキンの塊〟などの言葉を投げつけられ、帰ることのできる故郷や家族もなく、一度は「自死」を考えた方も少なくない。

戦争孤児の実態調査の問題

政府や厚生省は戦争孤児の実態をどのように把握していたのだろうか。

一九四七年一二月六日に厚生大臣官房会計課長連名通課として出された「全国孤児一斉調査」（表1）の結果をみると、一九四八年二月一日現在、沖縄県を除いた全国で一二万三五一一人を数えており、孤児の種類別では、戦災孤児二万八二四八人、引揚孤児一万一三五一人、棄迷児二六四七人、一般孤児八万一二六六人となっている。また保護者別でみれば、親戚に預けられた孤児が一〇万七一〇八人、施設に収容された孤児一万二二〇二人、独立した生計を営む孤児四二〇一人、浮浪児は三万五〇〇〇〜四万人と推計されている。

この調査に記された「戦災孤児」とは、都市空襲によって親・家族が死亡したことで、孤児になった子どものことである。「引揚孤児」とは、主には敗戦後に中国などから引き揚げてくる途中で、親が死亡したり家族が離散したりすることで孤児になったケースで、「棄迷児」とは、空襲のなかで親と離れ離れになった孤児のことである。また「一般孤児」とは、それらの孤児とはちがい、保護者の病死や行方不明などで孤児になったと説明されているが、多

表1　1948年「全国孤児一斉調査」の結果（沖縄県を除く）

戦争孤児合計　123,511人			
年齢別（数え年）		種類別	
1歳～7歳	14,486人	戦災孤児	28,248人
8歳～14歳	57,731人	引揚孤児	11,351人
15歳～20歳	51,294人	棄迷児	2,647人
		一般孤児	81,266人
保護者別			
親戚に預けられた孤児	107,108人		
施設に収容された孤児	12,202人		
独立した生計を営む孤児	4,201人		

（出典）厚生省児童局企画課調「全国孤児一斉調査結果」1948年2月1日現在（『全国戦災史実調査報告書 昭和57年度』）.

（注）浮浪児および養子縁組をした孤児は含まれていない．また「独立した生計を営む孤児」の実態は不明である．

「種類別」の合計値が「戦争孤児合計」と合わないが，出典のママとした．

くは学童疎開中に親を失った子どもたちであり、実態は戦争孤児そのものであった。

この「全国孤児一斉調査」は、一九四五年三月一〇日の東京大空襲で多くの孤児が発生したときから二年九ヵ月も過ぎての調査であったという点で、決定的な問題がある。当時、民間団体や新聞社の東京大空襲の被害調査では死亡・行方不明者は一〇万人以上とされており、単独の空襲による犠牲者数は世界史上最大であるといわれている。おそらく東京大空襲で発生した孤児のかなりの人数が、すでに社会のなかに〝吸収〟されてしまったのだろう。これでは戦争孤児の実相をつかめたとはいえない。

この調査結果が出る前、当初、国は「戦災孤児」数を正確に把握することなく国会で報告をしていた。一九四六年八月二三日の第九〇回帝国議会で、「戦災孤児の救援に関する建議」に関して布利秋（ぬのとしあき）議員と服部岩吉（はっとりいわきち）政府委員との間で次のような質疑応答がなされている。

○布利秋議員「浅草東本願寺（あさくさひがしほんがんじ）に戦災孤児が収容されておるのは、数も多いし相当惨めな生活をしております。衰弱していく者が刻々死ぬ。薬も手に入らない。戦災孤児は逃げだし無宿者になってしまう。そうして不良少年に墜ちていくのが増えてしまった現状をみて、これを政府のほうで、なんとか救護してもらいたい。実行してもらいたい」

○服部岩吉政府委員「従来の孤児は個人で経営されている慈善事業が取り扱ってきたのでありますが、今度の戦争によって、発生した孤児の問題は、きわめて重要な問題であります。現在全国にどれほどの孤児がおるかと申しますと、取り調べた結果は、大体三〇〇〇名前後。その内、乳幼児が五〇〇名、学童が二五〇〇名となっています。

その三〇〇〇名の内、親戚に居る者が一五〇〇名、社会事業施設に居る者が一五〇〇名であります。国家の戦争によって生じたるこれらの孤児は、まず国の責任において、保護育成をやっていかなければならぬと、痛感いたしております」

○布利秋議員「施設設置の案を今から練ってみようというお考えは、現実は刻々その日が迫り、死ぬ者はその日に死んでいく。すでに一年以上もたち、戦災孤児に対して、まだ建設的に進んでおらぬ。配給品をもらって、それを児童に渡さないで闇に流している。私はこのことを相当調べておる。下部組織が腐敗しきっておる。そのため子どもが逃げ出す。子どものことを思うと憤慨せざるえない」

このような国会質疑をみても、戦後一年の現状把握が極めて過小評価であったことも驚くべきことである。こうした論議は戦争孤児問題に関する過小評価というにとどまらず、隠蔽というべき数字といわざるを得ない。「隠蔽」とは、「見られては都合の悪い物事を隠すこと」という意味である。なぜ、あえて「隠蔽」というのかを説明しておきたい。

第一は、本気で孤児に関する実態調査をしたかという点で、敗戦一年後の時点でいえば、「親戚に居る者が一五〇〇名、社会事業施設に居る者が一五〇〇名」と報告しており、この数字はあまりにも少ない。「厚生省の統計によると、昭和二十二年四月から二十三年一月迄に延数で一二、二二〇名の浮浪児が収容保護」（厚生省児童局監修、一九四八、一八四頁）とされており、所在を確認できる孤児の数字にすぎない。戦争の犠牲者としての「浮浪児」は把握されていないのである。戦後の状況下において施設と里親制度の社会的養護の拡充を展望するうえでも、この数字は「浮浪児」という母数を除外している点でも国家的課題として位置づいていたとはいえない。

第二に、戦後における社会的養護の構想との関連で、戦争孤児の想定数を「施設にいるもの」に限定することで、結果的に低く見積もる調査になったといわざるを得ない。一九四五年六月「戦災遺児保護対策要綱」を踏まえて、一九四五年九月二〇日に厚生省が発表した「戦災孤児等保護対策要綱」では、①「個人家庭」への保護委託、②養子縁組の斡旋、③集団保護という三つの柱が掲げられていた。基本的には、社会的養護の中心的な柱として、「保護育成」（服部政府委員の発言）の受け皿は、施設による集団的養護よりも「個人家庭」での養育が優先的に位置づけられていた。そうした構想をもとに三〇〇〇名の孤児数の集約で事足れりと考えていた側面が大きい。

第三として、当時の調査体制が十全ではないという状況を加味するとしても、公立の養護施設の建設を優先しなかったという点でも、孤児問題に対する調査内容が極めて不十分であったことは明らかである。むしろ、そうした行政責任を回避する側面を調査結果は持っている。

第四に、その後の「全国孤児一斉調査」（一九四八年二月現在）の実施が、アメリカ占領軍によって招聘されたフラナガン神父が浮浪児の多いことに驚き、調査を要請したことによるものであった点である。全国の養護施設や浮浪児の状況を視察し、懇談を重ねるなかで、「孤児調査をしなければ、孤児対策は立てられない」と意見したことで、厚生省が本格的な全国一斉調査に踏み切ったのである（金田、二〇二〇、一九四頁）。自発的な調査とはいえない、いわば外圧のなかで実施された調査であった。「下部組織が腐敗しきっておる」という布利秋議員の発言にはリアリティを感じるのである。

補足的にいっておくと、敗戦直後に、国家機関や地方行政において公文書を徹底的に廃棄・焼却した国の「隠蔽」姿勢と共通し、「全国孤児一斉調査」の実施時期が戦後二年半も経過した一九四八年二月一日であり、公表に関しても、社会政策の基礎資料として活用されることがなかった事実は、国家の体質として一貫した姿勢であった。これらの事実を踏まえて考えると、敗戦当時の疲弊した社会状況という制約のなかとはいえ、最大限の努力をした調査が実施されたとはいえないのである。

遅れた孤児調査

戦後直後の戦争孤児の諸調査で把握している人数は、次の通りである。これらの数字は、厚生行政の調査態勢の低さと社会状況の制約とともに、国家およびＧＨＱの正確な実態を把握する意思の薄弱さを示している。

①『日本社会事業年鑑 昭和二二年版』（日本社会事業協会社会事業研究所、一九四八年）
一九四六年八月末現在「親類縁故収容施設等に収容保護されて」いる戦争孤児は二八三七人（乳幼児四三三人、学童二四〇四人）。浮浪児は一九四六年七月末現在三〇八〇人で、このうち施設に収容されたのは一五一四人と記されている。この資料が、先ほど述べた国会での政府答弁（服部政府委員）の根拠であろう。

②「全国所在地別引揚戦災孤児収容施設数及収容中引揚戦災孤児数」（一九四六年一二月一〇日現在、同胞援護会編『引揚戦災孤児収容施設調』一九四七年）
一九四六年一二月一〇日現在、二六八ヵ所の施設に七六一五人（男子三一二七人、女子一七八七人、男女不詳二七〇一人）の植民地・占領地引揚孤児が収容されているとある。

③厚生省児童局養護課調「各種保護児童数調」（『厚生統計月報』一―七、一九四七年一〇月）
一九四七年六月一五日現在、浮浪児は未収容者一五四五人（男一二四〇人、女三〇五人）、収容者四〇八〇人（男三一三五人、女九四五人）。

④厚生省児童局「要保護児童数調査」（一九四七年）
孤児一万二七〇〇人、浮浪児五四八五人、要救護少年三万三〇〇〇人、「精神薄弱児」六万六二〇〇人で、総計一

一万四六八五人と掲載される。

⑤厚生省児童局企画課調「全国孤児一斉調査結果」（『厚生統計月報』二―二、一九四八年五月）

一九四八年二月一日現在、孤児の総数は一二万三五一一人。前述した資料（表1）である。この調査では沖縄の戦争孤児は含まれていない。

⑥幸地努『沖縄の児童福祉の歩み』（私家版、一九七五年）及び沖縄県『戦後沖縄児童福祉史』（沖縄県生活福祉部、一九八八年）

当時の沖縄では正式な統計はとられておらず、県庁に勤務していた幸地によると、沖縄県の戦争孤児はピーク時には一〇〇〇人を数えるとしている。この人数はいつの時点で、どのような内訳（男女・年齢・孤児となった地域など）となっているのかは不明である。

民間施設頼みの厚生行政

アジア・太平洋戦争中の一九四二年、全国の養護施設数は一一七施設（入所児童九七〇〇名）だったが、戦争終結時に残った養護施設数は八六施設（五六〇〇名）と減少していた（全社協養護施設協議会編、一九六六）。その後、一九四六年一二月の孤児収容施設二六八ヵ所（公立三八、民間二二二、不明八）となり、入所孤児数七六一五人（同右、四〇頁）、四七年では入所孤児数は一万二二一六人となっている（厚生省児童局、一九五〇）。しかし、孤児収容施設は全国に分散的に増えたものの、孤児の実数とはかけ離れた受入人数であった。⑤の「全国孤児一斉調査」の一二万三五一一人の孤児数に対して、一九四八年時点で施設に収容されたのは孤児総数のうち約一割にすぎなかった（表1参照）。一九四七年の五月一四～一五日にかけ開催された孤児援護対策懇談会において、「孤児援護対策は国家事業とすべきだ」（岩手養育院）という意見や「食料その他の物資の配給」、戦争孤児や浮浪児の救済を求める要望などの声があがっていた。戦後の孤児らへの応急対策は、子どもの人権尊重の理念からは程遠く、社会防衛的発想と民間依存による対応を基本にしていた。孤児のほとんどがホームレス化＝浮浪児となってしまった大きな要因の一つであろう。戦後の厚生行政は、戦争犠牲者への福祉的な援助という基本姿勢に欠けていたといわざるを得ない。

「全国孤児一斉調査」は、その実施時期の遅れとともに、正確な実数の把握において現状に迫り切れないものであった。子どもたちの現実に、日本政府およびGHQが真摯に向かうのであれば、「戦争孤児援護法」を緊急に成立させる必要があったが、そうした政策的対応は放棄したのである。

狩り込まれた孤児

多くの戦争孤児＝浮浪児は、「狩込→施設収容→逃亡」を繰り返していた。「狩込」という用語は本来なら「獣を狩りたてて捕える」手法に使用するが、浮浪児などを街頭で袋小路などに追い込んで一斉に捕まえることにこの用語を当てはめた。戦前の歴史をみれば、一八七二年一〇月一六日のロシア皇太子アレクセイ訪日をひかえた明治政府や東京都が、その前日に創設した東京養育院へ、「帝都の恥」である「乞食、浮浪者」を狩り込み、「一掃」「収容」したのがはじまりである（東京都養育院編、一九七四、二七〜二八頁）。生きていくために浮浪し、盗みをするしかなかった戦争孤児は、治安を乱す存在として取り締まりの対象とされ、狩り込まれたのである。その意味で「狩込」は、戦前の浮浪児らの強制的捕獲方法であった。それが戦後も踏襲されたのである。

上野駅などでは「一斉発見」を行い、児童収容保護所や養護施設などに保護する、「狩込」が行われた。しかし施設の生活は食べ物も乏しい状況で、子どもたちは強制収容されても、すぐに施設から「逃亡」するといったイタチごっこが繰り返されたのである。厚生省（当時）の統計によると、一九四七年四月〜四八年一月までの一〇ヵ月間に延べ数で一万二二二〇名の浮浪児が収容保護されたが、そのうち、それ以前にどこかの施設に収容保護されたことのある者は、同じく延べ数で四九四六名となっている。これは全体の四〇％に当たる数字である（厚生省児童局監修、一九四八、一八四頁）。前述したように、養護施設は食事も貧弱で子どもの人間関係も荒れており、院内では日常的に年長者からの暴力やいじめなどがあった。東京都養育院に収容された女児は、子どもの死体のとなりで寝かされたという。〝死ぬも地獄、生きるも地獄〟をもじり、〝上野に行くも地獄、施設に行くも地獄〟という戦争孤児の言葉が印象的である。

二　戦争孤児問題の類型と本質

政府は一九四五年九月二〇日に「戦災孤児等保護対策要綱」を決定し、四六年九月一九日には厚生次官通達「主要地方浮浪児等保護要綱」を発している。また「生活困窮者緊急生活援護要綱」（一九四五年一二月一五日、閣議決定）には、「（一）生活援護ノ対象ト為スベキ者ハ一般国内生活困窮者及左ニ掲グル者ニシテ著シク生活ニ困窮セルモノトス」とされ、「失業者、海外引揚者、在外者留守家族、傷病軍人及其家族並ニ軍人ノ遺族」とともに「戦災者」があげられている。しかし、戦災者に戦争孤児は含まれていなかった。

戦争孤児の類型化と重複性

戦争孤児と一言でいっても、当時の状況は実に多様であり、全体像を把握することはたやすくない。戦争孤児の類型を整理すれば、それは第一に戦争孤児になる経路別の類型化、第二に戦争孤児となった地域・特殊な状況別による類型化を考えることができる。

第一に、経路別の類型化で整理すれば、表2のようにとらえることができる。

第二に、地域別・状況別の戦争孤児の類型化で整理すれば、次のようにとらえることができる。

①東京大空襲など全国の空襲による空襲被害孤児…空襲被害孤児は全国に存在していたが、鉄道などを使って東京・大阪・京都・神戸などの大都市に集中している。

表2　戦争孤児となった経路別の類型化

①空襲被害孤児	戦争孤児の多くは空襲被害孤児である．日本全国への空襲により保護者を失い，あるいは別離を余儀なくされた孤児で，広島・長崎の原爆孤児も含む
②引揚孤児	中国（旧満洲）・台湾・フィリピン・サイパンなどから帰国した孤児
③中国等残留孤児	中国（旧満洲）や樺太などに取り残され，現地の人に育てられた孤児．引揚孤児として帰国する人も少なくなかった
④学童疎開孤児	戦時中に学童疎開しており，その間に保護者・家族・親類らを失った孤児
⑤国際孤児	いわゆる「混血児」と呼ばれてきた孤児たちで，連合国軍，主にはアメリカ軍兵士・軍属と日本人女性との間に生まれた孤児
⑥遺棄孤児	戦時中および戦後に家族から遺棄された孤児も少なくなかった
⑦その他	戦争孤児になった経路もわからない孤児で，家出をした児童も含む

②海外・沖縄の戦場孤児…沖縄本島そのものが戦場となったなかで身寄りを失くした孤児や、中国（満洲も含む）や南洋群島で戦争に巻き込まれた孤児で、戦場に放置された孤児、労働力として引き取られた孤児、孤児院に収容された孤児などである。

③広島・長崎の原爆孤児…原爆投下によって身寄りを失くした孤児で、直接に被爆した児童とともに学童疎開をしていた子どもたちも多い。

④その他…戦争孤児になった地域もわからない孤児。

戦争孤児と総称しても、その実態は一様ではなくさまざまな状況があり、右記の類型化だけではとらえきれない面がある。したがって経路別であっても、地域別であっても数値上の把握だけでなく、戦争孤児となった経路や状況、地域的な特殊性、援助者の有無などを含めた個別性を踏まえて、各戦争孤児の実態調査を積み上げていく必要がある。国は、その作業さえ取り組んでおらず、行政責任と戦争責任を果たさない二重の責任放棄のままに現在に至っており、改めて市民レベルで戦争孤児問題の実態把握と本質の解明をしていく必要に迫られている。

戦争孤児問題の本質

わが国におけるアジア・太平洋戦争の本質を理解することなしに、戦争で派生した戦争孤児問題を理解することはできない。結論を先にいえば、戦争さえなかったら、戦争孤児問題は発生しなかったということである。戦争は、①臨戦態勢の確立のために財政的浪費を伴いながら庶民の生活破壊を深刻化させた。②国民生活は軍隊による軍事統制のもとで不自由を強いられ、教育分野では、国民思想統一のため「教育勅語」（一八九〇年一〇月三〇日に明治天皇の名前で公布）が「修身」という教科として位置づけられていく。③敗戦後、政府が国民に対し「一億総懺悔（ざんげ）」を唱たことで、国民の生活は顧みられることがなかったのである。以上三点の結果として現れる一つの現実が、巷（ちまた）に溢れる浮浪児であり、戦争孤児たちであった。

戦争孤児問題は、国・政府の戦後処理問題の一つである。戦後の応急課題にアメリカを中心とした連合国も、日本政府も、子ども・人間のいのちと生活を保障する姿勢が欠如していたということである。戦争孤児問題は戦争の必然的な結果というだけでなく、〝子どもへの無関心〟＝国家の国民・子どもを守る役割の放棄という、国とGHQの政策的意思が問題を拡大していったのである。改めて整理すると、戦争孤児問題の本質は、第一に、戦後日本国家が国民のいのちと暮らしを守る使命を放棄し、結果として棄民棄児政策をとってきたことにある。第二に、連合国占領軍の中核であった米軍が国際的に取り決められた占領政策（一八九九年「陸戦ノ法規慣例ニ関スル条約」による、一方的な権利の主張や相手への制限負荷の禁止）を無視したこと。第三に、戦中の「戦争遺児」は国家のためにいのちを捧げた家族（多くは父親・兄）として敬意を払われていたが、戦後は国家からも放置・無視され厄介な存在となってしまったことである。

地域における戦争犠牲者への福祉機能はほとんど破壊され、戦争孤児が生きていくためには、浮浪児として社会のなかに出て、靴磨き・やくざの使い走り・モク拾い、ときには盗みやかっぱらいなどにも手を染めることにもなった。

さらに戦争孤児は、子どもたちのなかで〝戦争乞食〟と揶揄（やゆ）された。

三　「国家の棄児政策」はいかに形成されたか

敗戦直後の戦争孤児対策（「国家の棄児政策」ともいえる）は戦前からの延長線上に形成され、米軍の占領政策によっていっそう強化されたといっても過言ではない。「国家の棄児政策」と私が指摘する理由を五つほどあげておきたい。

全国戦争孤児調査の遅れと沖縄外し

第一の理由として、前述した厚生省の「全国孤児一斉調査」の実施時期（一九四八年二月一日）の遅れと、事実の隠蔽を指摘しなければならない。「全国孤児一斉調査」の公表は一九四八年二月一日とされているが、実際に国民が調査結果を知るのは、一九八三年に公表された日本戦災遺族会編『全国戦災史実調査報告書　昭和五七年度　戦災により犠牲を被った孤児の実情に関する記録の収集』に掲載されるまで事実上公にされることがなかったのである。

とりわけ激烈な地上戦が繰り広げられた沖縄の戦争孤児問題は、日本政府の戦争孤児調査の対象としては無視され続けてきたことも大きな問題である。米軍の占領統治のもとで調査ができなかったという理由も成り立つかもしれないが、七二年の本土復帰後にまとめられた前述の『全国戦災史実調査報告書　昭和五七年度』にも沖縄県は省かれている。その点では政府は一貫して、五十数万人ともいわれる住民を巻き込んだ沖縄戦の実態を公にしようとせず、戦後三七年の時点でも沖縄を〝捨て石〟のままにしていたのである。

不足した養護施設数と民間頼みの運営

第二に、前述したように施設入所孤児数（一九四八年）は孤児・浮浪児全体の約一割であったことである。日本政府は孤児の受け入れの絶対量を保障しておらず、児童福祉対策を怠ってきたといえる。加えて孤児収容施設・一時的保護機関の処遇レベルは子どもたちの居場所としては極めて劣悪な環境だったので、狩込→施設収容→逃亡という悪循環をつくりだしたのである。

この間、GHQおよび日本政府は、主に米軍向けの「慰安施設」（運営は特殊慰安施設協会、英語表記ではRecreation and Amusement Association、略称＝RAA）などを、一九四五年八月末に建設・開業している。戦争孤児のいのちと福祉などはそっちのけであったことを指摘しておきたい。

第三に、戦時中から「国児院」構想は存在していたが、国による責任ある孤児対策は具体化されることはなかったことがあげられる。戦力の確保政策として学童疎開をした子どもたちのなかに大量の孤児が生じたため、国家的な対策が求められる。しかし実際は、民間の篤志家・宗教人に、その養育が委ねられていたのである。前述した一九四六年一二月の公立施設が全施設の約一四・二％という数字はあまりにも少ない。

児童福祉に対する乏しい視点

第四に、児童養護・子どもの権利保障に対する量的対応だけでなく、質的な面でも国・政府の視点は乏しかったことである。戦争孤児・浮浪児は戦後直後から社会の底辺層に組み込まれ、労働力の一環に組み込まれていた。例えば、「児童福祉施設最低基準」（一九四八年）で学童（六歳以上）一〇人に対して、職員一人の職員配置基準が改善されたのは、一六年後の一九六四年に学童九人に対して職員一人となるまでケア基準は敗戦直後の実態のままに放置されていたのである。

第五に、社会的自立に向けての支援制度が決定的に貧弱なままで放置されてきたことである。また、アフターケアは各施設での自覚的な努力に委ねられ、〝措置の切れ目が縁の切れ目〟といったなかで、戦争孤児たちもまた社会に巣立たなければならなかった。孤児たちは社会に放り出されたかのように生きていかざるを得なかったのである。

戦争孤児対策は、救済・福祉政策として機能する側面は限定的で、実際には救貧主義と排貧主義が混在した政策となっていた。戦争孤児の実態を把握する基本姿勢が極めて乏しかった政府のとりくみは、棄児政策という路線へとひた走ったのである。

四　戦争体制に組み込まれた社会福祉事業

戦争体制への法的整備

戦争と福祉は相いれない政策であり、戦争体制は「福死への道」を歩むことになった。戦争が推し進められるにつれ、戦傷病者とその家族、戦没遺族への補償制度には一定の財政が投入されたが、福祉（人間らしい生き方と人間的な暮らしの保障への志向）が戦時体制（軍事国家による専制政治）に従属する形で組み込まれていった。伊藤清は『児童保護事業』（常磐書房、一九三九年、一四〜一五頁）のなかで、「児童福祉」という用語を紹介しているが、基本的には戦時体制のなかで児童の福祉をいかに具体化するのかを理論的に追究した面があるが、基本的には戦争遂行のための人的資源の確保という枠組みであったことは、戦時体制下における子どもたちの暮らしをみれば自明のことである。

一九三七年には「軍事保護法」が「軍事扶助法」となり、出征世帯の生活困窮を救済するため、対象の拡大と保護期間の拡充が図られた。同年一月には、一三歳以下の子を養育する貧困世帯を救済する「母子保護法」が制定されたが、これも戦力確保・拡充のための健民健兵養成政策の一環であった。一九四一年、アジア・太平洋戦争が勃発すると、兵士となる「人的資源」の確保を主目的とした「医療保護法」が制定された。さらに一九四二年には「戦時災害保護法」が制定されるなど、戦時体制を支えるための社会事業関連法が次々と制定されたのであった。

軍隊優位の「厚遇」対策

社会福祉事業が戦争体制に組み込まれていく一つのテコになったのは、戦争による障がい者とそれ以外の障がい者とを明確に差別化した「厚遇」対策だった（桂木、二〇一五、一〇六〜一〇七頁）。戦傷病者に対する入院施設や職業訓練施設が整備され、四肢切断者には桐の箱に収められた義肢が「下賜（かし）」（天皇から物が与えられること）された。戦争によって犠牲になった軍人・軍属への「厚遇」は戦意高揚につながった。こうした施策は、福祉の公平・平等の原則を踏みにじり、社会福祉事業を変質させ、戦争推進体制を補強・推進していくことになったのである。

敗戦直前の一九四五年の社会福祉事業は、軍事扶助法と医療保護法などの戦時厚生事業の支出が九六％を占め、救護法や母子保護法による社会事業的救済はわずか三・二％だった（桂木、二〇一五、一〇九頁）。国民生活の貧困化は一層深刻化するとともに、社会福祉事業は「福死への道」を歩んだのである。

おわりに

いま、この時期だからこそ戦争孤児の戦後史から学ぶことが私たちに求められている。戦争の本質を理解し、戦後処理のあり方も含め、真摯な反省がなければ、国民の分断が現実のものになる。

現在、国のあり方について、二つの考え方がある。一つは、強い力を持った国家があってこそ国民の安全を守り、幸せを保障することができるという考え方がある。もう一つは、一人ひとりの幸せが束になって、国の幸せがあるという考え方である。この二つの考え方は現行憲法をめぐる分岐点でもある。国家の軍事力を核とした強い力の形成の方向なのか、個人の尊厳と多様性を尊重する国の方向かである。国の針路をめぐる分岐点はここにある。現在はこうした二つの考え方をめぐって、国民の分断が現実の状況になっている。

戦争は戦闘に巻き込まれて傷つき死ぬだけでなく、終結後の生活のなかで病気や栄養失調、放置死などによっていのちを失うことが少なくない。さらに家族と死別して孤児として生きることは、施設に収容されるか、親族や里親などに引き取られることがなければ、巷で孤立して生きるしかなく、必然的に浮浪児となる。戦争で死んだ子どもたちも悲惨だが、戦後の戦争孤児・浮浪児も悲惨な生活を生きのびなければならなかった。わが国のアジア・太平洋戦争後の「傷痍（しょうい）軍人」「被災国民」「寡婦」の姿は現在の世界各地の戦争・紛争地域の状況とも重なっている。戦争はまず兵士が最前線に送られることで犠牲となり、その後に最も弱い存在である子ども・女性・高齢者・障がい者が犠牲となる。この歴史の事実・現実・真実をいまこそ直視し、再び戦争犠牲者・戦争孤児をつくりださない決意が私たちに問われている。

参考文献

阿波国慈恵院百年史保育園併設三十年史編集委員会編『阿波国慈恵院百年史』社会福祉法人阿波国慈恵院、二〇〇〇年

石井光太『浮浪児一九四五—戦争が生んだ子供たち—』新潮社、二〇一四年

大谷　進『上野地下道の実態「生きてゐる」』悠人社、一九四八年

桂木志保「戦争は福祉を変節させる」大田昌秀・浅井春夫・芝田英昭・結城俊哉ほか『戦争と福祉についてボクらが考えたこと』本の泉社、二〇一五年

金田茉莉『かくされてきた戦争孤児』講談社、二〇二〇年

厚生省児童局「要保護児童数調査」一九四七年

厚生省児童局監修『児童福祉』東洋書館、一九四八年

厚生省児童局「日本における児童福祉の概況」一九五〇年

澤田　猛『空襲に追われた被害者たちの戦後』岩波書店、二〇〇九年

白井勝彦・藤原伸夫『神戸の戦争孤児たち』みるめ書房、二〇一九年
全社協養護施設協議会編『全養協二〇年の歩み』一九六六年
全社協養護施設協議会編『養護施設三〇年』一九七七年
東京都養育院編『養育院百年史』一九七四年
同胞援護会編『引揚戦災孤児収容施設調』一八四七年
日本社会事業協会『日本社会事業年鑑　昭和二三年版』日本社会事業協会社会事業研究所、一九四八年
山中　恒『子どもたちの太平洋戦争』岩波書店、一九八六年

第二章　キーワードで知る戦争孤児問題

――戦後史のなかの孤児をめぐる政策と実際――

片岡志保

はじめに

戦争孤児問題は過去の切り取られた一場面の〈おはなし〉ではなく、戦中戦後から今を生きている人の人権に、私たち人類の存在意義に、深くかかわる問題である。本章では、戦争孤児問題に関するキーワードをおおよそ年代順に説明する。

読者に戦争孤児問題に関心を持ってもらうことをねらいとし、キーワードの説明を通して戦争孤児をめぐる政府の姿勢を浮き彫りにすることを試みる。

一　戦争孤児はなぜ生まれたか

戦争孤児は「戦争」によって生みだされた。ここでの「戦争」とは、「アジア・太平洋戦争」（一九四一〜四五年）

のことを指す。戦争孤児を生みださないために、戦争はなぜ、どのようにして始まったのか、戦争を回避するためにはどうすればよかったのか、というところから考えなければならない。アジア・太平洋戦争の敗戦から七五年を経た二〇二〇年の今、私たちが生きている日本社会にとって、戦争孤児を生みだした歴史に学ぶことは、戦争という歴史を二度と繰り返さない力になる。詳細はⅢ部第一章にゆずるが、ここではキーワードの説明から戦争孤児を生みだした戦争の背景や戦時下の政策に想像をめぐらしてほしい。直接的に戦争孤児に結びつかないと思われるキーワードもあるかもしれないが、戦争孤児を生みだした当時の社会の雰囲気を味わってもらいたい。当時の政策のすべてが戦争につながるものであったことがわかるだろう。

大日本帝国憲法（明治憲法）・日本国憲法

みなさんは、今の憲法が施行される一九四七年までの日本において最高法規であった大日本帝国憲法（明治憲法）の内容をご存知だろうか。大日本帝国憲法は、一八八九年二月一一日に発布された。大日本帝国憲法は、第一章＝天皇（第一条〜第一七条）、第二章＝臣民（天皇の支配対象とされる者。皇族以外の国民）権利義務（第一八条〜第三二条）など、七章で構成されている。大日本帝国憲法の特徴として、たとえば次の四つが挙げられている。

特徴①＝天皇を中心とする政府が強力な政治を実行できるよう、さまざまな制度を持っていた。第一条と第四条は、天皇は国家統治権を保持し総攬（そうらん）すると定めている。総攬とは一手に掌握することを意味する。また、政府は天皇の名において議会の関与なく行使できる権限（大権）を確保していた。政府にとってはいたれりつくせりの権限が付与され、武力行使や戦争遂行なども「天皇大権」が行使できるように整えられていた。

特徴②＝議会の権限と役割を限定づけていた。議会は国防・外交など重要な国務には一切口出しすることができず、予算についても権限は限られていた。

特徴③＝憲法は国民の基本的権利を「臣民権利義務」として認めていたものの、「法律の範囲内において」のみの保障とされた。つまり、法律によりさえすれば権利の制限ができるという側面を持った。

特徴④＝憲法の改正は天皇の発議に限られていた。

大日本帝国憲法は、日本国憲法の原則と比較して大きく異なっていた。アジア・太平洋戦争は大日本帝国憲法の下で繰り広げられていった。大日本帝国憲法が、戦争への道を阻むことができなかった大きな要因となったことから、今の日本国憲法では戦争を起こさない仕組みが考えられ、国民主権・平和主義・基本的人権の尊重が原則とされた。以下に、そのことを表明した日本国憲法前文（一部抜粋）を記す。

日本国民は、正当に選挙された国会における代表者を通じて行動し（中略）政府の行為によつて再び戦争の惨禍が起ることのないやうにすることを決意し、ここに主権が国民に存することを宣言し、この憲法を確定する。

教育勅語

教育勅語は一八九〇年に発布され、敗戦まで日本の公教育において大きな影響力を持った。国家の道徳に関する文書の通称である。内容は、歴代天皇に対する臣民の一貫して変わらぬ忠誠の遵守を求めたものである。「御真影」（天皇・皇后の公式肖像）とともに全国の学校に謄本（とうほん）が配布され、儀式での奉読のほか日常的に厳重に取り扱われ、教育勅語の権威性や聖性を子どもたちに植えつけた。

敗戦後の一九四六年一〇月、国会の決議により教育勅語の失効が確認された。しかし、二〇一七年三月に、教育勅語について、「憲法や教育基本法等に反しない形で教材として用いることまでは否定されることではない」とする答弁書が閣議決定されるなど、教育勅語を再び活用しようという動きがある。

救護法

救護法は一九二九年に公布され、一九三二年に施行された。「貧困ノ為生活スルコト能（あた）ハザルトキハ（貧困によって生活することができないときは）本法ニヨリ之ヲ救護ス」とされ、対象は、①六五歳以上の老衰者、②一三歳以下の幼者、③妊産婦、④不具廃失・疾病・傷痍その他精神または身体の障碍により労務を行うに故障のある者とされた。また、救護法には救護施設が規定され、救護施設には孤児院も含まれていた。救護法によって孤児院に委託された戦争孤児もいた。救護法の諸規定は母子保護法（一九三七年）・社会事業法（一九三八年）などに分化し、戦後一九四六年に廃止された。

軍事扶助法

軍事扶助法は、一九三七年にそれまでの軍事救護法（一九一七年制定）が改定されたもので、傷病兵・下士官兵とその家族・遺族の扶助を定めた。戦争下、軍事扶助法は優先的に取り扱われた。一九四四年一月から四八年三月まで厚生省社会局長を務めた葛西嘉資は「当時の法律では軍事扶助法の給付がいちばん高くて、つぎが戦時災害保護法、いちばん低いのが救護法だった。つまり軍人優先だったのです」と証言している（社会福祉研究所、一九七八、二七九頁）。

国家総動員法・国民徴用令などによる総力戦体制

国家総動員法は一九三八年に成立した。第一条において「戦時ニ際シ国防目的達成ノ為国ノ全力ヲ最モ有効ニ発揮セシムル様人的及ビ物的資源ヲ統制運用スルヲ謂ウ」と規定し、戦時下において人もモノと同様に統制可能な資源（人的資源）としてとらえた。軍需産業のために労働力の面でも強力な国家統制が必要となり、一九三九年に国民徴用令が公布された。国家総動員法に基づく勅令として公布された国民徴用令は、国民を政府の指定する業種に強制的に就業させる法令であった。

国家総動員法を中心に、たんに軍事力だけでなく、その国のあらゆる人的・物的資源を一元的・統一的に総動員して戦争目的を達成することが要求される総力戦体制となっていった。

戦時厚生事業（厚生事業）

今の日本における「社会福祉」はかつて「社会事業」と呼ばれていた。一九三七年の日中戦争のころから、「社会事業」は「戦時厚生事業（厚生事業）」と呼ばれるようになる。戦時体制のもとで社会事業は兵力や労働力の確保を目的とした戦時厚生事業への変容を余儀なくされた。つまり、それまでの貧困問題は「人的資源」としてとらえられ、社会保険法や社会事業法は兵力や労働力の確保を目的としてこの時期に整備された（表参照）。

アジア・太平洋戦争／大東亜戦争

二〇二〇年現在からみれば、日本が戦争をしていたのは七五年前のことである。一般的に「終戦記念日」とされている一九四五年八月一五日、この日に当時の天皇の肉声（玉音）が今のNHKラジオ第一から放送され、戦争が終わったことが国民に公表された。このときに天皇によって読み上げられたのが「大東亜戦争終結ノ詔書」だった。

当時日本が参加していた戦争について、日本政府は「大東亜戦争」と呼んでいた。その戦争を今は「アジア・太平洋戦争」と呼ぶ。第二次世界大戦の一環として、アジア・太平洋地域で日本と連合国軍との間で戦われた戦争のことをいい、一九四一年一二月八日に開戦し、日本政府が降伏文書に調印した一九四五年九月二日に正式に終結した。

空　襲

日本本土においては空襲によって家や家族を失った子どもが戦争孤児となっていった。一九四二年四月一八日に日本本土がはじめて空襲され、四四年一一月二四日以降にはたびたび空襲されるようになる。はじめは軍の工場などが襲撃の中心だったが、一九四五年三月一〇日の東京大空襲を境に、町を焼きつくす無差別な攻撃に変わっていった。

日本への空襲は北海道から沖縄に至る全国各地の大小一六三都市に及び、新潟・金沢・奈良などの少数を除くと、ほとんどの都道府県のめぼしい都市が爆撃を受けている

表　戦時厚生事業として整備された法制度

年	法　律
1937	母子保護法・保健所法・軍事扶助法
1938	国民健康保険法・社会事業法
1941	医療保護法
1942	戦時災害保護法
1944	厚生年金保険法

(林、一九八六)。爆撃を受けた町は焼け野原となり、多くの人が家や家族を失った。空襲によって都市の機能も失われ、多くの戦争孤児が生まれた。

疎　開

一九四四年六月に「学童疎開促進要綱」が閣議決定され、一九四五年四月には全国一七都市の約四五万人の学童が七〇〇〇ヵ所に集団疎開を完了していた(日本戦災遺族会編、一九八三)。都市にあった育児院(孤児院)の建物は徴用され軍需工場や工員寮となり、施設で暮らしていた子どもも疎開した。疎開した学童たちのなかには、帰る家がなくなり孤児となった子どもが少なくなかった。

二　孤児となった子どもの暮らしと戦争孤児政策

敗戦間際、「施設に収容された戦争孤児はごくわずかであり、孤児たちの多くは放置され、浮浪児となった」という(逸見、一九九四)。孤児となった子どもたちは、戦時中あるいは戦争直後どのような暮らしをしていたのだろうか。また、戦争孤児に対する政策はどのように展開されていたのだろうか。

「浮浪児」

日本戦災遺族会発行の『全国戦災史実調査報告書』(一九八三年)には、孤児について次のような記述がある。

両親と死別し、また、家を焼かれ家族は離散し、さらに学童疎開したが帰る家がなくなった孤児、終戦直後の極度の社会混乱による家庭不和から家出した児童たちが続出し、巷(ちまた)にさ迷う姿が各戦災都市で見受けられた。このほか、満洲、朝鮮、樺太(からふと)等で終戦をむかえ、両親と死別あるいは生き別れのまゝ、帰ってきた引揚げ孤児たちがいた。

このような孤児たちは、戦後の混乱のなかで住む場所も、食べるものもなく、何とか生きようとしていた。食糧を求めて闇市をぶらついたり、無賃乗車による列車移動を行ったりと、その日暮らしを続けるなかで、なかにはいわゆる「浮浪児」といわれるようになった子どももいた。同報告書においても孤児の対象が極めて幅広いことが指摘されている。

空　腹

戦争孤児となった子どもは、どこで暮らしていたとしても空腹が日常だった。一九四〇年当時、社会事業法（一九三八年成立）による国庫補助金は従前に比して増額されたものの、「育児施設」への一人当たり委託料は一日三五銭ないし四〇銭であり、施設本来の要求する補助額にまでは達していないという指摘がある（安江、一九四〇）。ちなみに、品川区の学童疎開の子どもたちの生活費は一日当たり約六七銭であった（品川歴史館、二〇〇六）。一九四四年一月に軍人遺族東京職業補導所の疎開を受けた仙台キリスト教育児院の当時の様子について、「旧軍人の未亡人とその子供達が六十人程おりましたが、その子供達には三度々々の食物が十分あり、お菓子でも餅でも沢山準備され、毎日おやつも必ず出る」という記録がある。それに対し、育児院の子どもたちの食事は「ジャガイモやカボチャをドロリと煮た重湯」を一日に二度、「おやつなど無論ありません。ホホエミを何処かへ置き忘れてきた子供達は、動くとお腹がすくといって、いつまでもジッとシャガンでおります」と記録される（佐藤、一九五二、二七八〜二七九頁）。お腹を空かせた子どもよりも、軍人を優先する政策が実行されていた。

遺児は「国児」に――戦災遺児保護対策要綱

一九四五年六月、厚生省と恩賜財団戦災援護会の共同で戦災遺児援護対策懇談会が開催された。「戦災遺児は国児として国家の責任においてあくまで養育せよ」という意見を中心に検討され、一九四五年六月二八日に示された大日本帝国政府公文書「戦災遺児保護対策要綱」は、「戦時下の児童観を伝えている」と評されている（児童福祉法研究会、一九七七）。それは「方針」と「要領」からなっており、方針には、戦争末期、戦災によって親や保護者を失った孤児を「国児」と位置づけたこと、国児を国が「保護育成」することによって殉国者の遺児であることを誇る気持ちを永遠に保持させ「宿敵撃滅への旺盛なる闘魂を不断に涵養（かんよう）」しようとしたこと、家族のある者も憂うことなく本土決戦に備えるための手本としようとしたことなどが示され、戦意昂揚策の一環であったことがわかる。要領は、①遺児保護機関の確立、②遺児に対する社会的処遇の確保、③国児訓の制定、④国児登録制の実施、⑤保護育成の方法で構成されている。②には「孤児等ノ名称ヲ廃シ爾今（じこん）『国児』ト称セシムルコト」とあり、⑤にはａ養子縁組の斡旋、ｂ個人家庭に対する教養の委託、ｃ集団による保護育成などとある（児童福祉法研究会、一九七七）。「戦災遺児保護対策要綱」は「戦災遺児」の保護を国家責任として位置づけたはずだが、具体的な「保護育成ノ方法」は養子縁組に重点が置かれ、財政措置についても明瞭ではなかった。結局、政府としての対策要綱にはならず、厚生省内の方針にとどまった（逸見、一九九四）。

『全養協二〇年の歩み』によれば「終戦直前の養護施設は、救護法による救済理念により送致されてくる子供と、軍事扶助法からさらに発展して国児として、国家的責任を明白にした待遇を以って迎える形の子供と、その他の事情で、施設に直接依頼される子供を、施設の自主的判断で引受ける子供、以上三種類を対象児童」としていたという（全社協養護施設協議会、一九六六、二七頁）。

集団合宿教育所

一九四五年九月一五日、「戦災孤児等集団合宿教育ニ関スル件」（文部省）によって、各都道府県に「集団合宿教育所」を創設する計画が示された。対象は集団疎開によって戦争孤児となったものなどであった。疎開先で敗戦を迎え戦争孤児となった子どもは、集団合宿教育所に収容された子どもよりはるかに多いと指摘されている（日本戦災遺族会編、一九八三）。東京都の例をみてみよう。東京都の集団合宿教育所（学寮）は岩手県・山形県・宮城県・新潟県などの八ヵ所に設置された。東京都で学童集団疎開に伴って孤児となったのは一一六九人で、このうち引き取り手のなかった三四五人が集団合宿教育所で暮らす予定となっていたが、当時の関係者によれば実際には一五〇名程度に減ったことが証言されている（逸見、一九九四）。集団合宿教育所で暮らすことのなかった戦争孤児たちは、里子になったり、親戚に引き取られたりした。集団合宿教育所は一九四八年には全国で四〇ヵ所、児童数は四五〇〇人にのぼったという（日本戦災遺族会編、一九八三）。

戦災孤児等保護対策要綱

一九四五年九月二〇日、「戦災孤児等保護対策要綱」が決定された。主な内容は次のとおりである。

目的＝大東亜戦争ノ災禍ニ因ル孤児増加セル現況ニ鑑ミ国家ニ於テ左ノ如ク措置シ之ニ必要ナル保護育成ノ方途ヲ講ズルモノトス

保護の対象＝戦争下戦災ニ因リ父母其ノ他ノ適当ナル保護者ヲ失イタル乳幼児学童及青少年

保護の方法＝①個人家庭へノ保護委託、②養子縁組ノ斡旋、③集団保護

集団保護の施設において「政府ニ於テ直接之ヲ設クル」とあったことから「政府は積極的な姿勢で国立施設設置の構えを見せていたがついに国立の施設は設置されなかった」との指摘もされている（全社協養護施設協議会、一九六六、二六頁）。

狩　込

寺脇隆夫によれば「盛り場などに浮浪児が大量に集まりはじめたのは一九四五年の秋以降である」という（児童福祉法研究会編、一九七八）。こうした街頭の浮浪児や浮浪者を集団検挙・強制収用することを「狩込」と呼んだ。「狩込」という表現は獣に対して使う言葉であって、子どもに対して使う表現として誤っていることは、今の私たちであれば理解できる。しかし当時は東京都の公文書においても「児童狩込」という表現が用いられていた。「狩込」は、

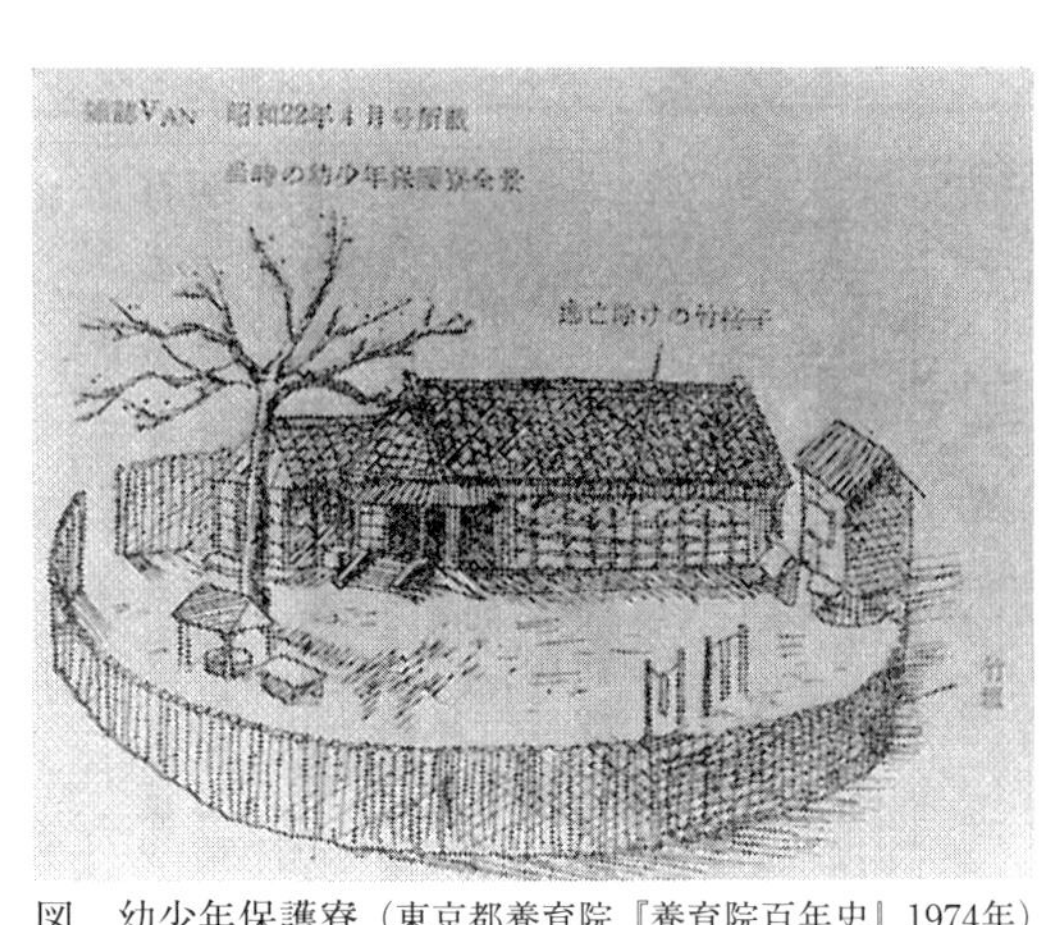

図　幼少年保護寮（東京都養育院『養育院百年史』1974年）

警察・自治体・施設職員・児童相談所などが共同して行い、子どもをトラックの荷台に乗せた。東京では一九四五年一〇月に上野地下道の浮浪児に対する「狩込」が行われた。上野でトラックに乗せられた後、薄暗い森で降ろされ山奥に棄てられたという証言もある（山本、二〇一七）。子どもたちは施設に収容されたとしても施設生活の貧しさや不自由さのために、たちまち脱走する者が後を絶たなかった。

収容所（一時保護所）

東京都の石神井学園は一九四五年一〇月の二〇名を皮切りに「浮浪児」を受け入れている。当初は別施設を設けていなかったが、逃亡や学園の子どもを誘い出すなどしたため、幼少年保護寮を設置し、一定期間の馴致と訓練を得て石神井学園に移管されることとなったという（東京都石神井学園編、一九四九、八〇頁）。幼少年保護寮は「馴致と訓練」あるいは「社会秩序対策として」という複数の観点から使用が開始され、実施にあたっては五つの方針が掲げられた。方針には「四、外的に収容するとともに内面的には処遇を改善し真に同施設にいることを楽しむやうにする」「五、相当の硬教育を施し浮浪習癖の矯正に努めると共に漸次院内生活に馴致せしめること」という内容もあった。当時保母長であった金城芳子によれば「その収容状況は、幼少年保護寮の窓に竹格子をはめ、周りには柵を巡らし、逃亡監視には長いむちを持って当たった」が、「具体的方針の四については、対象者の性格と施設環境の不備を考えぬ単なる理念の空転でしかなく、実際はむしろ逆であり、五についても、事実は何もなし得ず、硬教育とか矯正、馴致という前に、ただ食べさせることに追われていたのが実際であったという」（東京都養育院、一九七四、四五二〜四五三頁）。

児童福祉法・養護施設（児童養護施設）

児童福祉法は新しい憲法のもとで開かれた第一回国会に提出され、一九四七年に制定された。保護を必要とする子どもを対象とした「児童保護」の観点から、すべての子どもを対象とした「児童福祉」を実現しようとする点において、児童福祉法は「画期的」とされた。しかし当時は「浮浪児」や戦争孤児の存在が児童福祉の大きな問題となっており、その対応に追われ、すべての子どもを対象とした児童福祉法の理念と実態はかけ離れていた。

児童福祉法制定後、戦争孤児となった子どもたちが暮らしていた孤児院や養育院は児童福祉法に基づく養護施設（現在の児童養護施設）となった。施設数と入所子ども数の変化をみると一九四二年当時は全国一一七施設（九七〇〇人）であったものが、空襲による焼失などで終戦時には八六施設（五六〇〇人）となっていた。戦争孤児の受け入れによって一九四六年二六一施設（六八七一人）、一九四八年二六七施設（一万一〇九一人）、一九五〇年三九四施設（二万三九五人）と、施設数・入所子ども数ともに増加した（全社協養護施設協議会、一九六六）。

鐘の鳴る丘

ラジオドラマ「鐘の鳴る丘」は、一九四七年七月より三年間、ＮＨＫラジオで夕方一五分間放送された。戦後混乱のなかにある東京と美しい信州の高原を舞台に、戦地から復員してきた主人公加賀美修平と孤児の隆太・黒ちゃん・厳ちゃんらが孤児を食い物にする町のボスと戦い、最後に幸福になるというあらすじである（上、一九八五）。主題歌の合唱・番組タイトルのあとに「此の時間の毎土・日は青少年の不良化防止の問題に取材した連続放送劇『鐘の鳴る丘』を放送致します」とナレーションが続いたという（逸見、一九九四）。小俣は、ＧＨＱ時代には、政策の遂行とプロパガンダとして積極的にラジオが「キャンペーン放送」に活用されたことを指摘し、「鐘の鳴る丘」は「子どもたちの不良化防止」のキャンペーン・ドラマとして人気を博したと位置づけている（小俣、二〇一二）。

一二万三五一一人

厚生省が一九四八年二月一日午前〇時に沖縄県を除く都道府県を通じて全国一斉に行った「全国孤児一斉調査」によれば、孤児の総数は一二万三五一一人にのぼった。内訳は一般孤児八万一二六六人、戦災孤児二万八二四八人、植民地・占領地引揚孤児　一万一三五一人、棄迷児二六四七人となっている（内訳と合計が合わないが『全国戦災史実調査報告書　昭和五七年度』に掲載された資料のまま）。定められた一時点において流動的な孤児を把握したに過ぎないが、戦争が終わって二年半経ってようやく行われた戦争孤児の実態調査であった。一九四五年九月に「戦災孤児等保護対策要綱」が決定されたものの実態は伴わず、子どもの保護は進んでいなかったことがわかる。

三　戦争孤児として生きる――消えることのない傷――

孤児となった子どもたちを待ち受けていたのは差別や孤独だった。戦争孤児たちの証言を以下に紹介する。証言中の「当時」とは、敗戦時のことを示す。

①当時一〇歳。神戸や東京で浮浪児生活の後、東京・長野などの施設を転々とする。
戦争孤児となった私は、同じ浮浪児仲間と、周囲から棒を持って野良犬のように追われ、バイキンの塊と呼ばれながら生きてきました。（中略）何より辛かったのは、自分はたった一人という孤独感でした。（澤田、二〇一〇）

②当時九歳。父はすでに病死。家族は母と姉妹の四人。
母と姉は隅田川から遺体で引き揚げられましたが、妹は現在も行方不明です。私はその後、親類をタライ回しにされ、従兄には「親なし子」、結核になっても医者に診てもらえず、従妹からは「なまけ者」と言われながら、コマネズミのように働かされました。早く死んで母のところに行きたい。そればかりを考える中学生でした。

（澤田、二〇一〇）

③当時一五歳。縁故疎開先で空襲に遭う。弟妹と東京で浮浪児生活後、三人バラバラに。「人買い」に売られ毎日奴隷（どれい）のように働かされた弟は、四年生で両親を亡くして以来一日も学校へ通わせてもらえず、とうとう読み書きのできないまま大人になってしまいました。（星野、二〇一七）

おわりに

本章は、戦争孤児問題を知るきっかけとしてのキーワードをおおよそ年代順に簡潔に示しながら、読者に戦争孤児問題に関心を持ってもらうことをねらいとした。同時にキーワードの説明を通して戦争孤児をめぐる政府の姿勢を浮き彫りにすることを試みた。

戦争は人間性とは対極にあるため、人間を大切にしていたら戦争はやっていられない。戦争を遂行するための政策は人間を人間として扱わず、人格や権利は葬り去られる。当時の政府はあらゆる手段をつかって一人ひとりの人格や権利を葬り去ることがいかに「正しいか」を説いた。

そもそも人が大切にされない社会において守ってくれるべき親を失った戦争孤児に対する政策は、戦争を遂行したい政府に都合のよいものでしかなかった。孤児となった子どもに対して国の責任で「保護育成」することが戦争末期に示されていたものの、戦意高揚を目的としたものであり実態は伴っていなかった。孤児たちの証言から、戦後、国が孤児を見捨てていたことは明白である。国が戦争孤児の保護を怠ったことは、子どもたちに施設からの脱走を繰り返させ街頭へ放り出すこととなり、孤児を含めた「浮浪児」を生みだす要因となった。

まとめにあたり、私個人のことについて述べさせていただくことをお許しいただきたい。私は、幼いころから戦争の恐ろしさを本や写真、漫画、周囲の大人の会話から感じることのできる環境で育った。これまでに新聞や映画、展示、被爆者や戦争体験者の語りにふれる機会が何度もあった。すでに十分目を向けたつもりでいて、ここ数年は心をかき乱す悲しいできごとに目を向けることに消極的になっていたように思う。この章を担当するに当たって、改めて戦争孤児となった方の経験を目にしたことは、やはり胸が締めつけられ苦しかった。一方で、一人ひとりの生き方や暮らしぶり、その人の想いを忘れてはいけないことを再認識させられた。

ここにあげたキーワードは戦争孤児問題を知るうえのほんの一部に過ぎない。目を向けたくないつらい作業かもしれないが、戦争によって、家族や住む場所や生きる術を奪われた子どもたちがどうやって生きなければならなかったのか、人々の語りを直視し、戦争の異常さや非人間性を感じることが、「戦争さえなければ」という戦争孤児たちの願いにこたえることにつながるのではないだろうか。

参考文献

小俣一平「インターネット時代の『キャンペーン報道』の意義を探る―NHK『ミドルエイジクライシス』キャンペーンを事例として―」『放送研究と調査』六二―五、二〇一二年

片岡志保「児童養護理論・実践・政策の関係についての一考察―戦時下ならびに戦争直後における実践の変質から―」『日本福祉大学社会福祉論集』一三四、二〇一六年

上笙一郎「鐘の鳴る丘」『日本大百科全書五』小学館、一九八五年

菊池正治・清水教恵・田中和男他編著『日本社会福祉の歴史 付・史料 制度実践・思想』ミネルヴァ書房、二〇一四年

佐藤利雄『チャイムの塔』法政大学出版局、一九五二年

澤田　猛「戦災孤児の闘い―戦争被害の告発―」『子どもの文化』四二―八、二〇一〇年

児童福祉法研究会「資料その一　戦災遺児保護対策要綱」『児童福祉法研究』一、一九七七年

児童福祉法研究会編『児童福祉法成立資料集成 上巻』ドメス出版、一九七八年

品川歴史館「常設展示の解説シートNo.6『品川の学童疎開—戦時下の子どもたち—』」二〇〇六年

社会福祉研究所『占領期における社会福祉資料に関する研究報告書』一九七八年

日本戦災遺族会編『全国戦災史実調査報告書 昭和五七年度』一九八三年

全社協養護施設協議会『全養協二〇年の歩み』一九六六年

東京都石神井学園編『石神井学園史 創立四十周年記念』一九四九年

東京都養育院『養育院百年史』一九七四年

林　茂夫「空襲」『日本大百科全書七』小学館、一九八六年

藤井常文『戦争孤児と戦後児童保護の歴史—台場、八丈島に「島流し」にされた子どもたち—』明石書店、二〇一六年

逸見勝亮「第二次世界大戦後の日本における浮浪児・戦争孤児の歴史」『日本の教育史学』三七、一九九四年

星野光代『もしも魔法が使えたら—戦争孤児一一人の記憶—』講談社、二〇一七年

安江正一「育児施設の経営問題」『社会事業』二四—五、一九四〇年

山本麗子「トラックで棄てられた、わたし」星野光代『もしも魔法が使えたら—戦争孤児一一人の記憶—』講談社、二〇一七年

吉田裕ほか編『アジア・太平洋戦争辞典』吉川弘文館、二〇一五年

第三章　戦争孤児問題の制度・法律の変遷

山田勝美

はじめに

本章では、主として戦争孤児問題に対する国の法制度の変遷について整理していくとともに、そこから浮かび上がる問題点を明確化していくことを目的にしたい。ここで取り上げたいと考えている問題点は二点である。

その一つが「孤児に対する対象認識の変化とその背景にあるもの」である。後述するが、当初は戦争孤児のことを「国児」と呼称していた。だが、その後、その呼称は「浮浪児」という表現へと変わっていく。なぜこのような呼称の大幅な変更が起こったのか、そこから何が読み取れるのか、このことを戦争孤児に関する法制度の変遷から検討・分析したい。

もう一つが、児童福祉法制定との関係である。児童福祉法は、戦争孤児対策と並行してその策定が行われていた。丹野喜久子は、「戦前・戦中の児童政策を一貫して支配した児童観及び法体制が、戦後の児童福祉法制定の契機及びその成立過程においてどう断絶しているのか」と鋭く指摘している。そして、丹野は「敗戦日本のきわめて象徴的な存在であった戦争孤児、浮浪児問題をどう認識するかは極めて重要な問題である」と続ける（丹野、一九七八、九七頁）。つまり、その「断絶」がいかに実践なし得たかは、児童福祉法制定過程との関連で戦争孤児問題がいかに取り扱われたのかという点ではないだろうか。この問題点を検討することがもう一つの目的である。

なお、ここで扱う戦争孤児問題の法制度であるが、第二次世界大戦中である一九四五年六月二八日に出された「戦災遺児保護対策要綱案」から児童福祉法制定（一九四七年）後の一九四八年一一月に出された「浮浪児根絶緊急対策要綱の実施について」までとしたい。加えて、その時期区分であるが、戦争孤児対策の内容の変質をふまえ、北河賢三（二〇〇六）の整理にならい、第一期を「戦争孤児対策期」とし、第二期を「浮浪児対策期」として整理していくこととする。

一　戦争孤児対策期としての法制度とその問題点

戦争孤児対策期

この時期を「戦争孤児対策期」と命名したのには意味がある。一九四五年六月二八日に出された「戦災遺児保護対策要綱案」では、戦争孤児を以下のとおり、「国児」としてとらえているのである。そのように呼んだ意図は、左記に記した方針から読み取れるが、戦争末期であった状況にもかかわらず、戦争孤児を「国児」としてその待遇を制定することで「戦意の向上・持続」を図ろうとしたことがあると考えられる。また、「国児」であるがゆえなのか、その保護期間は孤児が生計を営めるようになるまでとし、その責任を政府の管理とするとまで述べている。貴重な資料であるので、一部を抜粋しつつ紹介する。

第1　方針

戦災ニ因リ親権者其ノ他ノ直接保護者ヲ失ヒタル乳幼児、学童及び青少年ニ対シ国家ニ於テ之ガ保護育成ノ方途ヲ講ジ殉国ノ遺児タルノ矜持ヲ永遠ニ保持セシムルト共ニ宿敵撃滅ヘノ旺盛ナル闘魂ヲ不断ニ涵養シ強ク正シク之ヲ育成ヲ図リ以テ子女ヲ有スル父兄ヲシテ後顧ノ憂ナク安ンジテ本土決戦ニ敢闘セシムントス

第2　要領

1　遺児保護機関ノ確立

（1）戦災孤児（以下単ニ遺児と称ス）ノ保護ハ其ノ独立ノ生計ヲ為スニ至ル迄ノ期間之ヲ行ヒ之ガ保護事業ハ政府ニ於テ管理スルコト

（2）遺児ニ対スル保護ト円滑ナル実施ヲ期スル為地方長官ヲシテ之カ指導監督ニ当ラシムルト共ニ遺児ヲ直接保護育成スル者ニ対シ処遇上必要ナル指示ヲ為サシムルコト

2　遺児ニ対スル社会的処遇ノ確保

遺児ノ社会的処遇ニ関シテハ一般国民トシテ単ナル憐愍ノ情ヲ以テ遇セシムルコトナク殉国者ニ対スル敬虔ナル感謝ト其ノ遺児ニ対スル温情溢ルル慈愛心ヲ以テ之ヲ処遇セシムルノ措置ヲ講スルト共ニ孤児等ノ名称ヲ廃シ爾今「国児」ト呼称セシムルコト

3　国児訓ノ制定

遺児ヲシテ殉国者ノ遺児タルノ矜持ヲ保持セシムルト共ニ宿敵撃滅ヘノ旺盛ナル闘魂ヲ不断ニ培ヒ一ハ以テ忠孝ノ道ニ励マシメ一ハ以テ社会的処遇ニ酬ハシムル為国児訓ヲ制定シ処世ノ指針タラシムルコト

4　国児登録制ノ実施

5　保護育成ノ方法

（1）養子縁組ノ斡旋

（2）個人家庭ニ対スル教養ノ委託

（3）集団ニ依ル保護育成（全社協養護施設協議会編、一九七七）

この案は、敗戦直後の「一九四五年九月二〇日」に出された「戦災孤児等保護対策要綱」に引き継がれることになる。どこが継承され、どこが変わっているのだろうか。結論からいうと、その内容は大幅に修正されていく。まず、基本方針からであるが、その冒頭には、「大東亜戦争ノ災禍ニ因ル孤児増加セル現況ニ鑑ミ国家ニ於テ左ノ如ク措置シ之ニ必要ナル保護育成ノ方途ヲ講ズルモノトス」とあり国家が措置を行う点は継承された。

しかし、ここにおいて、「国児」という呼称はなくなった。これはなぜなのだろうか。根拠はまったく存在しないが、大きいと考えられるのが「戦争が終わった」ことにあるのではないか。つまり、戦意を向上させる必要がなくなったのである。丹野喜久子は、この「国児」たる呼称は「『本土決戦』への士気昂揚のための最後の手段として遺児保護がうたわれたに等しい」と述べている（丹野、一九七七、三〇頁）。ここから、「国児」と呼称したのは戦争のためであり、子どもはその「道具」であったと考えられるのである。

保護の方法

保護の方法については、変更がみられなかった。保護の方法としては、①個人家庭への保護委託、②養子縁組の斡旋、③集団保護の三つであり、これらは同じである。また、教育として、「中等以上ノ教育ニ付テハ保護ノ方法如何ヲ問ハズ各種育英機関ニ依リ之ガ学資ノ補給ヲナシ夫々、能力ニ応ジ修学錬成ノ機会ヲ与フルモノトス」とし、中等学校以上の教育を保障する方策を打ち出した点も「要綱案」と同じである。さらに、これの経費は「政府ニ於テ特別ノ措置ヲ講ズルモノ」とした点についても同様である。

村上貴美子は、この敗戦直後の児童保護対策の特徴の一つが、その保護期間にあるとする。つまり、児童の能力に応じて独立の生計を営むことが可能な時まで保護されるものとされているのであり、村上はこれを「孤児の経済的自立を目標としていた」と指摘する（村上、一九八七、一〇三頁）。

そして、もう一つの特徴として、国家責任の原則が打ち出されていたと村上は指摘する。その根拠が、要綱の保護の内容が「保護ハ地方長官ヲシテ之ヲ行ハシムルモノトス」という部分にあるとしている。重要なことは、この国家責任の原則が基本的人権を基盤としたものとは異なり、むしろ「戦時下の軍人遺族に対する子女の育英等に示されている考え方、すなわち国家賠償あるいは国家補償的考え方に類似するものといえる」と村上が指摘している点である（村上、一九八七、一〇四頁）。

村上の指摘している点を考慮するにしても、ここにおいて孤児の保護育成を「国の責任」という認識があったのかどうか、このことをいかにとらえるべきかということは重要な問題である。

寺脇隆夫は、「戦災孤児対等保護対策要綱」は「戦災援護会・同胞援護会などの施設や既存の育児施設などに収容保護した程度で、（中略）初期の段階で、孤児対策は個人家庭と既存施設への依存を主なものとしたにすぎない」とした。また、この要綱は次官会議で決定したが、児童対策は「生活困窮者緊急生活援護要領」の枠内で実施され、PHW（公衆衛生局、福祉政策を担当したGHQの部局）も一九四六年二月までは児童問題に関与しなかったこともあり、敗戦直後の「浮浪児」（原文のまま）対策は各都市における場当たり的な狩込に終始していたと述べている（寺脇、一九七八）。

このことからすれば、要綱案から要綱提出における大きな変化は戦争が終わったことにあり、そうした意味においても村上の指摘していたような国家賠償的な考え方そのものも存在していたのか、むしろ、戦争継続といった「本願」がなくなった時点において、戦争孤児に対して支援する動機もまた失せてしまっていたと考える視点もまたあってよいのではないだろうか。

ここに、もう一つ紹介しておきたい法制度がある。それは、「戦災孤児等集団合宿教育ニ関スル件」（一九四五年九月一五日）である。これは、「戦災孤児等保護対策要綱」とほぼ同時期に出されたもので、集団疎開児童で戦争孤児となった者、疎開先からの引き揚げが困難になった者などを対象にして、市町村における集団合宿教育所を設け、保護・教育するものであった。前述した論文で丹野は、その範囲を拡大したのは「食料事情の悪化、住宅難、教育施設の壊滅状態を反映した措置で解せられる」と述べている（丹野、一九七七、三二頁）。その冒頭には以下の表記がある。

> 時局ノ急転ニ伴ヒ戦災孤児及集団疎開並ニ集団引揚ノ児童ニシテ家庭ノ事情等ニ依リ之ガ引揚困難ナル児童等ノ今後ノ教育ニ関シテハ急速ニ之ガ対策ヲ講ズルノ要アルモノナル処今般之等児童ニ対シテハ別紙要領ニ依ル集団合宿教育ヲ行フコトト相成タルニ付テハ貴管下都、府県内ノ戦災都市町村ニシテ本教育施設ヲ要スルモノアルトキハ当該地方長官及当該市町村ヲシテ至急之ガ実施計画ヲ樹立セシメ別紙様式ニ依ル調書ヲ具シ一〇月一五日迄ニ本省ニ到達スル様設置申請ヲ提出セシメラレ度依命通達ス

北河賢三は、これを「学童集団疎開の延長策」として位置づけている（北河、二〇〇六）。つまり、これとて戦争孤児に対する抜本的な解決策ではなかったのである。

　これらの抜本的な解決策を講じなかったことが、やがて、多くの戦争孤児が巷にあふれ出る結果を招くことになる。寺脇隆夫はこのことを以下のように論じている。とても大切な指摘であり、少し長いが引用する。

> 戦後の早い時期における孤児対策にみられるこのような消極的姿勢は、一方で敗戦とそれに伴う社会的混乱を考慮しても、なお、わが国における児童政策の著しい立ち遅れ＝放置・放任政策の反映だったといえる。（寺脇、一九七八、四六頁）

二　浮浪孤児対策期の法制度とその問題点

浮浪児対策としてまず打ち出されたのが「浮浪児其の他児童保護等の応急措置実施に関する件」（一九四六年四月一五日）である。ここから、保護の対象としての位置づけは、「戦災孤児」から「浮浪児」となる。この冒頭に述べられている文章を以下に紹介しておく（傍線筆者）。

児童保護等の施策に付いては夫々配意実施中のことと被存候処戦災孤児其の他にして停車場、公園等に浮浪するもの不之が保護不徹底の向存之に付いては概ね左記に依り至急其の応急保護対策を講ぜられ度

追　本件に付いては内務省警保局とも打合済なるに付為念

「戦災孤児」から「浮浪児」へ

むろん、「浮浪させているのは誰か」という問題の所在は問われることがないという点が重要な問題点である。まるで子ども自体、つまり「浮浪」していること自体が問題とされている。それは当然のごとく、「取り締まり」という発想に転じることになり、そのように「見られた」子どもは逃げ回る。こうした構造になるのは想像に難くない。ここに大きな断絶がある。

この対策は、「浮浪児の徘徊する虞(おそれ)ある場所を随時巡察して浮浪児等の発見に努め」、保護者に引き渡すか、児童保護施設などに収容することの徹底を指示したものである。そして、注目したいのが、内務省警保局とも打ち合わせ済だと述べ、警察に対しても協力を求めている点である。

具体化する取り締まり

孤児は取り締まりの対象となった。むろん根本的な問題解決にはなっていなかった。逸見勝亮は、「応急保護対

策」とは「狩込」であり、これが具体化したと述べている（逸見、一九九四）。

食べ物に困り、あてもないなかで、戦争孤児が都市に集中するのは自明のことである。国は、「主要地方浮浪児等保護要綱」（一九四六年九月一九日）を出す。その内容は以下のとおりである。

第一　趣旨

衣食住総てに亘り窮迫した昨今の社会生活と終戦後激変する社会情勢と相俟って、戦災孤児、引揚孤児、その他家庭生活を失った児童等が街頭に浮浪する情勢が現れ、その対策真に緊急を要するの実情であるので特に主要都市（京浜、京阪神、中京及び北九州）に対し概ね次の諸点に力点を思考してこれら児童保護に重点を置いた浮浪者保護対策を講じようとするにある。

保護の具体的要領として、①発見、②撰別、③保護施設収容後の保護とした。この発見のなかに「一斉発見」があり、ここには「所轄警察署と保護職員と協議の上関係者を総動員して一斉発見を行う」とされている。逸見は、こうした状況を「戦争孤児対策は犯罪取り締まりとほとんど同義であった」と述べている（逸見、一九九四）。

ここで筆者が注目したいことが二点ある。一つは、「児童収容保護所」に求められた役割についてである。少々長いが以下に引用する（傍線筆者）。

児童の年令特性等による適宜の細別に分け、それぞれ指導員及び保姆を配置して家庭的構成となし、収容後約一カ月乃至二カ月間起床、食事、運動、娯楽、慰安、休息、入浴、就寝等の訓練計画を定め専ら正常生活の訓練を行い、規律生活の習性を体得せしめると共に、此の間情操と品性の陶冶を図り純情、従順な素地を培養する。

孤児への配慮

ここには、まさに戦争孤児をどういう存在と認識しているのかが示されている。その認識には、親を戦争で失った悲しみや慟哭（どうこく）（こうした表現でも現実にはせまれていないが）への配慮はまったくうかがえない。「情操と品性の陶冶を図り純情、従順な素地を培養する」という認識からは、戦前・戦中における児童観がここにおいても示されていると言及するのは言い過ぎであろうか。

もう一点注目したいのが、「収容保護所の設置経営」である。問題点は以下の記述にある（傍線筆者）。

食料、衣料その他必需物資の手当については浮浪児等保護委員会において重点的に措置するのであるが、特に収容保護所においても自給農園を経営し食料の絶対確保を図る

戦争孤児が生活する場の運営が、自助努力で担わされていることをうかがわせる。国がその責任のもと措置を講じているわけではないことを推察させるものである。

以上の状況のなか、戦争孤児問題はますます深刻化していったものと思われる。そこで国が次に打ち出してきたのが「浮浪児根絶緊急対策要綱」（一九四八年九月七日）と、それに基づいた「浮浪児根絶緊急対策要綱の実施について」（一九四八年一一月五日）である。要綱の前文には以下のことが述べられている。

終戦後三年を経た今日街頭になお浮浪児がその跡をたたないことは、まことに遺憾である。よってこれらの児童を健全正常な生活に立ち戻らせ同時にこれらの児童を発生させる社会的原因を根絶するため、ここに全国的大運動を展開して左の事項を強力に実施するものとする。

ここに注目すべきは、「社会的原因を根絶する」と述べている点にある。それは何なのか。以下からそれが読み取れる。

1　浮浪児の背後にあってこれを利用している者を厳重に取り締まり、これらの者と浮浪児との関係を切断すること。

2　浮浪児を根絶できない大いなる理由が、人々が浮浪児に対して安価な同情により又は自己の一時的便宜によって、彼等の浮浪生活を可能ならしめていることにあることを一般社会人に深く認識せしめる運動を強くし

　て浮浪児存続の温床を絶つこと。

つまり、社会的原因は「浮浪児の背後にあってこれを利用している者」であり、くわえて「人々の安価な同情」にあると述べているのである。

実施要領には、具体的に「背後関係者に対する取締まりの強化」と「浮浪児保護に対する真の理解の徹底」が掲げられている。

背後関係者に対しては、①労働基準法に抵触する事実がある場合、労働基準監督署が厳格にこれを取り締まること、②犯罪教唆など刑罰にふれる行為をなし、又は児童福祉法第三四条に規定された禁止行為をなした者については、警察でこれを取り締まることなどが示された。

「真の理解の徹底」については、以下のように述べている。

（１）浮浪児に対する無責任な同情から物を与えたり、自己の一時的便宜から物を買ったりすることが浮浪児の生活を安易にさせ当局者の努力にも拘わらずその数を増加させることに役立っているものであること。

（２）浮浪児については公立私立の施設が衣食住の配慮をし責任ある保護を行っているのであるから従って浮浪児を真に保護するためには児童相談所や児童福祉施設の事業に協力して浮浪児を施設に入れ、そこに定着させるように援助することが望ましいこと。

戦争孤児がなぜにこのように生みだされねばならなかったのか、その根本にある社会的原因とは、まさに国家そのものにあったのではないだろうか。そして、真の理解とは、周囲の人間が安価な同情をすることで浮浪児を増大せしめていることにあるのではなく、浮浪せざるを得ない子どもたちをいかに理解するかという点にあったはずである。これらの視点が欠如されたまま対策は打ち出されている。

浮浪児対策期のもう一つの重要な問題は、「浮浪児其の他児童保護等の応急措置実施に関する件」がＰＨＷ主導で行われたという点にある。岩永公成は、この通達の作成契機にあったものが、「官僚制の非能率と県福祉担当者を含む一部国民の無関心」にあり、それゆえに、「関心を高めるために中央政府の指令が必要であった」と述べている。岩永は、続けて、「『通達によって関心を高めよう』というＰＨＷの思惑どおりにことは運ばなかったのである」としている（岩永、二〇〇二、二～三頁）。

さらに、その後出された「主要地方浮浪児等保護要綱」において、岩永は、「この会議の記録には『厚生省職員は浮浪児問題の重要性に目覚めた』と記されており、「厚生省の児童問題に対する関心が高まった」とＰＨＷが評価していることがわかる」としているように（岩永、二〇〇二、五頁）、ここにおいてもＰＨＷの関与があったことが推察される。

こうしてみてくると、浮浪児対策への我が国の主体性がなかったこと、その背景には我が国の浮浪児対策への「無関心さ」があったとする指摘は重要である。浅井春夫がいうように、浮浪児対策は「棄児」対策であったとする点（浅井、二〇一七）は、ここにおいて妥当なものであるといえるのではないだろうか。

三　児童福祉法制定過程と戦争孤児問題

児童福祉法

児童福祉法は当初「児童保護法」として構想されていた。児童福祉法研究会編『児童福祉法成立資料集成』（上巻）によると、児童保護法案要綱および法案は「行政当局者の手で作成された」ものであり、国会提案の政府案を含めて一〇点にのぼるとされている。このうち前述した資料集成には八点記載されている。その最初の「児童保護法案要綱」（大綱案）は、一九四六年一〇月一五日に作成されている。つまり、戦争孤児を対応している間に児童保護法案

表　戦争孤児問題と児童福祉法制定過程

戦争孤児関係	児童福祉法関係
戦災孤児等保護対策要綱：作成時期不明	児童保護法案要綱（大綱案）：1946年10月15日
戦災孤児等集団合宿教育ニ関スル件：1945年9月15日	児童保護法仮案：1946年11月4日
戦災孤児等保護対策要綱：1945年9月20日	児童保護法要綱案：1946年11月30日
浮浪児其の他の児童保護等の応急措置実施に関する件：1946年4月15日	児童福祉法要綱案：1947年1月6日
主要地方浮浪児等保護要領：1946年9月19日	児童福祉法要綱案：1947年1月25日
浮浪児根絶緊急対策要領：1948年9月7日	児童福祉法案：1947年2月3日
浮浪児根絶緊急対策要綱の実施について：1948年11月5日	児童福祉法案：1947年6月2日
	児童福祉法案：1947年8月11日

は起案されていたことになる。この児童福祉法制定過程と戦争孤児問題への対応過程を併記すると表のとおりになる。

ここで注目すべきことは、一九四六年一一月三〇日に作成された「児童保護法要綱案」が、一九四七年一月には「児童福祉法要綱案」となっている点である。保護から福祉へと変更がなされている。この変更について、前述した資料集成によると、「一九四七年一月二五日、中央社会事業委員会は厚生大臣に対し、二一年一二月以来、同委員会で検討を重ねてきた児童福祉法要綱案（1・25案）を附して、『不幸な浮浪児等の保護の徹底をはかり、すすんで次代のわが国の命運をその双肩にになう児童の福祉を積極的に助長するためには、児童福祉法とも称すべき児童福祉の基本法を制定することが喫緊の要務である』と答申した」と記されている（児童福祉法研究会編、一九七八、九四頁）。

一九四七年一月六日の児童福祉法要綱案の第一には「すべて児童は、歴史の希望として、心身ともに健やかに育成されなければならない」と記されているのである。中央社会事業委員会の答申や一九四七年一月六日の要綱案には、少なからず子どもたちを「未来を担う存在」としてとらえていること、そして、その背景には、深刻かつ当時解決できていない戦争孤児問題が背景にあったことがうかがえる。

国・公共団体の姿勢

さらにここに加えておきたいのは、一九四七年一月六日要綱案の第三には、「国及び公共団体は、保護者が第二の責任を遂行するのに妨げとなる因子を排除し、この保護者の責任遂行を積極的に助長し又は必要があるときは、保護者に代わり児童を心身ともに健やかに育成する責任を負うこと」（傍線筆者）と記されているのである。国が保護者との関係において、必要があるときには保護者に代わる存在になるとまで示すなど、その積極的な姿勢がうかがえる。だが、要綱案第一の「歴史の希望」はこの後削除されていき、国と保護者との関係も「保護者ととも」にといった形に改訂され責任を後退させていく。この削除と責任の後退は何を意味しているのだろうか。今後さらなる検討が必要であるが、この姿勢は、戦争孤児が示した問題そのものの削除と責任の後退としてつながっていないないだろうか。

おわりに

丹野喜久子は、「戦時厚生事業の体制下にあって、児童保護事業の指導理念を創造し、国策としての児童保護事業の確立を唱導し、その実践をすすめた戦争協力責任が児童の人権への価値観へ転換するには容易ならざる主体的追求を経ねばならない」と述べている（丹野、一九七八、九七頁）。

本章で検討してきたことの一つは、「戦争孤児」という表現が「浮浪児」と変更されたことに内包される問題であった。「国児」とまで称して行われた戦争孤児対策は、いわば戦争持続を鼓舞するためのものであり、戦争が終われば、「浮浪児」と称されるようになったのである。そして、浮浪児対策の根底にあった思想は、本章では制度を検討するのみで言及するには根拠が乏しいといわざるを得ないが、「情操と品性の陶冶を図り純情、従順な素地を培養する」といった戦争当時の児童観であったと考えられる。

また、児童福祉法制定過程にあっては、戦争孤児問題を背後におきながら、当初は子どもを「歴史の希望」と述べ、保護者にとって代わり国が児童の心身の育成に寄与するといった姿勢をみせていたものの、その後そうした姿勢は削除もしくは変更された。この後、子どもが権利の主体として位置づけられるまで、児童福祉法は七〇年もかかることになるのである。

本章の冒頭で述べた丹野の指摘を繰り返させていただくが、「戦前・戦中の児童政策を一貫して支配した児童観及び法体制が、戦後の児童福祉法制定の契機及びその成立過程においてどう断絶しているのか」ということへの本章としての答えは、「断絶はなされていない」ということである。その理由は、丹野の指摘する「敗戦日本のきわめて象徴的な存在であった戦争孤児、浮浪児問題をどう認識するかは極めて重要な問題である」という点で、国が戦争孤児・浮浪児問題に真摯に向き合わなかった結果であると考える。

児童福祉法に子どもの権利が位置づけられたことと、戦争孤児たちが「声」をあげ始めたことは決して無縁ではないのではないだろうか。

参考文献

浅井春夫「戦争孤児問題の現在と研究課題―国家の棄児政策はいかに遂行されたか―」『まなびあい』一〇、二〇一七年
岩永公成「占領期のＰＨＷの児童福祉政策構想―厚生省児童局の設置過程を通して―」『社会福祉学』四二―一、二〇〇一年
北河賢三「戦後日本の戦争孤児と浮浪児」『民族史研究』七一、二〇〇六年
児童福祉法研究会編『児童福祉法成立資料集成 上・下巻』ドメス出版、一九七八・七九年
全社協養護施設協議会編『養護施設三〇年』一九七七年

丹野喜久子「児童福祉法成立過程における立法意志の検討」児童福祉法研究会、一九七七年
丹野喜久子「国会提案関係政府資料（「第一回国会児童福祉法案参考資料」）」児童福祉法研究会編『児童福祉法成立資料集成　上巻』ドメス出版、一九七八年
寺脇隆夫「戦後児童保護関係法令通知、同関係資料」児童福祉法研究会編『児童福祉法成立資料集成　上巻』ドメス出版、一九七八年
藤井常文『戦争孤児と戦後児童保護の歴史』明石書店、二〇一六年
逸見勝亮「第二次世界大戦後の日本における浮浪児・戦争孤児の歴史」『日本の教育史学』三七、一九九四年
村上貴美子『占領期の福祉政策』勁草書房、一九八七年

第四章　女性の戦争孤児体験を聴き取る
——一〇名の語りから——

艮　香織

はじめに——束ねられない語り——

はじめに、生の歴史を語ってくれた一〇名の女性たちに心から感謝したい。一〇名の語り手は表の通りである。戦争という「非常事態」には、平常時から脆弱な立場に置かれている人たちへの甚大な人権侵害が起きやすい。日本社会において、子どもや女性は周縁に置かれてきた／いる。約一二万人といわれる戦争孤児たちを、数字や記号として表すのではなく、一人ひとりの生の歴史として記録し、共有したい。

人間を「女性」で、「孤児」であるという一部の属性のみで束ねることはできない。本章では、その人間が戦争によって「孤児」にされ、「女性」であるというだけで束ねられてきたという複合的な人権問題に着目したい。そこで聴き取りにあたっては、孤児体験を中心に置きながらも、女性たちがその前後をどう生き抜いてきたかを連続して聴くこととした。教育や労働、結婚といったライフイベントにおいて、また孤児体験を語るにあたって、肯定的な自己選択や自己決定が狭められ、その機会さえ奪われてきた／いるという現実を浮き彫りにしたい。

一　家族から孤児へ

孤児になる前の記憶

語り手にとって、孤児となる前の生活は、印象深い思い出として残されている。田中よりこさん（仮名、当時九歳）は「母がバナナを八百屋から買って。（中略）バナナの高いのを買ってもらって食べたのが嬉しくて嬉しくて」と述べ、よりこさんの姉である金子トミさん（当時一五歳）も「母と魚の餌のゴカイを取りに荒川に行った」と戦前のなつかしさは食にかかわる語りで表されることが多い。

表　10名の女性たち

名　前	孤児になった時の年齢	出身地
神谷洋子	8歳	沖縄県
前原生子	9歳	沖縄県
野村艶子	12歳	長崎県
井上和子（仮名）	11歳	長崎県
金子トミ	15歳	東京都
金田茉莉	9歳	東京都
木村マス（仮名）	5歳	東京都
田中よりこ(仮名)	9歳	東京都
鈴木賀子	7歳	東京都
吉田由美子	3歳	東京都

神谷洋子さん（当時八歳）は幼少期より勉強が好きで、五、六歳ころに掛け算九九・五十音を暗記するなどをしていたという。弟の「繁（しげる）」という漢字も母に教わり、書くことができた。また前原生子さん（当時九歳）は「四〇〇坪に。（中略）三軒貸家があって、（中略）お父さんは会社勤め」と振り返るように、比較的裕福であったという。こうした話は聴き取りの途中でも、その後の生活と比較して失った暮らしとして何度も語られた。

生活に困窮していた語り手もいる。野村艶子さん（当時一二歳）は洋服屋を営む父と母との三人暮らしだった。父は結核で、「子どもやけん、親と一緒に寝たかった。（中略）『父ちゃん、一緒に寝ようやぁ』て言うたこともある。でも『うつる病気だからいかん』て。『いやだ、うつってもよか』て言って」と語った。その後、父の結核が母に感染し母が亡くなった。父は艶子さんと自分の身体を紐で縛り、入水自殺を図るが未遂に終わる。艶子さんは、父が結核病院に入院したころからキリスト教系の施設で暮らしていたが、父も亡くなり、養父母にあずけられている。

一方で、木村マスさん（仮名、当時五歳）や吉田由美子さん（当時三歳）は幼少期であり、思い出は多くはないと語る。マスさんは麻疹に感染し、高熱から濃病となり長く入院したこと、退院後に家族とともに快気祝いに浅草に行き、松屋デパートで会食をしたこと、ウィンドー内の子ども服をみていたら両親が「次に買ってあげるからね」といってくれたこと。翌年、兄が国民学校一年生となり、弟と一緒に追いかけて外から顔を出し先生の話を聞いたこと、春から夏の日曜、家族で上野公園付近で隅田川下りをし、海苔巻や卵焼き弁当を食べたことを思い出してくれた（図1）。

一方で由美子さんは「三歳っていう年齢で孤児になったっていうことは、本当に人生変えられてます。記憶も残せないんです。顔も覚えていませんから、親の」、と語るように親の記憶がない。後に当時の自分の写真を手にしており、三歳に晴れ着を用意してくれた親や、由美子さんの行く末を案じてくれた叔母がいたことを知り、支えとなっている（図2）。

図1　マスさん（0歳）と父母・祖母・叔母・兄（4歳）
虚弱であったマスさんは1944年から父母と別れて本家祖母宅に縁故疎開する．祖母は亡くなるまでマスさんと兄のことを案じていた．

孤児になったいきさつ

語り手の一〇人は、東京大空襲・沖縄戦・長崎の原子爆弾投下・山形県の真室川空襲によって親を失い、孤児となった。一九四八年に厚生大臣官房会計課長連名通牒として出された「全国孤児一斉調査」（沖縄を除く）によると、戦争孤児の合計は一二万三五一一人とされている。当時の資料は残されていないことから、数値に含まれない孤児が相当数、存

図2　叔母さんと由美子さん（4歳）
裏面に「私の子供の様に可愛いかった由美子ちゃんに贈る」と叔母によって記されている（昭和21年2月9日撮影）.

在していたことが指摘されている。また、この数値が公表されたのは一九九五年と近年である（金田、二〇一三、一一三～一一四頁）。

学童疎開中だった金田茉莉さん（当時九歳）は、家族疎開を予定していた母から戻ってくるよう依頼され、一九四五年三月九日に疎開先を出発し、一〇日朝に東京大空襲で焦土と化した上野に到着した。叔父が焼け残った国民学校に迎えに来てくれたが家族とは会えなかった。そして七月に母と姉の遺体がみつかったことを知らされるが、妹は行方不明のままである。よりこさんとトミさん姉妹は東京から山形に家族疎開していたが、空襲に遭った。終戦の前日に母と姉を失い、しばらくして一歳の妹も栄養失調で亡くなった。

一九四五年三月一〇日、東京で鈴木賀子さん（当時七歳）は二番目の姉と弟と一緒にいくつもの防空壕を逃げ回っている。母親と上の姉は防空壕から出た直後に「大事なものを取ってくる」といい、家の方向に戻り、それきり会うことはなかった。賀子さんは火傷で顔が水膨れになりながら逃げまわった。「どこを見ても焼野原ですもんね。（中略）それに死体の山ですね。川見れば水面が見えないくらいね。（中略）防火水槽の水をかぶりながら、この辺（裾や袖の辺り）の洋服とか燃えてくる。火の海の中を逃げて……」。マスさんは兄とともに福島に縁故疎開中に東京大空襲で両親を失った。

沖縄の洋子さんは、一九四五年四月一日に米軍が沖縄本島に上陸したことから、母と弟と山中を逃げ、戦闘の激しい南風原付近の陸軍病院までたどり着く。この間、絶え間ない爆撃が続き、多くの人が亡くなる様子をみているが、慣れていったという。ある夜、艦砲射撃があった。洋子さんは壕入口に座っていた。中にいた母の「ヨウコ、ヨウちゃんこっち来なさい。危ないからこっち来なさい」が最後の言葉だった。母のところに行こうとした瞬間に砲弾が入口近くに落ちた。「もう何もないんです。爆弾落ちたもんだから。（中略）そして、『母ちゃん、母ちゃん』って探してもいないし。肉塊がぴったり、あちこちにくっついて」。母と弟を失い、洋子さんも脇腹を負傷し茫然としていると、どこの誰かは知らないが「誰かがあの、生きてる人は早く出なさいというふうにして、わたしの手を捕まえて外に出されたんですけど、それから独りぼっち」。

同じく沖縄の生子さんは米軍から逃げる途中で両親と祖母を爆撃で亡くし、右肩に大けがを負い彷徨っている。「お腹すいたとも感じないさね。精神的にはね、もうボーっとしてるからね。人が死んでても怖くないし、死んだ人もみんな、蛆が湧いてるわけ。怖くない。（中略）私はもう、けがしたまま。自分一人でね。歩くところみんな死人だからさ」。

長崎の井上和子さん（仮名、当時一一歳）は、一九四五年八月九日、下駄の鼻緒が切れていたため、その布の切れはしを探して繕っていたところ、「ピカッてしたから。小学校で習ってた訓練をですね、目を押さえて耳を押さえて閉じなさいっていうことで」、押し入れに隠れ、しばらくしてから防空壕に避難した。「原爆が落ちたために、すぐに即死した赤ちゃんもいるし。三人ぐらいは生きてたんですけど、結局、乳がないから。それで亡くな」った。「当時の、壊れた家とか、燃えているところとか、放射能ば受けて、ねぇ。洋服なんかもうボロボロ、焼けて。焼き焦がれてねぇ。（中略）網目のように蛆虫が背中にいっぱい。傷の後に」と振り返り、今でもその道路を通るたびに原爆投下後の町の様子が目に浮かぶという。同じく長崎の艶子さんは、縁故疎開中であったが、一九四五年八月九日に原爆で養父母を亡くしている。「今日帰ってくるとやろか、今日は帰ってくるやろか」と思い四、五日過ごしていたが、祖母から「艶子、どうも、もう父ちゃん母ちゃんはもう死んでるばい。もう今まで待ってても帰ってこんとやけんで」と告げられた。すでに実父母を亡くしていた艶子さんは、養父母の死がどのような意味なのかを理解しており、自分が草花を摘んで売りに行くか、働くかしなければならないのだろうかと、自分の生活に不安を感じていたという。

二　その後の暮らし

孤児たちの人権

戦後、戦争孤児たちの置かれた状況は人権侵害そのものである。一九四六年に公布された日本国憲法の第一八条「何人も、いかなる奴隷的拘束も受けない」や、第二七条「児童は、これを酷使してはならない」をはじめ、一九四七年制定の労働基準法や職業安定法、児童福祉法や学校教育法にも抵触することはいうまでもない。すでに、児童に労働を強いることは一九一一年に公布された工場法でも禁止されている。

本来、おとなは子どもに修学させる義務を負うはずである。生活難がそれを許さなかったとしても、他の子どもと分け隔てをしたり、国がやるべきことを代替したという言いわけなどで、養育費を国ではなく社会人となった本人に請求するといった行為は、戦争孤児に対する露骨な差別以外のなにものでもない。

報　道

戦後直後の新聞などには、孤児の問題はどのように報道されたのだろうか。一九四五年九月から実質は一九五二年までの七年間、報道は占領軍のプレスコードによって規制されていたものの、孤児の現状の一部は新聞などで報道されていた。また、人身売買に関する報道のなかにも戦争孤児が含まれていた。一九四八年の山口県情島（なさけじま）の舵子（かじこ）問題（Ⅱ部第五章参照）にはじまり、同年一二月には上野地下道に暮らす男性が、一〇代前半の子ども（三人のなかに「戦災孤児」が含まれている）を栃木県の農家に売ったという記事が新聞紙上で大きく取り上げられた。その後、GHQが関心を示したこともあり、全国的な調査や取り締まりが展開された。労働基準局の調査では、人身売買の被害者は二四八〇名、うち「被害者親元」が「不明」または「親のないもの」が八一九名であることが明らかになっている（労働基準局、一九五二）。

いうまでもなく、この数値をはるかに超えた孤児が存在していただろうことは想像に難くない。人身売買の問題は、その後、戦前からの家父長制と子ども観にかかわる慣習、または地域性の問題として扱われ、戦争孤児を生みだした社会構造の問題や、社会福祉の具体的なとりくみに目が向けられることはなかった。非常時には子どもや女性は売り買いしてよいという封建的な慣習が人身売買を黙認し、家父長制から外れた者は消費してよいといった価値観や、子どもは無力な存在であるという子ども観が、戦後の傷痕に苦しむ日本において増幅し、孤児の待遇をいっそう厳しくしてきた（法務府人権擁護局編、一九五一）。

心ない言葉

戦争孤児となった彼女らのなかには、親戚らを転々とした方も多い。彼女らは本来、「いないはずの場所」（マスさんの言葉）に存在することを「許される」かわりに、さまざまな労働を強いられている。例えば、農村部では子もり・掃除・牛二頭の餌の草刈・果物の出荷手伝い・炊事・その他農作業などであり、比較的都市部においては一〇人分の食事の支度・布団の片付け・部屋の掃除・朝食の片付け・学校から帰ると食事の支度・ポンプでの水くみ・風呂焚きなどである。いずれも小学校低学年から中学年の子どもには過酷な労働である。

伯父伯母／叔父叔母や従兄から暴言を吐かれた人も多い。由美子さんは伯母に「親と一緒に死んでくれればよかった」といわれたという。「ひたすら親の迎えを待っていた」由美子さんにとって親が死んだという事実は「悲しいのなんて通り越」すような衝撃であった。それに対し「泣きたいのはおまえじゃないんだよ。こっちのほうがよっぽど泣きたいんだよ」といわれ叩かれたという。また、父方の実家にあずけられたとき、父方・母方の実家間で三つの約束を交わしていたことを後で知る。「一切この子とは会わせない、一切連絡を取らせない、どのような育て方をしても文句を言わんでくれと」父方の実家が切り出したという。マスさんは「戦災孤児なんてごくつぶしだ!」、茉莉さんは「親なし子、誰がめんどうみるんだって。野良犬だって」といわれ、「厄介者、邪魔者」扱いされている。

養子縁組

「知らない人の養子」となった方もいる。洋子さんはコザ孤児院での療養後に「赤の他人」に「もらわれ」たと語る。マスさんは疎開先の校長らによって行く先が決められていた様子を記憶している。「親が亡くなってしまった子で親戚もいなくなった場合、農家がもらいにきていましたね。女の子は器量良しから順に引き取られていました。疎開先で一緒だった綺麗な子が、ずっと後に会社の慰安旅行で温泉街に行った時に芸妓として働いていて、再会したことがある」。「身売りされた子ども、売春婦に売られている子はかなりいるんです。(中略)要するに(疎開先の)校長が誰でもいいからってね。くれてやるでしょ」と茉莉さんはいう。

上野の地下道での暮らし

転々とするなかで、上野の地下道で過した女性もいる。トミさんは妹と弟とともに上野の地下道で過ごした。雨の日は上野公園のトイレに鍵をかけて、便器の上に板を敷いて寝た。伯父からもらったお金を盗られないように下着に隠し、芋を手に入れたときは盗まれないように隠れて食べた。「夜は地下道は孤児でいっぱい」だったという。賀子さんも弟と地下道で過ごしたとき、地下道にはいくつかの子どものグループがあり、盗み方や露天商のやり方などについて「はるか年上の人がいて知恵をつけてくれ」、男の子から「盗んだものは口に入れろ」とアドバイスされたという。当時は靴磨きをやっている子どもはまだおらず、少し後になってのことではないかと振り返る。他の女の子の孤児のことはあまり記憶にないが、「パンパンガール」「パンスケ」と呼ばれた女性たちのことは覚えていた。彼女たちは「普通の女の子」は「私らがいるからいられるんだって。犠牲になって普通の女の子がアメリカ兵から強姦されないのは私たちがいるからなんだ」と、言っていたという。当時七歳だった賀子さんは「男と女がこうなるんだって、お金もらって食べ物もらってというのはなんだか。うっすら子ども心にね。へーって感じで」理解していたという。

同じころ、上野の地下道で暮らしていた男性に聴き取りをした際（二〇一九年）、女の子の孤児の記憶は薄いが、女の子が「中学ごろ」になったら「体格もいいし」、グループで「まわされて」いる様子や、チンピラの姉貴分になっていた姿を語ってくれた。性売買については「（女子が—筆者）『いやや、いやや』言うて泣いている子も、わしも二、三回見たことあるけれども、なんで泣いているのかわからんねん。今考えたら『一緒について来い。おまえも客取れ』ちゅうようなもんやろな」という。

こうした性被害や性売買にかかわる語りは、ひとつの現状を言い表したものとして記録しておきたい。一方で、女性の孤児を安易に性と結びつける報道も少なくない。それが時として女性の孤児像を固定化し、孤児だった女性が語ることを躊躇することにもなる。こうした両面性を押さえたうえで、女性の孤児を取り巻く現状を丁寧に記録する必要がある。

生きるために

親戚などと暮らすにあたって暴力を振るわれないため、または他人に「置いてあげている」という言葉を繰り返しいわれるなかで、自ら役に立つように振る舞う孤児も多い。由美子さんは小学校高学年ころには「むしろ従順に働くお手伝いさん」になったことで虐待はなくなり、中学になると「体力もつき、もっと役立つようになって、今度は畑仕事で肥え桶を持ったり」するようになった。「少しずつ役に（立ちたい—筆者）……認めてもらいたいっていうふうに、人間というのは変わっていくんですかね。順応せざる得ないのかなぁ」と振り返る。他方、茉莉さんの場合、懸命に働いた理由は順応や承認欲求ではなく「とにかく孤児で、親じゃない人に世話になってるっていう遠慮が」あったという。それは「働かなくちゃ食べさせてもらえないんだって。孤児たちはみんなそうですよ。働かなくちゃ食べさせてもらえないんだって。ここで世話になってるんだ。逃げて帰るところがないんですよ」というように、行き場のなさによるものであった。子どもであることを「どうしようもな」い無力さとして受け止めていた。洋子さんは、酷い扱いが続いたが、親戚が生きていることがわかると対応が改善されたという。これもまた「おとなの後ろ盾」如何によって対応を変える、おとなの子ども観の表れでもある。

親戚にあずけられた孤児のなかには、知らないうちに親や自分たちの財産を奪われている者も少なくない。マスさんは財産を奪われていながら、成人になると、養育費を請求されたと述べている。他にも、養父母からの要望などが長く続いた女性もいる。

三　教　育

労働の担い手

孤児の多くは、労働の担い手であることを期待され、身近なおとなから教育を受ける機会を奪われたり、制限されることが多い。よりこさんは進学を強く希望していたが、養父が「自分の家から離したくなくて、遠くにやりたくなくて」、一切認めなかったという。校長先生が誘いに来てくれたが、「勉強ばかりが人生ではないから、お花とかお茶とかをさせるからと断られて。（中略）自分で決めて動いてもダメなんだって諦めて」いた。しかし実際は「花嫁修業」はなく、「農作業」だった。艶子さんは高校二年生の一学期で学費が払えなくなり、伯父の経済状況を考え自ら高校を辞めた。艶子さんは気丈に「女中さんに自分で行ったとよ」というが、本当は学校に通いたかった。

マスさんは、中学校に叔父の息子（従兄）が乗り込んできた光景を忘れられない。「国が育てるべきマスを厚意で育てているのに、手伝いを怠けて宿題をやっているとは何事だ！」と、多くの生徒がいる教室と廊下で怒鳴られたという。中学卒業後、マスさんは四年間、兄は六年間にわたり、農作業の手伝いをした。農作業中に高校の制服を着た友だちをみるのが辛かったという。また、マスさんの祖母は一九四七年に亡くなる際に、親戚が集まるなかで財産をマスさんの養育費に充てるようにと叔父に言い残している。だが、伯母以外の親戚はそのことを「誰ひとりも言わな」かったという。「だから私は、本当におとなの人っていうのは……自分の家庭が一番大切なんでしょうけど」と、マスさんは二〇人以上の親戚がこうした現状を黙認したことに失望したと語る。

入学した孤児たち

高校の家政科に入学することができた茉莉さんは、授業で必要な被服製作の材料やノートなどを用意できず、また は授業料を半年ほど滞納してしまい、掲示板に名前を貼り出され、恥ずかしい思いをしたという。

洋子さんは、小学校で孤児であることを理由に、よくいじめられていた。洋子さんは「みなし児がもらわれてきてるって。あんまり上等な服を着れなくて……」と述べつつ、「今に見ときなさいね。必ずわたしは立ち上がるからねっていう気持ちはあったんです」と決意を話してくれた。しかし、洋子さんは小学校を六年生の一学期までは通っていたが、養父母の理解がなく、その後は学校に通えていない。

一方で、友人や教員の助けによって卒業できたと振り返る茉莉さんと賀子さん、そして由美子さんの語りからは、教育者のなかには、周囲のおとなに子どもの進学を進めたり、子どもの置かれている状況を丁寧にみて、寄り添おうとした者もいたことがわかる。賀子さんは四年生の遠足で、親戚に偶然会ったとき、「お前な、安い買い物だったで」といわれる。引率の先生がいち早く気づき、「ちょっとおいでってホームの端に連れてってくれてね。気にするな、気にするなって」といってくれたことが印象に残っている。

四　労　働

労働者として

彼女らの多くは、無償労働を強いられていたが、成長するにつれて賃金労働者として働くことを模索し始めていた。生子さんは親戚の紹介でバス会社の事務所で働き結婚を機に辞めた。教員の勧めでデパートの販売員となった由美子さんは、高校の時にエリザベスサンダースホームで孤児のために働くことを希望し、同施設に手紙を書いている。しかし、担任から「その気持ちも大切だし、わかるけれど、少し孤児としての生きざまのなかから、あなただったら、そこだけにいるんじゃなくて、もうちょっと違う道を先生は薦めたい。（中略）離れてものを見つめることも大切ですよ」といわれ、デパートに就職したという。

職を転々とした方も多い。「履歴書なんてお恥ずかしくて書けないですね」という賀子さんは、上京後、住み込みの紡績会社から接客商売まで職を転々とし、運送会社に落ち着いた。艶子さんは施設で過ごした後、産婦人科の先生の手伝いや肉屋、洋服屋の「女中」、製材所を経て、キリスト教系の病院で三五年間、配膳係や掃除婦として、身を粉にしながら働いた。マスさんは親戚の紹介で、製造業で働いたが、当初の契約と違い、会社社員の食事づくりや掃除などを任された。その後、給与をもらいながら従姉の「ご隠居さんの介護」をすることになる。

結婚を機に家内労働を担うことになったという洋子さんは、夫が漁師で、魚を売り歩く仕事をしながら、鮮魚店で働いた。中学校卒業後、ずっと農作業の手伝いをしていたよりこさんは、結婚相手も農家の方で、朝早くから夜遅くまで懸命に働いた。よりこさんは「爪が半分くらいなくなるくらいに。農業が続くことが嫌で嫌で」と振り返る。

性差別

茉莉さんは、無一文で上京後、仕事を探すが孤児であることを理由に断られた。以前の担任教員（女性）に、就職先を紹介してほしいと手紙を出すと、その教員宅で「女中」がみつかるまで来てくれないかといわれる。夫婦とも教員で共働きであった。しかし、その教員の夫からの性暴力未遂が二、三回あったことから辞めたという。「ばかにされてるんですよね。孤児だからなにされてもいいということが、それで私、その話をすると、女中だからしょうがないね、そういうふうに言われるの。女中だもんねって言われる。それほど、女中っていうのは、人間扱いされてなかったの。孤児っていうのもね……。ほとんどの女の子っていうのは、一度や二度はそういう経験を持っていてもね、それは口に出して言えないんですよね」。この体験は未遂であってもいえなかった。その後はおでん屋・法律事務所・保険会社と職を転々とする。おでん屋では茉莉さんを無償で働かせることを目的に養子縁組の話があったという。

経済的に安定できていたかというと、依然として厳しかったという方も多い。就職後もマスさんや由美子さんは、養父母から孤児の時に養育したことの〝見返り〟として、金銭的・物理的な要求をされ続けている。賀子さんは要求をされたのではなく、自ら「恩返し」をするために働いていた。給料の何倍もするトランジスタラジオや、流行していたダッコちゃん人形を送ったり、送金を続けた。賀子さんの養母はそれを使わずに枕の下に取っておいてくれたという。養母は床に伏しており「もう亡くなるのわかってたんでしょうね。枕の下からお金を出しました。あんたに送ってもらったお金ですって」。養母は、賀子さんに持っていくように勧めたが、賀子さんは義姉や孫に使うようにと答えたという。

五　恋愛、そして結婚

後ろめたさと執着心

茉莉さんは、恋愛や結婚は「諦めて」いたと振り返る。また孤児になったときの喪失感に堪えられず、恋愛については「後ろ後ろに退いて……」。「もう自分は、もう今までずっと、底辺歩いてきてる。それで高値の花っていうんですか。そういう自分とは釣り合わない人だから、最初から（恋愛をすることを―筆者）諦め（ている―筆者）っていうのかしら。（中略）もしその愛情が壊れた場合、今度こそ生き返れないっていうのかな。愛を失う恐ろしさっていうのはね。身に沁みついちゃってるんですよね」。孤児の女性のなかには、自分との〝釣り合い〟を考え、「自分を下げちゃって、こういう人とじゃなくちゃ結婚できないんだっていう人も結構い」た、と振り返る。茉莉さんはそれまで「ちょっと、捨てばちな気持ちがあって、生きるっていう執着心」がなかったが、結婚・出産によって「この子だけは、親なし子にしちゃだめだって……（中略）生きるための執着心」が出てきたという。

養父母の事情で結婚が決められていたという方もいる。よりこさんは「養父母からは特別に大切」にされつつも、日々の農業に追われていた。東京に戻ることを切望し、その気持ちは結婚後も、子どもが生まれる前までは続いた。夏祭りの日、東京行きの電車に乗ったが電車を間違えたことで、帰宅せざるを得なかったことを鮮明に覚えている。「田舎って色々言われる」ため、孤児であることは「話をしないのが一番いいや」と思い、「本当に誰にも言わないできました」と語る。「思い出すと涙が出ますけれども、常に明るく明るく、人一倍明るくしないとダメなんだなぁ」という思いから、学校でも家でも前向きに「切り替えて」過ごした。誰の悪口もいわず、友人を大切にすることに徹したことで、友人や先生からの厚い信頼を得たという。それだけは「自分の宝」だと胸を張る。

さまざまな契機

艶子さんは結婚を考えたこともあったが、養父や婚姻相手の親族に反対された。養父の反対に、艶子さんは「父親ちゅうのはそんなもんやろ。ああのこうの言うてねえ。私も人の反対を押し切ってまで結婚しようと思わんしさぁ。もうええかと思ってね」と振り返る。「もうええか」と思ったのは、養父母宅で子もりをするなかで、その大変さや生活に困窮する様子をみてきたことも関係しているという。ただ、その時の子どもが今、頼りになる存在で施設に会いに来てくれると嬉しそうに語った。恋愛をしたこともあったが、「ふられた」。それは、相手の母親が艶子さんを嫌っていたことが理由だった。「施設に入っとるもんはつまらん」と反対されたという。また、施設で一緒だった友人のなかには孤児であったことを理由に結婚を断わられたり、結婚後も孤児であったことを隠す方もいるという。

職場や親戚からの紹介で結婚をした方もいる。賀子さんは職場の上司の紹介で結婚した。「心優しい人がいいな」と思い、夫を「選んだ」という。「私、人には言わないんだけど、ずっと他人の中に（生きて―筆者）居たでしょ。そして結婚しましたよね。その時にね、一晩泣き明かした。（中略）私、これでやっと自分の城、築けると思った。それで一晩泣き明かしました……すごい泣いたの！」。賀子さんは、身内がいないなかでの出産は大変だったという。隣のベッドの女性が親戚一同で賑わっているが、自分には誰も来なかったため我慢できず、「いいかげんにしなさいよ！　じいちゃんばあちゃん母ちゃん父ちゃん、なんなのよ!?」といってしまい、あとでに謝ったという。子どもができたことで、「お城を守るという気持ちが強まって」いた賀子さんは、気持ちを封じ込められなかったのであろう。

マスさんは見合いで結婚した。しばらくして、従兄の妻を通じて孤児のころの養育費を請求される。夫は「どうしてもお前の養育費を支払わなきゃならないんだったら俺は離婚する」といったため、仲人（なこうど）が間に入り収まった。しかし、四〇歳を過ぎたころ、親戚中から「国で育てる子どもの面倒を見たんだから」と養育費を請求されることになる。その後、引っ越し先で行政職員に裁判のこと（東京大空襲訴訟の原告であること）を話すと、それが地元で広がり、近所の複数の人物からの嫌がらせが始まる。マスさんが近所の商店に買い物に行っても物を売ってもらえず、五年にわたって他県まで買いに出なければならなかった。また、ある高齢女性が自宅に来て、「戦争孤児は犯罪者であり浮浪者であり、国の厄介者だ」といわれたことも忘れられないという。

六　体験を語るということ

スティグマ

「遅かとたい。あんたたちが聞きにくるのが。七二年よぉ……戦後。（中略）聞きにくるのが遅かもん」

これは最初の聴き取りの際に、艶子さんより発せられた言葉である。一〇名の語り手は、艶子さんのように語った経験のない方から、裁判の原告となり、陳述書をまとめ発言した経験がある方、子どもからおとなまでの講演をしている方もいる。語った経験がない方は、孤児体験時の関係者が存命であることや、家族に心配をかけたり、地域から偏見の目でみられるのではないかといった不安や恐れを抱いていた。「語ることは罪」であるという宗教的理由をあげた方もいる。

本来、語る／語らないは自己選択に基づく自己決定である。しかし語る／語らないの背景には、孤児につけられたスティグマ（ある属性に対して押しつけられた偏見や差別の烙印（らくいん））の影響は大きい。そこには「あるべき」女性像や、「あるべき」家族制度から外れたとみなされた女性に対する厳しいまなざしがあったことが浮き彫りとなる。それはトミさんの「（結婚するという時に）親がいなくてとか、上野でこうしたなんて言っちゃったら、（相手の人は）悪い気持ちですよね。そのことぐらい私、わかるんですけど」という言葉や、茉莉さんが最近でもいわれたという「男はヤクザになって、女は売春婦になったんだってね」、「社会を騒がす悪いやつらだったって」という言葉に表れており、彼女たちの言葉を二重三重に奪ってきた。

「語る」ということ

語る経験のある方は、戦争の国賠訴訟や戦災遺族の擁護を求める活動にかかわったことがきっかけとなったり、職場などのでのつながりから語る機会ができたりとさまざまである。学校で子どもたちに講話しているという由美子さんは「ずっと隠して閉めていたことが心から飛び出して行っているから、やっぱりちょっと気が楽になっているのかな」と自らの体験を受け止めてもらうことによって「理屈じゃなく浄化」されていると語る。講演で出会った子どもたちからの問いや感想に「必死に向き合う」ことが支えでもあるという。由美子さんの孤児体験を聞いた子どもが、現代の虐待の事件と関連づけて「なぜ酷い虐待に合わせた人たちが逮捕されなかったのか」と泣きながら聞いてくれたり、化石に興味のある子どもが「由美子さんは一人じゃないよ。僕が土を掘って、化石になっているお父さんやお母さんを掘って逢わせてあげたい」と感想文に書いてきたりするなど、子どもたちの反応にどう向き合うかを模索することが救いとなっているのだろう。

語った経験のないよりこさんや艶子さんは、孤児体験を語るにあたって、孤児になる前の、両親がいたころや、現在の「満たされている」幸せな時間とを行き来していた。時間軸を行き来するたびに「今日はもう絶対泣かないって決めていたのに」と涙を流したり、沈黙が続くこともあった。孤児体験を文字や講演などで伝えた経験があるからといって、過去の体験が昇華されるとは限らない。洋子さんは沖縄戦被害・国家賠償訴訟の裁判で原告として証言している。「目の前に浮かべて話するんだから。ただには、いかん。ああだった、ああだった、という話じゃなくて、私の場合は頭に浮かんで、それを話すんだから。頭に浮かんだ話（を）すんもんだから、自然と涙が出る。ナチブサー〈泣き虫〉さ」と語る（洋子さんはアジア・太平洋戦争の沖縄戦に巻き込まれた住民やその遺族が国に謝罪と国家賠償を求めた訴訟〈命(ぬち)どう宝裁判〉の原告の一人であり、戦争に起因する心的外傷後ストレス障害〈ＰＴＳＤ〉の診断書と鑑定書を提出している〈『東京新聞』二〇一五年九月二八日〉)。洋子さんは二〇年ほど前、戦災保障の手続きができるという話があり、市民会館に行き、自分と弟の登録料を払うが詐欺だったと知る。裁判にかかわろうと思ったきっかけは、ある行政窓口に相談に行った際、孤児は援護法の対象外であるため、「今さら何しにきたのか（中略）市民税金から支払われるんだからって手をたたかれ、泣く泣く帰った」という。その後、新聞社の協力などもあり、裁判に向けて団結するなかで語るようになる。マスさんや茉莉さんも戦争犠牲者の保障や援助、支え合いを目的とした会合にかかわるなかで語るようになったという。

おわりに

一〇名の女性の語りに向き合うことは、総じてなかなかスマートに進めることはできなかった。私は、語り手の揺らぎを含めた自己決定に寄り添うことに徹したつもりである。一〇名の女性以外で、「今になって私の記憶を消費されたくない」と跳ね返されたこともある。時にはこちらも動揺し、傷つく。その繰り返しであった。聴き取りに応じてくださった一〇名の女性たちとも、一筋縄ではいかないやりとりのなか、記憶を共有することで、人間の共通性と多様性、個と個を隔てる背景にあるものが突きつけられた。それは、彼女たちを排除した、戦前から脈々と続く家父長制と、子どもは無力な存在であるという子ども観であり、現在にも続く構造的な暴力であった。

また、当初、私は彼女たちから、権利侵害の記憶を「回復」していく道筋を聴くことができるだろうと無意識のうちに期待していた。それは、戦争孤児の問題が今でも続いており、人権問題を抱え続けるこの社会を、人権教育が自らの研究テーマでありながら、「知らない」ことで支えてきた（権利剝奪に加担してきた）という現実から目を背けたかったのかもしれない。しかし、語りを通して、本来、束ねられないはずの人間が束ねられ、度重なる権利侵害に直面しながら、「回復」することなく、それを「丸ごと抱えて」（よりこさんの言葉）、生きてきた／いるという現実を、いく度となく突きつけられ、動揺し、言葉を失った。まとめるにあたっても、彼女たちの生の歴史を切片化してしまわないように、絶えず戸惑いながらの作業であった。しかしこれも戦争の現実を聴くという一つの形なのではないかと思えてきた。そして彼女たちの言葉は常に私と共にあり、人権とは何かを考えるにあたって、中核となっている。

参考文献

金田茉莉著、浅見洋子監修『終わりなき悲しみ—戦争孤児と震災被害者の類似性—』コールサック社、二〇一三年
労働基準局「人身売買の問題」『労働時報』五—三、一九五二年
法務府人権擁護局編『人権思想の現状』法務府人権擁護局、一九五一年

第五章　戦中・戦後の児童養護施設の実態と実践
――東京における養護施設を中心に――

藤井常文

はじめに

戦時下から終戦後にかけ最も混迷を深めていた時期、国では厚生省・文部省、東京都では民生局・教育局に分かれ、さらに警視庁を巻き込んで戦争孤児の保護に当たった。しかし、その責務を充分に果たしたとは言い難い状況下、公に替わって保護・育成の重責を担ったのが民間の養護施設であった。

本章では東京都民生局下での養護施設に焦点を当て、第一節では戦時下の戦争遺児の保護をめぐる問題、第二節では終戦後の緊急保護と保護所の実態、第三節では施設の絶対的不足と耐乏生活を余儀なくされた養護施設の実態、第四節では職業指導の理念を掲げた末に閉鎖に追い込まれた二つの養護施設を取り上げた。

一　戦時下における養護施設

学童疎開と戦争遺児の発生

戦争孤児の発生を憂慮する声は終戦後にわかに沸き上がったのではない。出兵して戦地で亡くなった父を持つ遺児をはじめ、とりわけ一九四四年一一月下旬から本格化した本土空爆により、学童疎開中に親を亡くした遺児を目の当たりにするようになった国民学校長らから、援護措置の必要性を要望する声があがっていた。

『東京都戦災誌』（東京都、一九五三年）によると、教育局では「保護者が空襲の被害、不慮の被害、不慮の災害を蒙った場合、これら学童の保護者に代って其の任務を遂行する機関」として、一九四五年一月、疎開学童援護会を発足させ、戦災孤児援護学寮の設置を取り決める。同年三月、世田谷に二子玉川学寮を開所させ、七月に教師の積惟勝が着任している。

一九四五年六月、文部省・厚生省・東京都・警視庁などが一堂に会して戦災遺児援護対策懇談会が開催され、たたき台として提示されたのが厚生省の「戦災遺児保護対策要綱案」である。孤児の呼称を「国児」とすることや遺児保護機関の確立、国児訓の制定、国児登録の実施などについて論議された。文部省の教学錬成官・草場弘は、国難に殉じた親に替わり、国が責任を持って遺児を救護養育するための国児院の設置を強く訴えた。

軍部の介入

国児院の設置は見送られたが、遺児の扱いをめぐり、養護施設は軍部からの介入を受ける。東京育成園の松島正儀は当時を回想し、次のように語っている。

> 遺児を保護したとき、陸軍参謀から、天皇陛下の名において父親が戦死したのだから、国児として最善の待遇をしろ、他の孤児と一緒の扱いは困ると強く言われた。このため優先的に処遇しなければならず、支給される費用の額もまったく異なっていた。すべて軍人の考えることが社会事業の領域にも及び、子どもの収容もそういう形になってきて非常に困った（社会福祉法人東京育成園・千葉編、二〇一〇）

戦時下にあって終戦直前の養護施設は、救護法や社会事業法のもとでの一般の孤児や、児童虐待防止法による被虐待児のほかに、軍事扶助法による遺児らを引き受け、苦難の舵取りをしていた。一部で施設長や職員の応召があり、軍部から施設の徴用や移転の要請があり、石神井（しゃくじい）学園のように空襲で三名の児童が焼死したり、東京育成園のように集団疎開を余儀なくされたり、双葉園（ふたばえん）のように爆撃を受けて寮舎を焼失したり、杉並（すぎなみ）学園のように食糧・燃料・衣類に事欠いたりするなど、まさに壊滅にひんしていた。また、石神井学園や錦華（きんか）学院のように、年長児童の学徒動員や卒業生の出征も相次いでいた。

二　国児から浮浪児へ

GHQの厳命と一斉保護

東京都は終戦とともに、教育局が細々ながら遺児の学寮への保護を継続する一方で、民生局は養育院とともに戦争孤児に対する一斉保護に着手する。当時を知る民生局職員が、「東京都児童相談四〇年の歩み」企画座談会（藤井、二〇一六）で、その経緯を語っている。

> 本庁職員も出て第一回目の収容をやった。夜明けに上野（うえの）周辺をやった。乾パン給付、トラック五台と原議に書いてある。都は九月二〇日の厚生省の戦災孤児等対策要綱の前にやった。厚生省は全国的な視野で、都は現実的に実施した。（中略）駐留軍にうるさく言われ、早く保護しなければと考え、実施した。

ここでは第一回の一斉保護を九月二〇日の前としているが、『創立四十周年記念 石神井学園史』（東京都石神井学園、一九四九年）は、一九四五年六〜七月にかけ、養育院が独自に上野で一斉保護を実施したので保護児童が石神井学園に送られてきた、としている。

「駐留軍にうるさく言われ」るようになったきっかけは、ＧＨＱの公衆衛生福祉局（ＰＨＷ）が厚生省および東京都や警視庁に対し、一週間以内に「ケアと保護を要する児童」を保護し、鑑別所と保護施設をつくり、鑑別後に施設に送致するように厳命したことである。

現場で厳しく指図したのは、ＧＨＱ関東地方民事部民生課長代理Ｅ・Ｅ・キャローである。前掲座談会によると、キャローはジープに乗って養育院や一時保護所を頻繁に訪れ、同行の民生局職員に、施設から逃げ出した児童が徘徊している場所を地図で示すように命じ、迅速な保護を指示したという。

「児童狩込」と保護所の処遇実態

民生局は一斉保護を実施すべく援護課長名で「戦災引揚孤児収容保護強化の為児童狩込実施の件」を、そのつど担当者宛て送付している。民生局が公文書で「児童狩込」の言葉を用いていた事実を看過してはならない。現場で一斉保護に当たっていた警視庁少年課補導係の婦人警察官は、「街頭の母座談会」（『富士』一九四八年九月号、世界社）で、司会者の「狩込」の言葉に「私共、一斉保護といってゐます」と応じ、修正を求めている。戦争孤児の保護をめぐり、民生局と警視庁で考え方に違いがあったのか。

前掲の座談会では、保護するまでの騒動と保護所での実態を語っている。

浮浪児をトラックに乗せて徐行すると、飛び降りて上野へ行ってしまう。大塚（おおつか）の保護所は一部「焼けトタンを利用した」粗末な建物で、そこに真っ黒になった浮浪児が収容されてきた。できるだけ早く保護した。風呂に入れ、井戸端のドラムカンに湯をわかして衣服を洗濯し、だぶだぶのものを着せた後、逃げられないように食べ物を与えるが、落ち着くとまた逃げ出す。そのいたちごっこであった。

保護した浮浪児のなかには性病（淋病（りんびょう））に罹患している女児がいた。病院に連れていって治療させても、病気が直るとまた逃げた。保護児童であふれ、鑑別なしに施設に送ることもしばしばあった。大塚の保護所で普通寮の他に、男児の特観寮を作った理由は逃亡を防止するためだった。荒川の保護所では二階に丸太棒で作った大塚の保護所では逃走防止のため夜間、男児を裸で過ごさせた。養育院の幼少年保護所では「ムチをふるって監視に当り（中略）、鑑別や手続きをする間ハダカにして部屋に押し込めて待たせた」という（金城、一九八〇）。何れの手法も人権問題としてGHQの干渉を受けた形跡があるが、「児童狩込」は承認された。

「児童狩込」は「国児」と称されていた遺児も含め、戦争を契機にして家庭に居場所をなくした児童を巻き込み、総体的に浮浪児として扱うきっかけとなった。

保護児童に対する実態調査

保護所から養護施設に移送された児童は一様に哀れな状態であった。一九四六年六月、戦争孤児の養護施設として民生局が板橋区志村小豆沢町に設置したあずさ園で、一九五一年から、廃止される一九五五年まで勤務した浅羽重雄さん（八四歳）は、筆者のインタビューに次のように証言している（二〇一四年一月一一日）。

開設して一、二年は引揚孤児など、親と哀しい別れを経験した孤児ばかりで、一目見て孤児とわかるやせ衰えた児童や栄養失調で病気の児童、精神的に気力をなくした児童が少なくなかった、という話を先輩保母から聞かされた。私が着任した一九五一年当時も親のいる児童は皆無だった

民生局は児童保護施設の保護児童の実態を調査している（『昭和二十一年三月調　東京都内に於ける戦災浮浪者援護に関する調査報告』）。対象施設は双葉園と石神井学園である。

保護児童の本籍地は東京など関東が多いものの、全国に及んでいる。この調査とは別に、民生局が一九四六年に調査し、渉外部を通してGHQ関東軍政部に提出した『浮浪者に関する調査』でも、「純粋の孤児は少なく、大半は親元にいても喰えぬ者、家出をして浮浪児となった者」とある。しかし、家出の浮浪児には、学童疎開中に親を亡くし、故郷の東京にもどってきた遺児や戦死した父を持つ遺児をはじめ、後に紹介する今井正行さんのように、さまざまな

事情を抱え家庭に居場所をなくした児童も少なくなかった。

年齢構成では七〜一三歳が大部分を占めている。浮浪場所は上野が最も多い。浮浪中の食物の確保では貰喰と新聞売りをして得た金を使った買喰が多い。つらかったことでは欠食・不眠・家がないこと・降雨・他人にみられること・孤独・労働・狩込・寒気・離別などをあげている。これからどうするかでは、多い順に学校へ行って勉強したい・大きくなって早く働きたい・勉強して百姓になる・勉強して偉くなりたいとある。結語には、「浮浪逃走の恐れのない島嶼部へ施設を作り、自治的悠久的な村を彼等の手で作らせて行く」という注視すべき一文がある。浮浪逃走を防止すべく島嶼部に施設をつくって送り込み、定着させるという提言である。

三　施設の絶対的不足と耐乏生活

少額の経費と学校教育

民生局は終戦直後から戦争孤児の保護を推進すべく、民間団体や宗教団体に対し、戦前に創業した施設の転換を始め、増改築や新設を働きかける。具体的には、救護法や社会事業法にかかわる育児院・救護施設、文部省の集団合宿教育所（学寮）、司法保護事業法に基づく少年司法団体などから、後の児童福祉法に基づく養護施設への転換である。こうした転換を図るには、保護児童に提供する衣食住の確保の見通しと資金や職員が必要であった。

前記の戦災遺児援護対策懇談会で国児院の設置を力説した草場弘は終戦後、横浜駅で戦争孤児を目にしたのをきっかけに養護施設の創設を決意し、妻・孝とともに世田谷の自宅に五名の混血乳幼児を引き取り、嬰児学校を開設する（現在の東京・箱根・静岡恵明学園）。二子玉川学寮で戦争孤児の生活教育に当たった積惟勝は、後に児童を静岡県沼津市に引き連れて養護施設・松風荘を創設し、集団主義養護の実践にとりくむようになる。

児童を受け入れた施設には国から生活扶助費が支給されたが、その額は驚くほどの少額で、必要最低限の食糧すら購入できなかった。配給品の欠配や遅配があるため、食糧と日用品の確保に苦労しなければならなかった。敷地を畑にして自給自足の体制を敷いて乗り切る施設もあった。ララ物資（アジア救済公認団体による日本向けの援助物資）の配給や駐留軍の慰問品を当てにせざるを得ない状況であった。

児童福祉法の施行後は、認可施設に委託費（「養護施設経費（国基準）」）が支給されたが、実際の処遇に要する費用との間に格段の差があった。民生局は養護施設の児童の保護定員を法定定員・予算定員・収容能力定員の三種に分け、実態に合わせて処遇費を配分した。収容能力不足により定員を満たしていない施設がある一方で、定員をはるかに超える施設があった。医療費と学校給食費の支給は一九四八年、教育費の支給は一九五一年からである。

学校教育法の施行に伴い、養護施設児童の義務教育は地元自治体との協議を経て開始されることになった。都内に立地する石神井学園・あずさ園は直営ということもあって当初から地元校への通学ができた。それに対し、同じ直営でも遠隔地の箱根児童学園では地元の了解が得られず、都からの教員派遣による園内分校で対応した。また、同じ直営の遠隔地の八街（やちまた）学園・船形（ふながた）学園・勝山（かつやま）学園では園内教育を行った後、順次地元校への通学を実現させた。

他県への措置委託

『昭和二十七年版　民生局年報』は、一九五二年三月末で、養護施設六七ヵ所（内直営一三ヵ所）、保護児童数四六一九名としている。一九四六年度の三七ヵ所、二〇一七名と比較すると大幅に増えているが、戦争孤児の保護には極めて不充分な実態であった。民生局の調査では一九五三年一〇月時点で要保護児童は六万名である（内訳不明）。『昭和二十八年版　民生局年報』は、「（児童福祉施設の）運営、規模、内容等の向上に鋭意努力しているが、都における収容保護の対象者は、今日にいたるもいささかの減少もみせず、ますます増加し、最低基準による収容定員をはるかに上回っているので、これが施策の樹立の急務であることを要請されている」と述べている。

こうした施設の絶対的な不足を背景に、民生局は要保護児童を他県に委託措置する。前掲座談会で当時、措置事務を担当した職員は、次のように語っている。

児童福祉法では措置権が他県に及ばないので、厚生省に知事名で一札を入れ、東京都だけは他県の施設と委託契約し、補助金も出して措置してもらえるようにした。

民生局が保護した戦争孤児らは、福島県・長野県・富山県・茨城県・神奈川県・千葉県・静岡県・山形県・群馬県・栃木県・宮城県など都外の養護施設や里親にあずけられた。

養護施設を体験した当事者の話

一九四六年三月、立源寺（りゅうげんじ）の住職・石井隆教は復員して間もなく、渋谷（しぶや）駅で戦争孤児の姿を目撃したことをきっかけに養護施設の開設を決意し、境内に立源寺治生（じせい）学園を創設する。

筆者がインタビューした今井正行さん（八〇歳）は、この学園で幼少期から青年期を過ごした後、そのまま指導員となり、学園が廃止されるまでの四四年間、養護施設とともに生きた当事者である。終戦前後の混乱期にあった幼少期からの生い立ちと養護施設の体験を聴き取った（二〇一六年九～一〇月）。

私が二歳のときに母が亡くなったので、姉弟の三人は別々に親戚にあずけられ、わが家庭はまたたくまに崩壊した。その後は親戚の間を転々とし、もの心ついたころに里子に出された。小学校に入学するころ、また別の家にあずけられた。この間に父が再婚したので、父のもとに帰ったり、またあずけられ先にもどったりを繰り返していたが、終戦前後の小学校三年のころ、九州で働いていた父のもとにまた引き取られた。家には帰ったが、父や新しい母との間に隔たりを感じていた。父にも母にも馴染めず、一年ほど後に家出を決行した。一〇歳のころである。

熊本で初めて施設に入れられたが、脱走し、大阪でカトリックの施設に収容された。起床すると〝もう朝だよ〟の唄を歌わされ、水風呂の後、食前の三〇分〝天にまします〟の祈りをさせられた。吹田の施設にも入れられた。畑の手伝いばかりで、嫌になって早朝、仲間三人で逃げ出した。大阪駅から京都駅に行き、そこでおじさんに連れられて東京に向かった。

上野周辺で三ヵ月くらい放浪しながら暮らしていた。知らない人に松戸に食糧をもらいに行こうと誘われたこともあった。駐留軍に〝ギブミーチョコ〟と言って手を差し出したこともあるし、地下道で寝たことも、物乞いをしたことも、もく拾いをして大人に売ったこともあった。この間に何度も〝狩り込み〟に遭った。最初は上野の警察に連れて行かれ、留置場に入れられ、一晩パンツ一枚で寝た。その後、荒川の保護所に入れられた。ここでは川遊びに行くとき、逃亡防止のためなのか、素っ裸で歩かされた。素っ裸は嫌だった。

その後、都内の某養護施設に入れられたが、年長の連中に囲まれ、布団巻きにされ、死ぬかと思うような目に遭った。パンを奪われたりもしたので嫌気が差し、一週間くらいでもう一人と逃げた。次に大塚の保護所に入れられた。一ヵ月くらい疥癬部屋に入れられた。毎朝、マラソンがあって周囲を一回りさせられた。食事はどんぶりであった。

その後、目黒のお寺に入れられた。それが立源寺治生学園で、一九四七年九月、一一歳のときである。保母さんが二人いて、よその施設よりも何かここが一番温かいような感じがした。入ってからみんなと野球などをしているうちに、自然にとけ込んでしまった。少人数で、小六が最年長で対等に喧嘩ができた。一回だけ施設を飛び出したことがあったが、園長（住職）が麹町の保護所に迎えに来てくれた。

二人の保母さんは親代わりになって育ててくれた。狭い部屋で頭をくっつけ合って寝た。かまどでご飯を炊き、井戸水を汲んで五右衛門風呂に入って身体を洗った。

同じ時期の他の施設と同じで、食糧の確保には苦労していたと思う。境内に空き地があったので、畑にしてさつまいもや小麦、野菜などをつくった。さつまいもの弁当だった。収穫した小麦は檀家の製粉屋に持っていって挽いてもらっていた。脱脂粉乳やハムの缶詰などのララ物資が配給されることがあり、脱脂粉乳はすりつぶしてお湯に溶かして飲んだ。

境内で毎日野球をやったのは、大学時代に野球をやっていた園長の影響である。暇さえあれば境内でゴムまりと棒切れを使って野球をやった。鬼ごっこもやった。寺の行事には檀家の人たちに混じって加わり、いっしょに弁当を食べた。

中学三年になって、園長から〝高校に行きたいか〟と聞かれたので、〝行きたい〟といったら、〝都立高校なら行かせてやる〟といわれた。高校には行けないものと諦めていたので嬉しかった。成績がよかったので都立青山高校に入学した。都の奨学金を受けた。保護者欄は園長名だったが、そのことで級友からとやかく言われることはなかった。寺の小僧をやりながら、園長と同じ立正大学文学部に進学した。高校の国語教師になるつもりだったが、僧侶の資格も得て卒業後、園長の誘いもあって学園の児童指導員になった。生意気のようだが、子どもたちには〝自分を手本にしなさい〟と語りかけ、養護に当たった。（後略）

四　職業指導の理念を掲げた二つの養護施設

ここでは二つの養護施設を取り上げる。共通して公的な組織の後ろ盾があり、職業指導の理念を掲げて児童に労働を強い、養護施設の歴史では異例な形で閉鎖に追い込まれた。閉鎖の要因は、一つは「さまざまのひぼうや誤解」を受けたこと、もう一つは保護児童の一斉反乱による施設の焼き討ちである。

久留米村に設置された久留米勤労輔導学園

『東京都管内公私社会事業施設一覧』（一九四八年三月）は、育児施設欄に久留米勤労輔導学園（以下、学園）をあげている。住所は陸軍中央特殊情報部通信隊のあった北多摩郡久留米村前沢の「二町歩余」の広大な土地で、「東久留米の戦争遺跡」（『くるめの文化財』二八　二〇一四年一一月）によると、終戦後に大部分が民間に払い下げられたという。経営主体は同胞援護会東京都支部である。

以下は、園長の中込友美が専門誌に発表した二つの論文「協同職業輔導施設についての提案」（『社会事業』一九四八年一月）、「体験を通して見たる浮浪児取扱の欠陥」（『児童研究』一九四八年七月）による施設の概要である。

学園の事業開始は「上野公園から始めて数人の少年を自分の学園へ連れて帰つた」一九四六年一月二六日である。学園の理念は名称の勤労輔導に込められている。職業教育を通して戦争孤児を「公共の子、社会の子として、何のひけ目もなく、有力な新しい時代建設の若い力として仕上げてゆくこと」である。そのためには、たんに彼らの「生活保護」をするだけでは足りず、「育英または職業輔導」することが必要であり、すでに戦争孤児の保護と養育にとりくんでいる養護施設と協同して職業輔導教育に専念するというのである。

「相当長い期間、勤労青少年の生活指導という仕事をやってきた」という中込は、その経験をいかし、職員と協力者による「教育的生産勤労協同体」を組織し、電気部・食品加工部・養畜部などの「生産環境を同時に少年のための高き教育環境とし、同時にその環境を少年らの人間性と豊かに育てるよき生活環境にしてゆくという実験に従事して来た」と確かな展望を綴っている。

日常の処遇は、当初「全生徒を一貫して自家教育をなす」方針であったが、設備の不備や地域環境から孤立することなどへの配慮から、学齢児は特別事情を除き地域の公立学校に通学させ、一六歳以上の本科生は「午前は基礎学習、午後は作業に充てている」という。

『民生局年報』によると、保護児童数は一九四六年版では一四〜一八歳一三名・七〜一三歳六名、一九四七年版では一九歳以上二名・一八歳以下三三名・一三歳以下二名・退院その他二名・逃亡七名、一九四九年版では二一歳以下一〇名・一八歳以下二四名・一三歳以下一名・退所一名である。目につくのは年長児童数と逃亡数、退院・退所数である。年長児童数は勤労輔導の理念からうなずけるが、逃亡数と退院・退所数はどう考えるべきなのか。

逃亡の背景について、作家の石井光太は、大阪から上野にやってきた戦争孤児の筒井利男さん（終戦時一二歳）から、次のような逸話を聞き出している（石井、二〇一四）。

最初に狩り込みによって送り込まれた施設は、当時の久留米村（現在の東久留米市―筆者）にあった久留米学園やった。ここは本当にひどくてね、孤児院というより、強制労働のための収容所みたいなところや。窓にはぶっとい鉄格子がついておって、暖房器具すらないところで雑魚寝。まるで牢屋。耐えられんかったのが、労働作業やな。日の出とともにたたき起こされて、職員に畑へ連れて行かれる。そして夜暗くなるまでずっと苛酷な畑仕事や。結局食べ物がないから、子供たちにつくらせるしかなかったんやろ。だけど、学校へはいかせてもらえんし、休憩時間さえろくにない。昼に少しの野菜を昼食としてもらうだけで、あとはずっと働きっぱなしや。栄養がまったく足りず、フラフラしながら田畑を耕して芋や麦を育てとった。半年ほどこの施設で労働をさせられたころ、（中略）（銀シャリ―筆者）を食べられるならという一心で、僕は冬の寒い夜にみんなが寝静まったのを見計らって仲間と二人で脱走し、愛児の家に向かった。夜の電車に飛び乗って（後略）。

この証言が事実なら園長の掲げた理念とは大きく異なる。通学ができず、労働の日々という実態の背景には何があったのか。中込は、自信のほどを綴る一方で、保護児童の一部が児童相談所から送られてくる知能検査結果にかかわらず、「逞（たくま）しい生活力」と「極めて根深い浮浪性」を持っており、この二つの性格をいかに正常化させ、いかに脱却させるかが課題と眼目であるとし、これに対する「処置の不充分」さが「仕事の失敗の原因」で「惨憺たる成果」になっているという。そして、「この仕事を絶対的に否定しきれないでゐる」とし、「さまざまのひぼうや誤解もうけて（中略）いばらの道」を歩んでいると針の筵（むしろ）の心境を綴っている。

同胞援護会東京都支部や民生局などから何らかの指摘を受けていたのか、学園は「惨憺たる成果」の果てに、わずか三年で閉鎖となる。『東京都管内公私社会事業施設一覧』（一九四九年一一月）に表記がないことから、閉鎖時期は一九四九年度の前半期と思われる。

勤労輔導という高い理念を掲げ、同胞援護会東京都支部と民生局の後ろ盾がありながら、なぜ閉鎖に至ったのか。理念先行で事業を拡大し過ぎたのか。児童の旺盛な「生活力」と、根深い「浮浪性」を前に指導力を充分に発揮できなかったのか。

『都政十年史』（東京都、一九五四年）は、戦争孤児の委託施設として、直営の石神井学園と民営のサレジオ学園に次いで学園を例示している。このことは、民生局が戦争孤児の自立を目指し職業教育の実践に大きな期待をかけていたことを示すものではないか。

中込友美はこの後、一九六〇年代に専門誌に職業技術教育に関する論文を発表し、五二歳で結婚する。相手の女性は中込が病気退職した後、東京家庭学校で保母として養護施設に携わるようになる中込昭子（歌人・鳥海昭子）である。

太平洋に浮かぶ八丈島に設置された武蔵寮

武蔵寮設置のきっかけは一九四六年一一月、国立武蔵野学院（旧教護院、現在の児童自立支援施設）の後援機関・徳風会（とくふうかい）が、学院の意を受け、学院で受け入れている戦争孤児と卒院生を八丈島（はちじょうじま）の大賀郷（おおかごう）村に送り込み、武蔵農園（以下、農園）を開設したことである。徳風会の「八丈島農場計画要項」は、浮浪児・不良児の職業指導を目的に施設・農場を創設するとしている。

農園に続き、三根（みつね）村に武蔵寮（以下、寮）を開設することになり、東京都民生局は施設整備にかかわる補助金五〇万円を徳風会に支給する。一九四七年九月末に寮舎が完成し、寮長・保母らが着任する。一九四八年一月一日付けで養護施設として認可される。寮には、児童相談所による措置児童が、農園には、措置外で主に養育院などの年長の〝浮浪児〟や武蔵野学院の卒院生らが送り込まれた。

寮の処遇内容は、日課の大部分が付設農園での労働で、学齢児童の学校教育は行われなかった。一九四八年の後半のころ、外部から徳風会を所管する国立武蔵野学院に対し、児童の強制労働と不明朗な事業運営について通報があり、学院が現地調査を行っている。

強制労働の疑念を持たれた寮は、創業早々から寮児による脱走・盗みなどの非行が頻発し、地元新聞（南海タイムス）が報じている。記事によると、八丈島警察は〝こそ泥〟対応に苦心し、補導するたびに寮児に説諭・指導を繰返し、寮に対しても寮児を手荒く扱っているとして処遇改善を求めている。一九四八年一〇月一五日には、島内を視察した民生局長が、わざわざ寮に一泊している。激励とテコ入れのねらいがあったのか。

ところが、民生局の期待にもかかわらず、寮児の非行は悪質化し、盗みや住居侵入のほか、放火、カヌーでの島抜け未遂などを起こす。盗みの主なモノは、サツマイモやおひつのご飯であった。ときに島抜けに使う小道具や小船もあった。本土に帰りたいとの一念でカヌーを出し、溺死した寮児もいた。放火は大きな悪さをすれば東京に帰れるという考えから起こしたもので、何とかボヤでおさまっていた。

当初、島民は寮児に対する同情の気持ちを持って見守っていた。〝食べ物を満足に与えられていないから盗みを働くのではないか〟と心配した村の婦人会が、里いも七袋と切干(きりぼし)三俵を持って寮を慰問した。それが寮児による非行の拡大に伴い、心配・不信の念から、ついに排除の姿勢になっていく。島民の眼差しに大きな変化が現れたのには確かな理由があった。

一九五〇年一二月一〇日、地元新聞は社説で、地元民の意を受け当局（寮・東京都・村長・村会）に事故防止対策を要望し、島外移転を訴えた。東京都は黙殺したが、着任して早々の新寮長・細谷廣親は社説から半年後の一九五一年五月二七日と六月三日、国立武蔵野学院が手を引き、運営主体が徳風会から武蔵野会に交代している事実を伏せたまま、紙面で施設処遇の内情を明かした。東京都日黒区で救国青年同志会を組織し、保護した戦争孤児を山形県に移送する活動をしていた細谷は、武蔵野会が寮運営の立て直しのために送り込んだ人物である。

細谷は紙面で、寮児は東京で悪さをして鍵のかかった施設から逃げ出した児童である、女性職員に比重が置かれ男性職員が少ない、退所式を実施し順次児童を東京に送りかえしているなどと綴り、締め括りに、戸締りを厳重にし、マッチの保管に気をつけ、脱寮児をみつけたら捕まえて欲しい、と島民に異例な協力依頼を行った。この内容は、寮児の入寮理由を歪曲しているばかりでなく、養護施設とは言い難い実態をさらけ出したもので、島民の施設に対する疑念を一段と高める役割を果たした。

寮に処遇改善の兆しがみえないなか、不穏な動きをみせていた寮児は、一九五二年一〇月一四日の夕刻、大きな騒ぎを起こす。五一名の寮児が一斉に決起し、自由外出を認めよ、厳重な訓戒反対などの要求を寮長に突きつけた。さらに職員を監禁したうえ、野球バット・棒・刃物を手に物置近くの藁に火を放つなどして寮長を威嚇した。寮を飛び出した彼らは翌日になって全員が八丈島警察によって連れ戻された。

養護施設とはまったく異質な、騒然とした状況下にあって、翌月にさらに大きな事件が起きた。一一月六日、三名の寮児が共謀し、寮内の障子を破壊したうえ押し入れの天井に詰め込んで火を放ち、ついに寮舎を全焼させたのである。八丈島警察は首謀の一五歳の二名を逮捕、一二歳の一名を補導した。逮捕された二名を除いた寮児は、児童相談所の緊急措置により、板橋の武蔵野会（現在の武蔵野児童学園）をはじめ、都内の養護施設と教護院（現在の児童自立支援施設）に分散移送された。武蔵寮は消滅し、五年の歴史に幕が下された（藤井、二〇一六）。

おわりに

本章では東京都の養護施設に対象を絞ったが、取り上げた施設のほかに、さまざまな事情を背景にわずか数年で事業を廃止し、養護施設史のなかで忘れられている養護施設がある。直営の萩山学園・箱根児童学園・あずさ園・東水園、民営の治生学園・多摩太平園・六華園・聖十字学園・愛清館などである。全国的には相当数にのぼるだろう。これらの施設について、創設の理念から廃止に至る歴史を掘り起こし、保護された戦争孤児らがそこでどのように暮らし、いかに生き抜き、自立を果たしたのかを浮き彫りにしなければならない。

恩賜財団同胞援護会刊行の『孤児名簿』（一九四七年九月一日現在）は、アイウエオ順に一七〇〇名前後の戦争孤児の実名、年齢、引揚前と被災当時の住所・保護施設名などを一四七頁にわたって記載している。このなかには、第四節で取り上げた二施設のうち、久留米勤労輔導学園に保護された一四〜一七歳の五名の氏名もある。名簿の彼らのその後の人生はいかばかりであったろう。名簿が私たちに突きつけるものは、終戦後、養護施設を切り開いた『養護施設三〇年』の編さん者が固く誓った「戦争は児童福祉最大の敵　断じて繰り返してはならない！」と同じである。

参考文献

全社協養護施設協議会編『養護施設三〇年』一九七六年
金城芳子『なはをんな一代記』ほるぷ総連合、一九八〇年
東京都編『東京都戦災誌』一九五三年（復刻版は明元社、二〇〇五年）
社会福祉法人東京育成園・千葉茂明編『回想 松島正儀』相川書房、二〇一〇年

石井光太『浮浪児一九四五—戦争が生んだ子供たち—』新潮社、二〇一四年
藤井常文『戦争孤児と戦後児童保護の歴史』明石書店、二〇一六年
中村光博『「駅の子」の闘い—戦争孤児たちの埋もれてきた戦後史—』幻冬舎、二〇二〇年

Ⅱ部　さまざまな孤児問題

第一章　「駅の子」と伏見寮

本庄　豊

はじめに――空き缶コップを持つ少年――

戦争孤児について多くの方に知ってもらうために使い始めた「駅の子」という言葉は、マスコミを通じて拡散され、二〇一八年八月放送のＮＨＫスペシャルにも「〝駅の子〟の闘い―語り始めた戦争孤児―」というタイトルがつけられることになった。本章では「駅の子」という言葉に込めた意味とその経過について、京都府「伏見寮(ふしみりよう)」関係資料を中心に記述し、戦後史の空白を埋める今後の研究への一助としたい。

この写真（図1）のタイトル「空き缶コップを持つ少年」も筆者がつけた。「駅の子」の名称とともに広まったこの写真もまた、戦争孤児問題を知ってもらう機会を提供したといえよう。

なお、ＮＨＫスペシャル「〝駅の子〟の闘い」は、同番組の中村光博ディレクターが『「駅の子」の闘い―戦争孤児たちの埋もれてきた戦後史―』（幻冬舎、二〇二〇年）にまとめてくれたので参照してほしい。

一 社会運動史研究から戦争孤児研究へ

本書の執筆者はジャーナリストや戦争孤児体験者もいるが、大きく分けると児童福祉研究者の方と、私たち歴史学研究者とが混在したかたちになっている。お読みになってもらえばわかるように、戦争孤児という対象への接近方法がそれぞれ違い、お互いに学ぶことが多かったといえる。

山本宣治の研究

筆者は長年、歴史学の一分野である「社会運動史」を研究してきた。主な対象は大正デモクラシー期に活躍した山本宣治（やまもとせんじ）（愛称・山宣）とその周辺である。山宣についての本も何冊か書き、塩田庄兵衛（近代日本社会運動史研究者）や佐々木敏二（日本キリスト教社会主義史研究者）など先行研究者没後も資料集めなどを行っている。筆者の主な山宣関係の著作は、『山本宣治—人が輝くとき—』（学習の友社、二〇〇九年）、『テロルの時代—山宣暗殺者黒田保久二とその黒幕—』（群青社、二〇〇九年）、『煌めきの章—多喜二くんへ、山宣さんへ—』（かもがわ出版、二〇一二年）、『優生思想との決別—山本宣治と歴史に学ぶ—』（群青社、二〇一九年）などである。

図1　空き缶コップを持つ少年（1947年ころ京都駅にて，積慶園所蔵）

さて、そうした研究をしていた筆者がいかに戦争孤児研究と接点を持ったのか、以下に紹介しよう。

二〇一三年一月三一日夕方、私は京都市内にある二つの場所を訪問していた。その年の手帳を見ると同日一七時前に京都市内の児童養護施設「積慶園（せっけいえん）」に行き、そのまま自家用車を飛ばし、一八時に元同志社総長住谷悦治（故人）宅を訪問した。積慶園ではその後「駅の子」と名付けることになる「空き缶コップを持つ少年」の写真を、住谷家では幸徳秋水（こうとくしゅうすい）がサンフランシスコで書いた漢詩（真筆）を発見・発掘する。

社会思想史研究者で社会運動家でもあった住谷悦治は、前橋中学（現在の前橋高校）の同窓であり、その縁もあり住谷家と筆者とは面識があった。治安維持法違反で拷問されたこともある住谷は、戦時中は特高の尾行がつき、就職することもままならぬ境遇にあった。戦後は憂さを晴らすかのように、ジャーナリスト・研究者として筆をふるう一方、京都や前橋で戦争孤児の支援に奔走する。同志社大学への復職も果たす。なお、積慶園は住谷が支援した京都市内にある孤児院の一つだった。

『京都新聞』で大きく報道

漢詩発掘の興奮もあり、当時の私は幸徳秋水研究に没頭していた。その内容は『明治一五〇年に学んではいけないこと』（日本機関紙出版センター、二〇一八年）という本にまとめることができた。一方、戦争孤児の写真については、発見の年（二〇一三年）の八月、立命館大学国際平和ミュージアムで開催された「平和のための京都の戦争展」で展示した。展示した写真は、次のように地元新聞に大きく報じられた。

戦災孤児の姿今に

京都市西京区の児童養護施設「積慶園」が所有する、京都の戦災孤児を写した写真約二〇枚が、北区の立命館大学国際平和ミュージアムで六日から開かれる「平和のための京都の戦争展」で展示される。同施設は終戦後、京都駅などで夜露をしのぐ孤児を保護した歴史があり、戦争が子どもたちに残した爪痕を伝える。

積慶園は一九四五年に開設。園長の故古村正樹氏が京都駅で寝泊まりする子どもを迎え入れた。四八年の厚生省（当時）の調査によると、京都には千人を超す戦災、引き揚げ孤児がいたとされる。

戦争展では、終戦を迎えた年の冬、京都駅前でコップを手にはにかむ少年や、その翌年に在米日系人から施設に贈られた「ララ物資」のそばで万歳する子どもたちなどの写真を紹介する。

積慶園の古村正園長は「親と子の別れも、また戦争の悲劇。悲惨な子をうむ戦争を起こしてはならない」と訴える。戦争展実行委員で立命館宇治中学高校教諭の本庄豊さんは「戦後の子どもの過酷な体験は、ほんの一部しか伝えられていない。今回の展示をきっかけに、新しい情報が集まることを期待したい」と話す。（『京都新聞』二〇一三年八月三日付朝刊、逸見祐介）

新聞報道後、筆者宛に三つの連絡が入った。一つは戦争孤児本人の方からであり、もう一つは父親とともに孤児院に住み込んだ体験者から、三つ目は孤児院の職員の遺族からのものだった。取材を続けるなかで、「伏見寮」という京都府立の戦争孤児施設があったことがわかってきた。

二　京都府立「伏見寮」と寮歌「伏見寮の夢」

伏見寮について

「伏見寮」は京都府の所管する、戦争孤児たちの一時避難施設である。敗戦翌年の一九四六年に京都市伏見区に設置された（後に伏見児童相談所と改称）。伏見寮が完成するまでは、京都駅で「狩り込まれた」（保護された）孤児たちは積慶園などに直接収容されたが、伏見寮ができてからは「保護観察期間」が設定され、孤児一人ひとりの状況にあった施設が指定されることになった。

図2　伏見寮歌集「ゆり籠」表紙

伏見寮（学童・女子用の第一寮と中学生以上の男子用の第二寮）でしばらく生活した後、孤児たちはそれぞれの施設に移送された。「狩り込み」によって集められた孤児たちのなかには、伏見寮から市電を使って京都駅方面に逃亡した者もいたという。市電は改札口を通らずに乗れるため、不正乗車しやすかったからである。孤児たちの逃亡を防ぐために、太い木でできた格子の部屋があったが、部屋に置いてあった汲み取り便所に布団を突っ込み、布団を足場にして外に逃げた孤児もいたらしい。

「赤いお屋根」と「伏見寮の夢」

伏見寮に父親と一緒に住み込んでいた川崎泰市さん（元平安高校教員）から貴重な証言をいただいた。泰市さんの父・川崎国之助は伏見寮の指導員（経理担当）で、手伝いに来ていた大学生の森川康雄とともに、伏見寮歌集「ゆり籠」を製作した。川崎国之助が作詞し、森川康雄が作曲した二つの歌「赤いお屋根」と「伏見寮の夢」はテレビ放映を通じて、広く知られるようになった。「伏見寮の夢」を紹介しよう。

伏見寮歌集「ゆり籠」京都府伏見寮　詞・川崎国之助　曲・森川康雄

　ゆりかごのことば
うれしいときも　かなしいときも
この『ゆりかご』をそっと開いて
唄いませう
うれしいときは　大きな声で

かなしいときは　小さな声で

久仁之助（国之助）

赤いお屋根

詩　川崎国之助
曲　森川康雄

一　しあわせの風に吹かれた小鳥だよ
今日も仲よく飛んできた
赤いお屋根の伏見寮
さあさ遊ぼう元気よく
　ハッピー　ハッピー　チルドレン

二　しあわせのお家みつけた小鳥だよ
今日も仲よく歌うのだ
赤いお屋根の伏見寮
さあさ歌おうほがらかに
　ハッピー　ハッピー　チルドレン

三　しあわせの風に吹かれて行くんだよ
今日も元気に飛んでゆく
赤いお屋根の伏見寮
さあさ良い子になるんだよ
　ハッピー　ハッピー　チルドレン

伏見寮の夢

詩　川崎国之助
曲　森川康雄

一　ワッと泣きたい時がある
父さん　母さん　遭いたいよ
ゆうべ見た夢　母さんの
だっこしている　ぼくの夢

二　想い出しては泣いている
伏見のお庭の月見草
チ、チロ　虫鳴け　母さんが
歌ってくれた　子守歌

三　空のお星も泣いている
月はお星の母さんか
やさしい伏見の先生も
泣くのじゃないと　泣いている

「赤いお屋根」と「伏見寮の夢」は対照的な内容の歌詞である。「ハッピー　ハッピー　チルドレン」と孤児たちを元気づけるする「赤いお屋根」に対して、「伏見寮の夢」は亡くなった母を恋しいと泣く歌詞である。「泣くのじゃない」という先生自身が涙を流しているというこの歌詞は、指導員・川崎国之助の体験から書かれたのであろう。「伏見寮の夢」は、新しい孤児収容施設に出て行く子どもたちの別れの歌として、みんなで歌ったという。伏見寮に滞在した体験者は、全員この歌を歌うことができる。

図3　天橋立に遠足時の京都伏見一時保護所（伏見寮）の戦争孤児たち（川崎泰市さん所蔵）
1948年7月16日．後列右から3人目が川崎泰市さん（平安中学3年生），同5人目が佐々木元禧（2巻参照），同左端が川崎国之助．孤児たちは下駄ばき，男子は米軍風の帽子をかぶっている．

図4　伏見寮全景（川崎泰市さん所蔵）

楽譜になった「伏見寮の夢」

川崎国之助は故人となっていたが、作曲者の森川康雄は京都府城陽市にご健在であった（現在は故人）。二〇一三年九月五日、私は国之助の息子・川崎泰市さんとともに森川家を訪問した。森川が国之助の退職祝いに贈った録音テープを川崎泰市さんが流したところ、懐かしそうに聴いておられた。カセットテープには、森川が伴奏しながら歌う「赤いお屋根」と「伏見寮の夢」が録音されていた。テープを聞いた森川が、作曲した当時のことを思い出し、楽譜にしてくれた。

三　「駅の子」という言葉

「駅の子」に込めた意味

戦争孤児の取材中、筆者は「駅の子」という言葉を二人から聞いた。一人は京都駅近くの履物店の女性、もう一人は戦争孤児院であった積慶園近くの八百屋店の女性からである。二人とも高齢ではあったが、店を切り盛りしていた敗戦直後の京都の様子を比較的鮮明に覚えておられた。

大阪では戦争孤児のことを「駅前小僧」と呼んでいたと聞いたことがある。戦争孤児たちの当時の普通の名称は「浮浪児」である。あえて浮浪児や最近の用語である「戦争孤児」ではなく、「駅の子」を使ったのには理由がある。

第一は、多くの戦争孤児が鉄道を利用していたことを示す言葉だからである。戦災の比較的少なかった京都駅には全国から孤児が集まって来た。鉄道での移動という点から、「駅の子」という呼称は実態を示す言葉としてふさわしいと感じた。

第二は、人とモノ、情報が交錯する「駅」には周辺部に闇市がたち、孤児たちが食料を得たり、小銭を稼いだりする場になったからである。

第三は、博多港や舞鶴港などに引き揚げてくる孤児たちが、引き取られたのも駅だったからである。満洲から引き揚げて来た戦争孤児たちは、山陰線で京都駅まで来てから、故郷の役場職員などに引き渡されたのである。

第四は、学童疎開から戻った子どもたちが利用したのも故郷の駅だからである。駅から降り立ち、空襲で焼け野原になった街に足を踏み入れたとき、彼らが見たのは跡形もなくなった我が家だった。両親が亡くなっていれば、彼らは孤児になるしかなかった。

第五は、米軍が占領政策遂行のために使ったのが鉄道と駅だったからである。米兵と日本女性との間に生まれた混血孤児（国際孤児）たちのなかには、米兵が本国に引き揚げたため、生活に困った日本人母が施設にあずけ孤児になる者が少なくなった。

こうして広がった「駅の子」という言葉に特別な意味を持たせることにより、戦争孤児問題をよりリアルに伝えることができるのではないか。そんなことを考えた。

ミュージカル「湖底のブラームス」

ミュージカル「湖底のブラームス」が「ザ・カレッジ・オペラハウス」で上演されたのは、二〇二〇年二月末のことである。脚本・作詞・演出を担当したのは羽鳥三実広さん（大阪音楽短期大学教授）。大学の教員・プロの俳優・学生が参加する本格的なミュージカルである。羽鳥さんは「劇団四季」に長年在籍し、大学では演劇論だけではなく実際の指導も行っている。羽鳥さんから拙著の出版社に手紙が届き、このミュージカルのことを知った。羽鳥さんは、NHKスペシャルで「駅の子」の存在を認識し、これを創作ミュージカルに取り入れようと考えたという。「湖底のブラームス」は戦争孤児の四人兄弟姉妹が音楽を通して逞しく戦後を生きる物語である。音楽監督は松田ひろ子さん。「湖底のブラームス」に羽鳥さんは次のように書いている。

一昨年の末（二〇一八年）、朝日新聞の記事やNHKテレビの報道番組で偶然「駅の子」の存在を知った。「駅の子」とは七五年前の終戦後、全国各地の大きな駅に寝泊まりしていた「浮浪児」のこと。空襲や戦闘、病気で親を亡くした戦争孤児たちである。「これを書くべきだ」と瞬間的に思った。「異国の丘」（二〇〇一年劇団四季）という作品で戦争を背景にしたミュージカル台本を書いたことはあるが、この「駅の子」のことは知らなかった。ちょうど「楽器」を題材にした作品を創ろうと考えていたので、早速この二つをモチーフにした物語づくりを始めた。

戦争孤児や戦後の復興、ダム建設などの問題も絡めつつ、物語は展開する。劇中歌の歌詞のなかに何度も「駅の子」の言葉が登場するのは、この言葉の持つインパクトの強さを示しているのではないだろうか。「湖底のブラームス」は群像音楽劇として一級の作品となっている。迫力もあり、情感にも満ちている。出演者の息吹が舞台から伝わってくる。ぜひ、テレビなどで全国放映してほしいと思う。

四　旧京都府伏見児童相談所（以和貴会）職員録

前出の川崎泰市さんは、長年にわたって伏見寮（後の京都府伏見児童相談所も含む）職員名簿を保管・整理してきた。筆者が多くの職員の方の名前をみつけ訪問できたのも、この名簿（作成年代不明）のおかげである。公開はできないが、その存在についてはここで述べておきたい。

名簿のなかにある住所のわかる方々に、これまで私が調べた資料などを入れた封書を郵送したところ、八通の封書が「転居先不明」で戻ってきた。

山西重男退職記念写真集

一方、何人かの方から電話などでの連絡があった。伏見寮指導員山西重男の親族の方からは、「京都府立伏見児童相談所内伏見寮退職・昭和三十六年八月十日・山西重男兄・以和貴会」と書かれたアルバム資料の提供があった。山西の退職記念写真集である。これらの写真はメディアを通して、全国に紹介された。

川崎泰市さんの証言

父とともに高校二年まで伏見寮で暮らした川崎泰市さんは、当時の生活の様子について次のように述べている。

私の父・国之助はこの伏見寮に一九四七年に指導員（会計担当）として勤務。指導員家族は原則として同居しなければならず、その家族は寮内に一室を与えられる。職員はほとんどが独身者であった。妻帯者であった父は、平安中学校二年生の私のみを同居者として寮に住まわせいた。

図5　伏見寮の子どもたち（山西重男遺族提供）
中央は毛ジラミ退治のため，丸坊主にされた女児．

京都駅付近での放浪孤児を七条警察署が保護し、警察が伏見寮に収容連絡をすると、指導員が丹波橋から市電に乗って引き取りに行くのである。保護された孤児の数が多い時には私も引き取りの協力に行った。子どもたちの京都駅での生活は、靴磨きによって金を得る者もおれば、カッパライやスリの常習者もおり、彼らはいつも無賃乗車をしていた。

連れられて来る子どもは裸足であったり、下駄ばきであったり、服はボロボロが多く、その上身体にはシラミをつけており、寮に着いたならば直

図6　ララ物資記念碑（横浜みなとみらい，2019年11月17日撮影）

行で風呂に入れられた。ボロボロ服は、シラミを殺すために煮沸をして再利用することもあった。

女児には頭に毛ジラミがおり、幼児はバリカンで丸坊主にすることもあった。年齢の大きな女児は丸坊主を嫌がるので、酢を手拭いに染み込ませターバンのように頭に巻いてシラミを駆除した。

その後は同年齢に分けて、大部屋で落ち着かせたのである。子どもたちの年齢は〇歳より一八歳ごろまでいた。伏見第一寮（児童相談所と併設）には、年齢で小学生ごろまで、第二寮は一四歳から一八歳までとされていた。女児は第一寮におり、炊事の手助けや幼児の面倒を見させていた。

朝食は八時ころと思うが、一斉に食堂に集まり、（茶色で丼の大きさの）ベークライト器に入れられたコッペパン、脱脂粉乳を指導員と共に食べるのである。昼食はすいとん汁（小麦粉に穀物の粉を混ぜて団子にしたもの）を、これもベークライトに入れて食べた。夕食は米のご飯もあったが、その半分は麦・粟が混入されていた。米よりも多かったのが、豆かすご飯だった。豆かすは大豆から油を抜き取ったものを押しつぶしたもので、もともとは馬の餌にしたものだった。

アメリカからララ物資が送られてきており、砂糖やチーズもあった。ララの服は大きかったので、子どもたちには加工して着せた。

伏見寮の指導員の多くは、京都府の自治体職員として児童福祉の仕事にかかわり続け、そのなかには各地の児童相談所長や府立桃山学園（旧八瀬学園）長、府立淇陽学校長などをつとめた者もいた。

証言できる戦争孤児の方々も年々高齢化しており、聴き取りは時間とのたたかいになっている。

参考文献

本庄　豊『戦争孤児―駅の子たちの思い―』新日本出版社、二〇一六年
本庄　豊『優生思想との決別―山本宣治と歴史に学ぶ―』群青社、二〇一九年
中村光博『「駅の子」の闘い―戦争孤児たちの埋もれてきた戦後史―』幻冬舎、二〇二〇年
大阪音楽大学短期大学部発行「湖底のブラームス」（リーフレット）二〇二〇年

第二章　学童疎開と疎開孤児

金田茉莉

はじめに

学童疎開とは

一九四一年一二月八日にアジア・太平洋戦争が始まった。その年の四月、尋常小学校が国民学校と名をかえ、児童は少国民と呼ばれ、私たち児童は徹底的に軍国主義を叩き込まれていた。若者は次々に兵士にとられ、街に若者の姿をみかけなくなった。戦局は次第に厳しくなり日本本土にも敵機が飛来してくるようになった。本土決戦にむけて、足手まといの隔離と次期戦闘員温存のため一九四四年より学童疎開が始まる。都市の子どもが、親元を離れ地方の安全な場所に疎開することになった。

第一次疎開は一九四四年六月、国策として閣議で発表され、文部省が強制的に集団疎開を行った。国民学校三年生九歳〜六年生一二歳の児童を対象に、東京をはじめ大阪・名古屋・神戸・尼崎（あまがさき）・横浜・川崎・横須賀（よこすか）の人口密集地帯の子どもが疎開した。その後、中都市や小都市の子どもも疎開した。

沖縄では一九四四年八月に九州へ疎開するため対馬丸（つしままる）に乗っていた疎開児童が敵機に襲われ、犠牲になった。広島市は一九四五年三月に市外へ疎開しており、同年八月の原爆で一家全滅したことで、多くの子が孤児となり、浮浪児になった子もいた。

第二次疎開は一九四五年四月からで、新一年生・残留児童などすべての児童を対象に疎開した。「根こそぎ疎開」といわれ、都市には子どもがいなくなったのである。学童疎開した人数は、縁故疎開と集団疎開の合計で九〇万～一〇〇万人といわれている（全国疎開学童連絡協議会編、一九九四）。

学童疎開の区分

学童疎開は、縁故疎開・集団疎開・残留組の三つにわけられる。

縁故疎開は、地方の親戚や知り合いを頼り、個人的に疎開する。親戚などのもとで寝食して、疎開先の学校へ通っていた。なかには年下の弟や妹を一緒に連れていく場合もあり、親からの仕送りで親戚や知り合いが、子どもたちの面倒をみていた。

集団疎開は、学校単位の集団で地方へ行き、先生が親代わりになって子どもの生活から教育など一切の面倒をみたのである。

残留組は、虚弱体質や疎開費用が調達できない、その他の理由で疎開できずに都市に残った。ただし第二次疎開では全員が疎開したのである。

東京の集団疎開

東京都内で第一次学童疎開した人数は、縁故疎開が二六万人、集団疎開が二四万人、合計五〇万人であった（東京都編、一九五三）。縁故疎開は個別なので今だに不透明な部分が多いため、ここでは集団疎開について述べていく。

東京の集団疎開先は、青森・秋田・山形・新潟・宮城・栃木・福島・長野・埼玉・山梨・三多摩（さんたま）・茨城・千葉・静岡へ二四万人が疎開した。

八月の出発式では、子どもたちは「疎開は国のため」の合言葉で、小さい出征兵士として送り出された。駅まで見送りに来た親・家族と、これが最後になった子どもが大勢いた。私もその一人であった。

一　疎開の実態

疎開の費用と宿舎先

疎開は各学校の数百人の児童を連れて行われた。校長が全責任を負い、教師・寮母・作業員が付き添い子どもたちの世話をした。疎開費用は二〇円である。そのうち親が一〇円、国が一〇円の負担であった。当時、教師の初任給が五〇円であった。冬になると親は温かい衣類・日用品・学用品を送ったり、「疎開援護会」をつくり子どもたちの生活の援護もしていた。何しろまだ小学生である。心配でたまらなかったようである。

宿舎先は旅館やお寺

例えば私の母校、東京都台東区の富士国民学校（五〇〇人）の場合は、宮城県にある鎌先温泉の二つの旅館が宿舎になった。旅館の六畳ぐらいの部屋のフスマを取り外し三〇畳位の細長い部屋で約三〇人ほどが寝起きする。この部屋で食事も、勉強も、遊びも、すべてを行った。風呂は温泉に入るが、各学年順番に三〇人が一度に入るので、まるで芋を洗うように混みあい、ぬるく汚い風呂であった。私たち子どもは地元との交流はなかった。

お寺での生活は大体三〇〜七〇人ほどで、本堂で寝起きし食事をした。東京都江東区の深川国民学校では、七、八ヵ所の各地の寺に分散していたので、疎開本部へ行くのに汽車に乗っていくほど各寺は離れた場所にあり、先生方も連絡をとるのに大変だったようである。子どもたちは寺の仏間の本堂での生活で、そこから地元の学校へ通った。風呂は家庭用の小さい風呂である。寺のトイレは外にあるので、夜中に起きて墓所の隣にあるトイレへ行くのが怖く、寝小便をする子もいたようである。

疎開児童の生活

疎開児童が何より辛かったのは、食べ物の不足だった。わずかな貧しい食事。朝も大根、昼も大根、夜も大根という子もいる。お菓子や甘いものはもちろんない。女児はお手玉の小豆を一粒ずつだしてなめていた。絵具を舐める子もいた。なにしろ毎日、飢えていたのである。育ちざかり食べざかりだったが、疎開児童の体重はまったく増えていなかった。

子どもたちは、家族からくる手紙だけが楽しみだったが、返信は先生の検閲があり本音は書けない。「がんばっていますから、安心してください」と書いていた。また、子ども同士のいじめもかなりあった。家族が恋しくて「早くお家へ帰りたい」と布団をかぶって泣いていた。脱走する子もいた。

こうして夏がすぎ、秋がすぎ、雪に埋まった冬がすぎていった。翌年二月から三月上旬にかけ、六年生が卒業のため帰京することになった。

下級生たちは東京の親元へ戻れる六年生を羨ましく見送った。

東京大空襲と疎開終了

六年生の帰京直後のことである。三月一〇日午前〇時五分、東京大空襲が始まった。この空襲に遭遇した六年生の大勢が犠牲になった。また、地方にいた三・四・五年生の下級生のなかにも、家を失った子は多く、この大空襲で親や家族を失い孤児になった子が生じた。

そして八月一五日、敗戦。疎開は終了となる。一〇月、一年四ヵ月ぶりに帰京列車で一〇万人が戻った。東京は見渡す限りの焼け野原になっていたのである。引き取り人がない子が一万七〇〇〇人もおり、その子たちは現地残留となった。そのため帰京することができなくなった子どもたちの集団疎開は三月まで延長された（東京都編、一九五三）。

文部省は「疎開孤児は一一六九人。三四五人を養育した」と発表している（文部省国民教育局長通牒「戦災孤児等集団合宿教育に関する件」一九四五年九月一五日）。

金田の集団疎開中の孤児調査

私は学童疎開中に孤児になった一人として、疎開孤児について長年調査してきた。そのきっかけは、疎開孤児学寮だった大泉寺住職から「引き取り人のない孤児は、校長がどしどしくれてやったのですよ。男児は頑強な子から、女児は器量のよい子から先に貰われていったのです」といわれたことであった。住職は養子にされた子と長年交流しており、子どもたちが学校へも行かせてもらえず酷使されていたのを熟知していた。私はこの話を聞いて愕然となり、それから疎開孤児について、その後はどうなったのであろうか、と疑問を持ち調査を始めた。

しかし、第一次集団疎開では各学校の疎開先の一覧表はじめ公文書やさまざまな資料・記録が山のようにあったが、東京大空襲のあった三月一〇日以降の公文書・資料・孤児数の記録などは皆無であった。

私は多数の孤児たちや関係者の証言の聴き取り、資料などの調査を行い、ようやく集団疎開の実態が明らかになってきた。

全国孤児一斉調査

戦後五〇年もすぎてから、一九四八年二月に厚生省が調査した「全国孤児一斉調査」がみつかった。このデータから、戦争孤児は一二万三五一一人もいることがわかった。年齢別では小学生（七〜一二歳）の孤児が過半数を占めていたことがわかる。この年代は「根こそぎ疎開」で一〇〇万人が地方に疎開していた。

その間に都市空襲があり、親たちが空襲死したため子どもだけが取り残されてしまった。それほど都市空襲は激しいものであった。

東京大空襲とは

三月一〇日の朝、私は空襲直後の凄惨な光景をみた。炭の塊になった焼死体の山。どこまで歩いても焼け野原。それは関東大震災の数倍の激しさであったといわれるほどの、世界最大の空襲であった。軍隊が直ちに出動して遺体を公園へ埋めたり、ガレキになった遺体は東京湾へ投棄され、遺族らは遺体をいくら探してもみつからず、孤児の九割は家族の遺体がみつかっていない。その後の四月、五月も大空襲があり、東京では三〇〇万人が、住む家を焼失・半壊などで罹災者になった（東京都編、一九五三）。死者数の厳正な把握という点で課題がある。私は都内全域で二〇万人はいただろうと推測している。そして疎開孤児が大発生したのである。

しかし、この大惨事の大空襲は、軍の強い言論統制で隠されてしまい、地方に疎開していた人たちは空襲の実態を何も知らない。地方にいた教員は、焼け焦げたボロボロの衣服、人相まで変わってしまった父親が尋ねて来て「東京は全焼、全滅した」と聞いた。情報がない学校は四月に東京まで出かけて調査したりする一方、ある学校では東京までの切符が買えず行くことができなかったところもあった。

それから担任の教員は親の安否確認に追われた。特に一家全滅して孤児となった子が非常に多く、その親戚を探した。そして校長からの指示で親戚へ手紙を出し、孤児を引き取ってもらった。一方、親たちが行方不明になったり、引き取り人のない子は疎開地に残ることになった。

六月の疎開児童調査

東京の集団疎開では一次疎開で二四万人だったが、東京大空襲後の六月の集団疎開人数は約一〇万人も減っていた（東京百年史編集委員会編、一九七二）。空襲被害の甚大だった地区の学校ほど人数が大激減していた。その理由は、家を失った親が遠方へ避難・移住するため子どもを引き取りに来たり、また孤児を親戚へ渡したりしたからである。一九四五年六月の『社会事業』誌に「富士国民学校で六六名が孤児になった」と記述されているが、父兄の不安を煽る、戦意喪失すると圧力がかかり、それ以降、各学校の孤児数は発表されなくなった。この六月の時点で各学校の孤児数は判明していたと思われる。

二　敗戦後の状況

現地残留と集団疎開の終了

八月、敗戦になり集団疎開も終了である。疎開中に孤児になった者について、九月に文部省・東京教育局は①個人家庭に委託する、②養子を斡旋する、③孤児施設を新設すると発表した。ただし具体的な記述は何もない。一〇月に疎開児童一〇万人が帰京し親元へ戻った（東京都編、一九五三）。そのとき親たちの死を誰からも知らされなかった孤児も多くいた。誰の迎えもなく、それから浮浪児になった子もかなりいたのである。前述したが、引き取り人がおらず、一万七〇〇〇人の子どもが帰京できず、地方に残された（東京都編、一九五三）。そのため翌年一九四六年三月まで東京の集団疎開は延長され、この三月をもって文部省の集団疎開は完了したのである。

疎開孤児の行き先

本項では、文部省・東京教育局が行った三つの施策の実態をみてみたい。

文部省らは疎開孤児を個人家庭に委託するとしていたが、実際は親戚へ無償で押しつけていたのである。学校では親戚を探し「引き取るように」と手紙を出していた。ある家庭では一六歳で孤児となった子を引き取るよう、三回も学校から手紙が来たとのことである。こうして孤児たちは、困窮している親戚へ引き渡された。前述の厚生省の「全国孤児一斉調査」では、一〇万七一〇八人が親戚へあずけられている。ここからもいかに親戚へ引き取らせたかがわかる。疎開孤児の両親の年代は三〇～四〇代の働き盛りの年代が大半で、祖父母ではお年寄りで養育能力がない。そのため、おじかおば、いとこや遠縁者にまで押しつけていたのである。

孤児たちは親戚をたらい回しにされたり、邪魔者扱いされ冷たくされた。孤児アンケート調査から、九割が「親戚では居場所がなく辛い生活だった」と答え、八割が「自殺しようと思った」と答えている。実際に自殺した孤児も何人もいた。また、追い出されたり、いじめに耐え切れず、家出して浮浪児になった子もいた。

前述のように、地方に残された現地残留児童は一万七〇〇〇人いた（東京都編、一九五三）。その大半は引き取り人のいない疎開孤児である。疎開学寮を一九四六年三月末まで延長したのは、子どもが残っていれば疎開学寮を閉じられないからである。そのため学寮に残った孤児たちを校長や寮長に押しつけ、三月末までに孤児を養子に出して始末しなさいということだったのである。

敗戦直後は食料難で農家へ買い出しに大勢が押しかけてきた。若者が兵士にとられ働き手が不足して猫の手も借りたい農家は、「子どもが無償で貰える」と聞き、働き手にするため次々に子どもを貰いに来た。「まるで犬か猫の子を貰うように大勢が来たのです」と旅館の女将の証言がある。ある教員は「貰いに来た農家を一軒ずつ訪ねると、どこも働き手にするためだった。子どもの将来はない」と断言している。また、ある教員は「引き取り人なき二〇人を始末して一二月末に閉寮した。困難を極めた」と述べている。

「敗戦後、国からも、東京都からも、学校からも、何ひとつ支援はありませんでした」と回顧する教員がいた。さらにある教員は、「三月までの疎開生活は、どこからの援助もなく難破船に乗っているようだった」と書いている。ここで生活した孤児の暮らしぶりは「貧民窟だった」と証言している。非常に厳しい生活だったのだ。

こうして養子に出された子は多くいた。これが文部省のいう「養子を斡旋する」ことなのであろうか。そして、三月末に疎開学寮は閉じられ、集団疎開は完全に終了して、教員たちは帰京した。

しかし、これほど多くの孤児がいながら、現地残留の記録はまったくなく、孤児たちの行方は不明となっている。

文部省・東京教育局は「敗戦後（一九四五年）の一〇月より東京の三多摩に八ケ所の孤児学寮をつくり三四五名を養育した」と発表している（東京都台東区教育委員会編、一九八〇）。孤児学寮に入所できる子どもは、虚弱体質とか、兄が兵隊で帰還する見込みがある子とか、特別な事情がある子に限られていた。教員のなかには養子に出したくなく、子どもを孤児学寮に入所させた人もいた。

私は八ヵ所の孤児寮の資料を探し出した。一〇月に開設したときの入寮予定者は三四五名だったが、実際に孤児寮に入所したのは一五〇名程度になっていた。前述したように文部省らの方針で二〇〇人以上を校長がどしどし養子に出したからである。

さらに官僚は、その残った子どもも養子に出し、孤児学寮を減らしていくという考えであった。当時、南養寺(なんようじ)学寮の寮長に任命された積惟勝(せきこれかつ)は、「子どもの人格を無視している」と猛反対したが、どうしても聞き入れてもらえない。そのため積は国家公務員を辞して、静岡に民間の孤児施設をつくった。

孤児学寮を維持するにはさまざまな費用がかかるが、養子に出せば一銭もかからないのである。その後も官僚の思惑どおりに、孤児学寮の統廃合を経て、結局七ヵ所が廃止になった。残ったのは小山(こやま)学寮一ヵ所になり、八〇名程度を養育しただけという事実が明らかになった（金田、二〇二〇、一六五～一九一頁）。

例えば大泉寺学寮では、入寮予定は三〇人であった。だが、校長が入寮前に孤児を養子に出し、一六人だけが入寮した。その後、孤児たちは他寮に移り、大泉寺学寮は廃止されたのである。一六人のその後の行方は、小山学寮に入寮したのが一人だけで、養子に出された一五人中二人は行方が判明したが、残りの一三人は不明である（金田、二〇二〇、一六五～一九一頁）。

浮浪児

養子という名目で貰われ、酷使され、身売りされ、奴隷にされた子どもが多くいた。そうした子が家出して浮浪児になったのである。一九四七年ころから家出児童の浮浪児が激増している。大半は一〇代前半であった。縁故疎開を含め、疎開孤児が圧倒的多数であったといえるだろう。浮浪児はゴミ扱いされ、さらにオリの中に閉じ込められる、という地獄の生活になった。

おわりに

私は、文部省の発表した「疎開孤児は一一六九人」というこの数がどこから出てきたのかを調べた。集団疎開は学校単位の疎開であるから、学校長が全責任を負っていた。保護者が死亡すれば、誰が子どもを保護するのか、命にかかわる問題である。文部省・東京教育局の調査方法は、各クラス担任に生徒の被害状況を調査させ校長に提出。校長は各学年をトータルして、自校の孤児総数を文部省へ報告するという流れだったのであろう。文部省から各学校へ通達された「至急、孤児数を報告せよ」という一枚の資料がみつかっている。国の組織で運営している以上、校長も上からの指示に従うしかない。その後、孤児に対処する指示が出されたはずである。ところが各学校史を調べても、一人の孤児数の記載がないのである。私の母校である富士国民学校をはじめ、どの学校にも孤児が一人もいないとは考えられない。文部省の約一〇〇〇名（一一六九人）はどこから出してきたのであろうか。その根拠がないのである。また、空襲や孤児に関する公文書なども一枚もなかった。元教員は「敗戦直後に孤児や空襲の資料は全部燃やした。我々若輩者は上からの指示に従うしかない」と述べていた。また、疎開した県では「疎開資料はすべて燃やしてしまった。一枚も残っていない」と地元の人にいわれた。すべての証拠を隠滅されてしまったのだ。校長や教頭らに強い箝口令（かんこうれい）が敷かれていたと知った。集団疎開資料の隠滅は国策によって、文部省が強制的に行っていたのである。現場を指揮した教員は、いわば準軍属だった。

親は万一のことがあったら、必ず国が保護してくれる。そう信じて子どもを国にあずけたのである。その疎開孤児を隠蔽し、文部省は「疎開孤児は一一六九人。三四五人を養育した」と改ざん・捏造して発表した。国民をだましていた。そのため疎開孤児の大半は、歴史から抹殺されてしまったのだ。

孤児たちの戦後は、国からの支援は一切なく、「かってに生きろ。かってに死ね」と放り出され、悲惨な道を辿った。

参考文献

金田茉莉『東京大空襲と戦争孤児』影書房、二〇〇二年

金田茉莉『かくされてきた戦争孤児』講談社、二〇二〇年

佐々木尚毅・矢口徹也『東京都教育史　通史編四』東京都教育研究所、一九九七年

『社会事業』編輯部「終戦後の児童保護問題」『社会事業』二九—一、一九四六年

全国疎開学童連絡協議会編『学童疎開の記録』全五巻、大空社、一九九四年

東京都編『東京都戦災誌』一九五三年（「人的物的戦争被害一覧表」〈一九四四年一二月一〇日～四五年八月一四日〉によれば、罹災者は、三〇九万九四七七人、死者九万二二四人、傷者一四万八二七九人と記録されている〈四二四頁〉）

東京都台東区教育委員会編『台東区教育史資料　第五巻』一九八〇年

東京都台東区立富士小学校・富士幼稚園記念誌部・創立九十周年・四十周年記念事業協賛会記念誌部編『創立九十周年・四十周年記念誌』東京都台東区立富士小学校・富士幼稚園、一九九一年

東京百年史編集委員会編『東京百年史　第六巻』一九七二年

第三章　沖縄の戦争孤児
——戦場(いくさば)の童(わらび)——

川満　彰

はじめに

いったいどれだけの子どもが沖縄戦で犠牲となったのだろうか。また、戦場を生きぬいた子どものなかで、どれだけの子どもが戦争孤児となってしまったのだろうか。

沖縄県援護課（一九七六年）によると、沖縄戦で沖縄県出身者の死亡者数は一二万二二二八人。内訳は一般人九万四〇〇〇人、軍人・軍属あわせて二万八二二八人となっている。この一般死亡者数は疑問が残る人数だが、それでも他都道府県出身兵の戦死者六万五九〇八人と比べると、一般人犠牲者の多さが際立つ。なかでも戦場では幼き子どもや老人から亡くなっていくことを考えると胸が痛む。他方、生き残った子どもは米軍統治下といっても過言ではない沖縄社会を歩み始めた。それは本土とはまったく異なる道程となり、その歩みは米軍政府が設置した民間人収容地区から始まった。

米軍は、慶良間(けらま)諸島（一九四五年三月二六日）、沖縄本島中部へ上陸（四月一日）すると、日本政府の行政権停止とあわせ沖縄の占領開始（米軍政府樹立）を告げる軍政府布告第一号「ニミッツ布告」を発布した。そして沖縄本島中部の石川地峡ライン（恩納村仲泊—うるま市石川）を境に沖縄本島を南北に分断、上陸時に奪った日本軍の北・中両飛行場を整備・拡張しながら、中南部で待ち構えていた第三二軍と戦闘を交えた。米軍の飛行場奪取と建設の目的は本土決戦に備えた沖縄本島要塞化である。

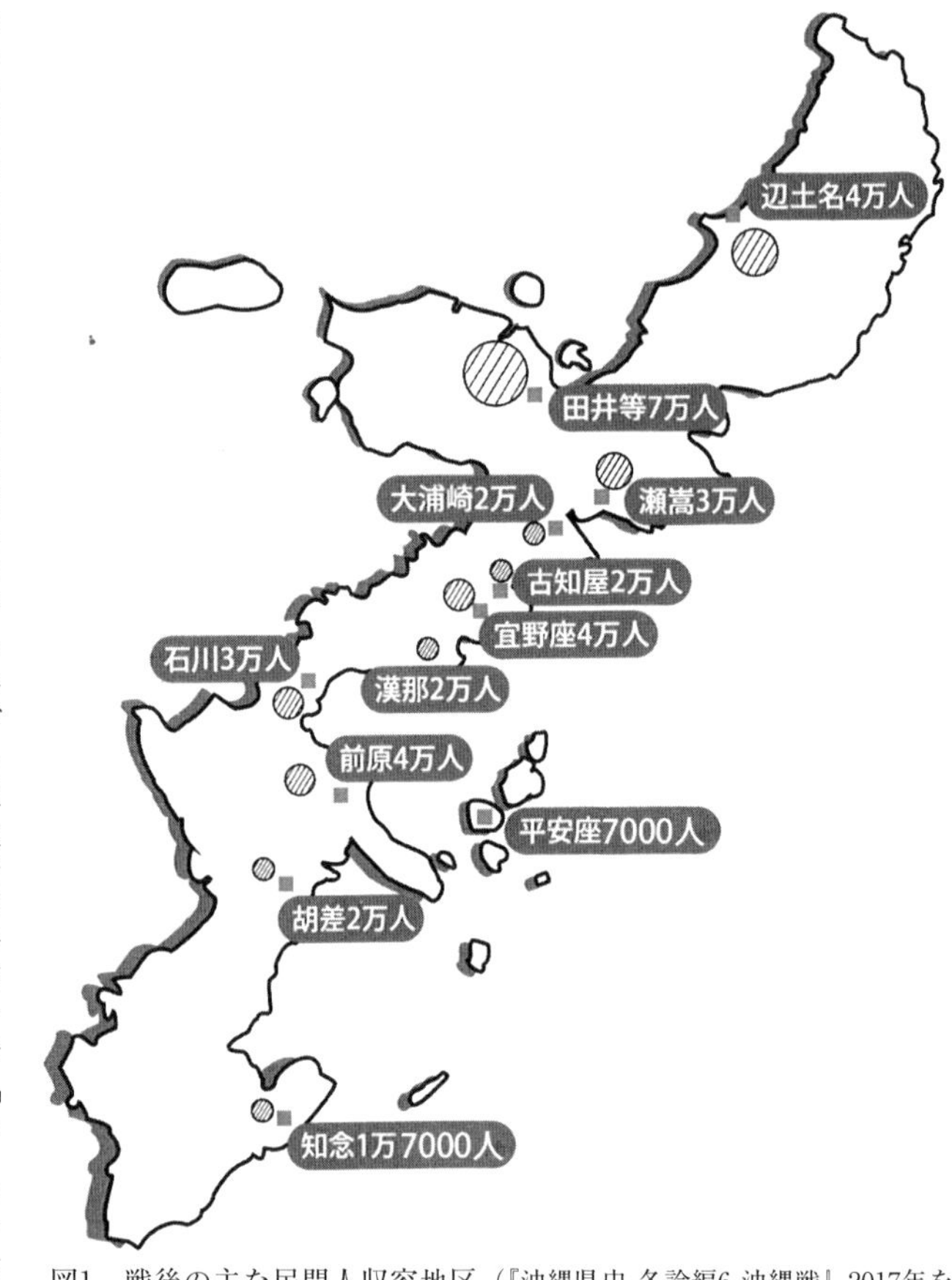

図1　戦後の主な民間人収容地区（『沖縄県史 各論編6 沖縄戦』2017年を一部加工）
1945年9月～10月，米軍は住民を収容，すべての土地が米軍に占領された．

そして米軍は、一方の石川地峡ライン（県道六号線）から沖縄本島北部を軍政府管轄と位置づけ、次々と民間人収容地区を設置、中南部で捕えた住民を強制的に収容した。その地域は沖縄本島東側（太平洋側）に面した石川・金武村（現在の金武町および宜野座村まで）、久志村（現在の名護市域）の村々で、本島西側（東シナ海側）では本部半島の肩の辺りに位置する旧羽地村一帯（一部を除く・田井等民間人収容地区という）、さらに北上して大宜味村、辺土名地区（国頭村域）である。戦争終結の一九四五年八月末時点で、住民が収容された人数は、約三三万人にのぼる（名護市、二〇一九、一一三頁）。そのなかで、どれぐらいの子どもが戦争孤児となったのだろうか。結論からいうと不明である。一九五三年七月、琉球政府文教局調査課がまとめた資料では、宮古島・八重山諸島を除く沖縄本島および周辺離島において、両親を失った児童・生徒四〇五〇人、母親を失った児童・生徒二八五〇人、父親を失った児童・生徒二万三八〇〇人と記されている（平井、二〇一五、七頁）。

翌年の琉球政府社会福祉課の調査（一九五四年一月三一日現在）によると、一八歳未満の戦争孤児は沖縄本島で約三〇〇〇人と報告されており、さらに『沖縄の社会福祉二五年』（一九七一年）では辺土名・田井等・瀬嵩・福山・惣慶・漢那・石川・前原・胡座・糸満・百名の一一ヵ所の孤児院に「約千名の孤児や肉親と離ればなれになった児童たちがそこに収容された」と記されている。重ねると約三〇〇〇～四〇五〇人の孤児のなかに、孤児院に収容された児童数、約一〇〇〇人が含まれていると考えられるが、この開きの差をみても当時の琉球政府は、戦争孤児の正確な全体数は把握できていないことがうかがえる。引き続き調査が必要であろう。

米軍は、民間人収容地区で暮らしていた住民に対し、食糧の配給をはじめ公衆衛生活動（便所や理髪所、病院の設置など）を行っている。だが、住居は雑居で食糧は常に不足し、病院内は蒸し風呂状態、トイレにおいては塀のない男女共同便所も多く、住民の人権は剥奪されていたといっても過言ではない。そのような環境での孤児院設置だった。後述するが、証言によると孤児院ではネグレスト死（児童虐待死など）ともいえる子どもの死亡が多い。そして孤児

図2　米軍によるキャプションには「二人の宿無し子 田井等にて」とある（撮影日不明，沖縄県公文書館所蔵）

院に入らない戦争孤児も多くいた。社会の片隅に置かれた戦争孤児らはどのようにして生きてきたのだろうか。沖縄戦の代償は大きく、いまだに地上戦から抜け出すことができない戦争孤児がいる。

一　米軍占領下の孤児院

民間人収容地区での孤児院開設

一九四五年八月一五日の敗戦までに、米軍政府は沖縄本島内に一二ヵ所の民間人収容地区を設置（名護市、二〇一九、三四五頁）、そのなかに戦中から戦後にかけ、孤児院を開設した。その数一三ヵ所に及ぶ。沖縄戦の戦争孤児研究の端を発した浅井春夫の調査によると、孤児院の所在地は次のとおりである（浅井、二〇一六、一七頁）。

①辺土名孤児院、②田井等孤児院、③瀬嵩孤児院、④久志孤児院、⑤古知屋（こちや）孤児院、⑥福山孤児院、⑦宜野座（ぎのざ）（大久保）孤児院、⑧石川孤児院、⑨前原孤児院、⑩コザ孤児院、⑪首里（しゅり）孤児院、⑫百名孤児院、⑬糸満（いとまん）孤児院

じつは戦争孤児の証言には、この一三ヵ所以外の孤児院名が登場してくる。それが同じ孤児院なのか、別の孤児院（もしくは仮設孤児院）なのか、または合併したのかは判明せず、数ヵ月単位の時期区分で孤児院数が変化したとも考えられ、時期区分を含め孤児院の明確な数は不透明なままである。

沖縄では、敗戦直後から沖縄が復帰した一九七二年までの二七年間という長い米軍支配下ともいえる時期があった。特に一九四五〜五二年までの間は、米軍政府のもと沖縄諮詢会（米軍政府への諮問機関）や沖縄民政府（米軍政府との軍民連絡会議という位置づけ）という民間人による行政組織が結成されたが、住民は米軍基地建設がらみの土地・住居問題や食糧の確保など、自らの暮らしを立て直そうと必死にもがいていた時期だった。一九五〇年から三年間、沖縄南方連絡事務所（総理府の付属機関）で勤務していた馬淵新治は「特に日米講和発行以前に於ける沖縄県民の苦しみは本土では想像のできない程深刻なもの」と述べており（陸上自衛隊幹部学校、一九六一、四〜五頁）、隣にいたはずの戦争孤児に気づきはしても、手を差しのべることはなかったのである。片隅に置かれた戦争孤児・孤児院への公的支援は、決して豊富ではない食糧の配給や衣服の提供程度で、米軍政府もみてみぬふりをしていたといっても過言ではない。

浅井春夫は沖縄の孤児院に関する「史資料はきわめて断片的なものが残されているだけで」「現在入手できる（中略）孤児院に関する事実確認はパズルのよう」と述べ、「全体状況に迫るために、残された記録を読み解き、繋げていく作業が求められている」（浅井、二〇一六、一六頁）と、点でしか表れない、わずかな史資料を整理し孤児院設立期に関する一覧表を作成した。その一覧表が表1である（浅井、二〇一六、一八〜一九頁）。

表1をもとにコザ孤児院の全体像を証言からみてみよう。

コザ孤児院での暮らし

表1の「収容人数」項目に記された人数は、『うるま（ウルマ）新報』「身寄り求む」欄に掲載された孤児の人数である。なかでもコザ孤児院は「一九四五年七月十四日『孤児院施設は現在、計六一八名にまで膨らんだ』」「一九四五年十一月〜十二月　四一二名」とある。この人数が実態を表しているのであれば、おそらくこの時期で最も大きな孤児院であろう。

開設時期	院長名	職員体制	運営の特徴など
		「女の人がそこの手伝いや孤児の世話にまわり」芋の配給などを行う．平良啓子さんらが勤務	村の共同作業の一貫として「孤児院の世話作業」が位置づけられていた
田井等収容地区は4月9日頃から開設されている．おそらく同じ4月頃だと考える	1947年4月3日　現在，仲井間憲孝	1946年　25名（養老院兼務）	1948年8月13日時点で存続 孤児院での使用の家屋は残存
		「孤児の世話を一切引受けたのは北谷損喜友名朝誓であった（中略）氏の外に保母も若干あって，親身も及ばぬ愛情を以って養育に当たった」	「乳離れのしない幼児があり，幼児，少年と数十名もいた」
	渡嘉敷マヅル 『ウルマ新報』(1946年4月)		
1949年1月に沖縄厚生園に統合される	1947年4月3日　現在，伊波寛栄	1946年　18名	1947年時点で存続
1945年6～7月開設 1949年1月に沖縄厚生園に統合される	初代：玉城瑩 1947年4月3日　現在，高橋通仁	1946年　27名	1947年時点で存続 孤児院での使用の家屋は残存
			前原養老院在院者に孤児12名（「身寄りを求む」『ウルマ新報』1945年12月26日）
1949年1月に沖縄厚生園に統合される		1946年　20名（養老院兼務）	
			糸満養護院に寄付の記事(『うるま新報』1947年5月23日)
1949年11月に沖縄厚生園に統合される	1947年4月3日　現在，志喜屋盛松	1946年　10名	1947年時点で存続

行った．

表1　敗戦直後の孤児院

		孤児院名	所在地（当時）	収容人数
北部	①	辺土名	辺土名市 辺土名から喜如嘉（川口）に移転．その後羽地に移転	
	②	田井等孤児院	羽地村田井等（現名護市）	1945年11月　68名 1946年4月　75名 1946年8月　63名（『うるま新報』8月2日）
	③	瀬嵩孤児院		1946年1月　38名
	④	久志孤児院		1946年1月　46名
	⑤	古知屋市孤児院		1945年12月　30名
	⑥	福山孤児院	宜野座村福山	1945年12月　122名 1946年　42名
	⑦	宜野座孤児院 （大久保孤児院）	宜野座村漢那	1945年12月　45名
中部	⑧	コザ孤児院	越来村（現沖縄市）	1945年7月14日「孤児院施設は現在，計618人にまで膨らんだ」 1945年11～12月　412名 1946年　81名 「孤児に福音　首里，胡座，百名の三養護院を整備」の記事あり，それによると8ヵ所あった養護院に収容された児童の数は296名となっている
	⑨	石川孤児院	石川市（現うるま市）	1945年10月　82名 1946年12月　57名
	⑩	前原孤児院		1945年12月　16名
南部	⑪	首里孤児院	首里市当蔵（現那覇市）	1946年　65名
	⑫	糸満孤児院	糸満市 場所は不明	各院別収容状況　糸満男4，女2，計6名
	⑬	百名孤児院	玉城村百名（現南城市）	1945年10月　14名 1946年　24名

（出典）浅井春夫『沖縄戦と孤児院』吉川弘文館，2016年，18～19頁をもとに，筆者にて若干の追記を

図3　コザ孤児院の様子（1945年8月4日，沖縄県公文書館所蔵）

コザ孤児院には、元ひめゆり学徒隊の本村つる・玉那覇幸子・津波古ヒサ・仲里マサエ・阿部敏子・戸田武子・登川絹子、元梯梧学徒隊の稲福マサ・潮平美恵子・小嶺幸子、第二高等女学校卒業生の崎浜らが世話係をしていた（『ひめゆり平和祈念資料館 資料館だより』四六、二〇一〇、九頁）。津波古ヒサさん（当時一七歳）は、南部で米軍の捕虜となり百名の病院に勤めていた六月末、「百名の孤児院から乳児をコザへ移動するのを手伝」い、「焼け残った瓦葺の大きな家で、孤児達が大勢収容されていました」と述べる。そして「子ども達は、栄養失調で、精気もなく泣いていました」「寝かせつけて第一日目の仕事がおわりましたが、翌朝、子ども達をみてびっくり。きれいに拭いて寝かせたのに、髪の毛から顔、手足と体中が便にまみれているのです」「孤児院の仕事は毎日午前中、便の大掃除でそれが終わると、子ども達にご飯を食べさせたり、お守りをしたりして一日が終わりました。そしてまた恐怖の朝を迎えるのでした」と、孤児の様子を振り返る（ひめゆり平和祈念資料館編、二〇一二、六〇～六三頁）。

コザの収容地区内で総務課長だった宮城盛輝（当時五二歳）は病院で、孤児が運ばれてくる様子をみていた（琉球政府編、一九七一、一五四～一五五頁）。

いわゆる孤児ですな。どんどん、どんどん死ぬんですね。わたしは、総務におったから、直接それまでは関係しなかったが、人夫に掘らして大きな墓場、墓場というのはうんと大きな穴を一か所に掘らして、それにどんどん、どんどん投げ込むんですよ。死に次第、誰ということもわからんですよ。毎日毎日何百人と死んだでしょうな。

宮城の回想には戦争孤児だけでなく一般のおとなや子どもも含まれると考えられるが、それを差し引いても多くの孤児が亡くなったと推測できる。米軍政府が戦争と基地建設ありきで積極的に保護しなかったことにより起きたネグレスト死と呼べるのではないだろうか。それは孤児院の食糧事情からも推察することができる。

終戦からおよそ一年後、コザ孤児院の食糧事情を記した『うるま新報』（一九四六年八月二日付）がある（読点は筆者）。

> 「運動場も甘藷（かんしょ）　コザ孤児院の食糧策」
>
> 一歩院内に入れば院長を始め職員子供全員が甘藷植付中で、痩せた感じはするが子供も明るく楽しそうだ。昨年中頃までのあの吹出物や垢（あか）で見苦しく痩せて淋しそうだった子供達の顔や院内外のプンプンたる臭気はすでに失せ見違える程清浄な感じを□（与カ）へる、（中略）「食糧半減には随分お困りでせう」と院長に問えば「弱って居ります。何とかせねばなりませんが差し当たり六十三人の子供達の生命のためには千四、五百坪であるこの敷地を殆ど耕地に振り向け甘藷や野菜を植付ける積りです」と語った。見れば運動場一杯殆（ほと）んど甘藷がのびて居り僅（わず）か滑り台やシーソー、低鐵（ていてつ）等の周園だけが残されている。（コザ発）

一九四六年一一月八日付の『うるま新報』には「孤児に福音　首里、胡座、百名の三養護院を整備」「当時八か所あった児童の数は二九六人」と記されている。浅井春夫は「結局のところ子どもの福祉の発展をめざしたのではなく、囲い込み施策をより合理的に推進したにすぎない」と述べており（浅井、二〇一六、一一〇頁）、大人社会の都合で集められた戦争孤児の戦後の歩むべき道程は、より一層狭まった状態に陥った。

一九四九年一一月、これまで五つに統合された孤児院・養老院は首里石嶺（いしみね）に沖縄厚生園として統合され、そこから児童福祉施設部分が分離、一九五七年に石嶺児童園が誕生した。

石垣島の戦争孤児

石垣島と宮古島の沖縄戦は、沖縄本島と様相が違っていた。石垣島を含む八重山諸島や宮古島では地上戦はなかったが、海に囲まれ、激しい空襲に見舞われた離島は食糧不足に陥っていた。

石垣島では、宮崎武之少将率いる一万一〇〇〇人の独立混成第四五旅団が配備され、兵士の食糧確保は喫緊の課題であった。第四五旅団は黒島・波照間島住民を「米軍が上陸して来る可能性がある」とし、強制的に西表島へ疎開させた。『日本軍と戦争マラリア』（新日本出版社、二〇〇四年）を執筆した宮良作は「日本軍は波照間島・黒島にいた牛や山羊などの家畜を狙っていたのだろう」と述べている（筆者聴き取り・二〇一六年）。波照間島の多くの住民は、マラリアが猛威を振るっていた西表島南風見地区へ移動させられ、西表島で七二人の犠牲者をだした。また、戦後波照間島に帰島したものの、持ち帰ってしまったマラリアが島内で猛威をふるい、住民総数一六一七人の内、五九三人が死亡。そのなかでマラリアによる死者は五五二人にのぼった（竹富町史編集委員会編、一九九六、八八四頁）。

第四五旅団は石垣島の住民に対しても退去命令を勧告していた。特にマラリアが派生した白水地域の被害は大きく、八重山諸島全体でマラリアで犠牲となった人は三六四七人にも達した（沖縄県教育庁文化財課史料編集班編、二〇一七、二六六頁）。「戦争マラリア」といわれるゆえんである。

敗戦直後、米軍占領下に入った沖縄では奄美諸島・沖縄本島・宮古島・八重山諸島は互いの島々の往来が禁止され、それぞれに独立した群島政府機関が設置された。当時の石垣市長桃原用永は「住民の中には、マラリアによる犠牲者が三六四七人も出て、機銃や爆弾、暴風などによる犠牲者（二〇三人）よりも遥かに上回った。そのため、両親を失った孤児、子供を失った孤老、あるいは戦死のため夫を失った戦争未亡人などがはじめて八重山にも出現した」「孤児の数は、石垣町一〇九、大浜村五一、竹富村三八、計一九八人であった」と語る。そして「大方は親戚に引きとられたが最後に残った分は、石垣町では終戦の翌年一九四六年石垣町救護院を字石垣に設置して孤児（孤老三人含む）

一二人を収容し」た、と述べている（桃原、一九八六、八九頁）。

その後、八重山支庁のもと「衛生部附八重山救護院」と改称された救護院は、一九四九年に軍政府からコンセット一棟を譲り受け、新たな場所で開院した。その移転のさなか、「孤児は宿舎を転々としている間に、盗癖、放浪、不潔の悪癖が身につき、童心をむしばまれていたが、指導者の限りない愛情により次第に善導され、勤労の習慣もつき、学校に通うようになった」という（桃原、一九八六、一六七頁）。他方、親戚に引き取られた孤児は、どのような暮らしだったのだろうか、いまだに判然としない。

その後、琉球政府（一九五二年）が創設され、生活保護・児童福祉法が適用されたことで八重山救護院は総合施設となり、沖縄が復帰した一九七二年に沖縄県立八重山厚生園として新たなスタートをきった。

宮古島の戦争孤児

一九四六年八月付の米軍資料によると、宮古島の孤児数は四九人となっている（沖縄県文化振興会公文書管理部史料編集室編、二〇〇五、三二一頁）。戦中、宮古島は食糧不足に悩まされ約三万人の日本兵士のうち、二五六九人が亡くなり、その犠牲者の九〇%近くが栄養失調やマラリアだった（沖縄県教育庁文化財課史料編集班編、二〇一七、二四八頁）。食糧不足は住民も同じであり、戦後の「宮古郡郡会会議録」を見渡すと、食糧問題は会議のたびに記され、子どもらに多大な影響があったと推測する。

『みやこ新報』（一九四六年八月二一日付）には「宮古孤児院近く誕生　支庁教学課で検討」という見出しで、「戦争後戦災、病気等のため両親を失い平和境宮古にも食なく家なき孤児が増加し民家をうろつき廻って食を求め哀れな姿を街頭にさらしているものが多いので」孤児院を設立し、その場所として「元宮古神社境内が選ばれ応急対策としてコンセットを建て」「四才から一五才までの孤児全員を収容することになっている」と記されている。また、宮古島では戦後二年後（一九四七年六月）、孤児と孤老の収容施設として「厚生院構想」が検討されていたことも判明している。だが、米軍政府が設置した行政機関の中枢である宮古群会・宮古議会・宮古民政府議会・宮古群島議会（一九四六年二月〜一九五二年三月間に変遷した議会名）の議案に「厚生院構想」はなく、議事録のなかにも「孤児」という文字は見当たらない。おそらく、議会は食糧難をはじめとした社会の立て直しに追われ、戦争孤児に手を差しのべることはなかったのだろう。「厚生院」は幻で終えていた。

後述するが、旧満洲国から戦争孤児のように二人で引き揚げてきた（旧姓）川満フミさん（当時一五歳）と恵清さん（当時一三歳）は「一九四六年九月ごろ、あの時、平良の町には多くの孤児がたむろしていた。自分たちも学校に行けず、働くばかりで辛かったが、彼らよりはましだった」と語る（以後敬称略）。おそらく石垣島と同様に、宮古島でも戦争孤児は誰かに引き取られたと考えられるが、その足跡は明らかではない。

一九七二年、宮古島では孤児を含む養護を必要とする子どもの施設として張水学園が開園した。

二　沖縄戦前後に生まれた戦争孤児

南洋・サイパン島で生まれた戦争孤児

沖縄戦前夜の一九四四年六月、南洋諸島のサイパン島に米軍が上陸した。サイパン島住民の多くは沖縄県人が占めており、島に陣地を建設中だった日本軍と住民は追い込まれ、「沖縄戦の縮図」ともいえる阿鼻叫喚の地獄絵図となった。

追い詰められた住民は米軍による攻撃だけでなく、日本軍に強要された「集団自決」や虐殺、マッピ岬からの身投げ自殺などで命を落とした。南洋諸島における一般日本人の戦死者は一万八〇〇〇人。そのうちサイパン島での死者は一万人で、その六

クサイ
3

15歳	16歳以上	計
1	6	100

表2　孤児引揚地別人員

引揚地名	ダバオ	レイテ	マニラ	ハワイ	サイパン	テニヤン	小笠原	ロ　タ	パラオ
人　員	60	2	10	2	8	2	1	2	10

表3　孤児年別人員

年齢別	3歳	4歳	5歳	6歳	7歳	8歳	9歳	10歳	11歳	12歳	13歳	14歳
人　員	2	2	5	3	18	9	12	10	13	8	6	5

○%は沖縄出身者だった。そして隣りのテニアン島では、在留邦人の七○%が沖縄出身者だったこともあり、戦死者三五○○人のうち、ほとんどが沖縄出身者だったという（安仁屋、一九九八、一二四頁）。

サイパン島で戦争に巻き込まれた島袋弘さん（一九三五年生）は、防衛隊に召集された父が米軍に捕まり銃殺された、と回顧する。弘さんは家族と一緒に逃げまどうなか壕に避難したが、そこで手榴弾を投げられ母が負傷。その後、米軍の捕虜となり収容所へ入ったが、二歳の妹が栄養失調で死亡。やがて母も破傷風となり軍病院へ運ばれ、弘さんのもとへ帰ることはなかった（瑞慶山、二〇一八、一一二頁）。

祖堅秀子さん（一九三八年生）もサイパン島で両親と七人姉妹のうち四人を亡くし戦争孤児となった。母は川で水を飲んでいる際に米軍の機銃掃射に殺られ、兄の武信は艦砲に当たり亡くなった。秀子さんは「バンザイクリフまで避難した時、終戦となった」と振り返える（筆者聴き取り・二〇一八年）。

浦賀援護局が記したと考えられる『浦賀援護局史』（作成年不明、一六頁）には次のように記されている。

> 引揚者の中には数に於ては必ずしも多くはないが、かなりの孤児がいる。殊に引揚開始当時は、優先的に最も状況の悪い方面から着手された関係上孤児の数も多かった。昭和二十年末ダバオから引揚げた中には孤児の集団もあった。ジャングルと敵の砲爆撃に追はれて逃げる間に親を失った子供達が集まって自ら集団化したのが生き残ったのである。

引揚船の中で更に上陸してから収容所の中で子供の手を握ったまま息絶えた親達も多かった。こうして生じた孤児が最初の内は沢山あったのである。

孤児の内未だに引取人が見当らず社会事業施設に委託した数は百十四名に止まっている。

『浦賀援護局史』には「孤児院引き取り状況」があり、備考欄には「十四名は援護所より直接縁故者又は篤志家に引渡し又は委託した」と記されている。そして残った一〇〇人の引揚地別と年齢人数が表2・3のとおりである。

一〇〇人の子どもは、その後どのような人生を歩んだのだろうか。

傀儡国「満洲」で生まれた戦争孤児

日本政府の満洲移民五〇〇万人計画は、沖縄では一九三九年から「十ヵ年三万戸移民計画」として進められた。村単位の分村計画も進められたが、多くは集落のなかでも貧しい人々が、広大な土地を求めての移住計画だった。

宮古島の最北端にある狩俣集落では、二三世帯が新たな居住地を求めて満洲移民計画を進めていた。そのなかに川満恵可（当時三三歳）の家族がいる。

一九四一年、第九次開拓団の一員となった恵可は、妻の松子（当時三一歳）と長女のフミ（当時一〇歳）、長男の恵清（当時八歳）、次男の恵喜（当時三歳）の五人家族で、満洲の一都市ハルピンからさらに北東部にある方正県伊漢通地区に入植した。極寒の厳しさを味わいながらも、それなりの暮らしが確保されたことで新たに三人の子ども（美佐子・輝夫・広子）が誕生した。

一九四五年になると、フミは「召集令状で父を始め、六月ごろから大黒柱の男たちが、次々と村から姿を消していった」と振り返る。そして八月にソ連軍が満洲に進攻したことで彼らは捕虜となりシベリアへと抑留された。

残された母松子と六名の子どもたちの逃避行が始まった。極寒の逃避行は過酷で、フミは「歩ける小さい子どもは荷物を持たされ、疲れ切り死んでいった」と振り返る。伊漢通地区はソ連軍に包囲されたことで、郷内（堀で廻らされた集落）で越冬することになった。その際、北部から逃げてきた長野県出身の避難民も一緒で四、五畳の部屋二つと土間しかないオンドル式住宅のなかに、棚のようにベッドを取りつけ三〇〜四〇人、約六ヵ月間暮らしたという。そして広子（当時二歳）が死んだ。

翌年、春の季節とともに何千人の、直線にして一四〇〇キロ近い逃避行が再び始まった。恵清は「川を渡る時、我が子を橋から投げ捨てる親を何度かみた。また、逃げるなか中国人に大勢の子どもが盗まれた」と振り返る。途中のハルピンに辿り着いた時、すでに弟妹の恵喜・美佐子・輝夫も亡くなり、母の松子は病院となった花園小学校で息を引き取った。フミは「必ず恵清を連れて帰るんだよ」の松子の遺言を受けて、脚気に罹っていた恵清の手を無理やり引っ張り、走り出そうとする無蓋車輌の汽車を追いかけた。「間に合わない」と思った時、朝鮮人の男性が目の前に現れ、「君たちは日本人か」と聞かれ、「あの汽車に乗りたい」とフミが発すると、朝鮮人の男性は二人を担ぎ、汽車に向かって走り出し、「二人とも投げられた」と振り返る。二人は中国の内戦状態をくぐり抜け、やっと釜山港に着き、引揚船で日本本土へ、そして沖縄本島から宮古島に着いた。一九四六年八月三一日のことである。

図4　フミさんと恵清さん（2019年筆者撮影）

他方、恵清の友人である根間忠男さん（当時一三歳）はハルピンで両親を亡くし妹と二人っきりとなった。そして中国人が現れ饅頭を差し出され、それを受け取ったことで妹は中国人に連れ去られた。根間さんは「妹と饅頭を交代した覚えはない」と語る。根間さんは宮古島へ戻ることなく本土の親戚へと引き取られ、後に沖縄本島で暮らす。そして今でもその光景を思い出し悔やむ。

フミと恵清が宮古島で親戚に引き取られた後、父の恵可はシベリアから帰島。だが、二人を養う暮らしはできず、フミと恵清はそのまま親戚の家で育てられた。二人は学校へ通うことなく、フミは平良町の歯科医院に丁稚奉公として、恵清は親戚の家で朝から晩まで働いた。フミは「恵清がやって来て会うたびに泣いていた」と振り返る。

いつしか恵清はフミと同じ歯科医院で働くようになり、歯科医院が沖縄本島で新たに開院することで、フミは宮古島に残り、恵清は一九歳で沖縄本島の地を踏んだ。

三　戦争孤児の戦後

孤児院に入らなかった子ども

沖縄では戦前、孤児院や養老院はなく、両親が亡くなると親戚や地縁者、地域社会で面倒をみるという慣習だった。戦争孤児となった子どもは、孤児院がどのような場所なのかを知る由もなく、多くの戦争孤児は、孤児院に入らずに親戚や知り合いに引き取られるか、孤児院に入ることを拒み浮浪児として暮らしていたと考えられる。

当時一二歳だった与那嶺フヂ子さん（北中城出身）は、父と兄が日本軍に召集され戦死。身重だった母と妹（当時七歳）、弟（当時二歳）と一緒に戦場をさまよい、やっと宜野座の収容地区に入ったが、母と生まれたばかりの赤ちゃんを軍病院で亡くしたことで孤児となった。

フヂ子さんは、着物も着たきりで、食べ物もないのに等しかったという。そして「区長さんみたいな人が私たちの所に来て、『あんた方、孤児院に入っていなさい』と迎えにきていた。しかし、『あっちに入ったらみんな死んでしまって、生きては出られないというからいかない。（中略）』と断った」と振り返る。フヂ子さんの言葉から宜野座の孤児院でも多くの子どもが亡くなっていたことがわかる。フヂ子さんら三人は伯母に引き取られ生活を送るが、その様子は述べていない（北中城村史編纂委員会編、二〇一〇、二三九頁）。

「親戚にいじめられるというのは、他人にいじめられるよりつらいんですよ」という戦争孤児がいる。七歳で戦争孤児となったKさん（南部出身）は、祖母に引き取られ、叔父の手へ渡り暮らすようになる。Kさんは叔父の家で「水汲みから始まり、朝早く起きて庭の掃除、買い物などの手伝いをやっていました」と述べ、「高校は、叔父の子どもたち（Kさんのいとこ）と同じ高校を望んだのですが、別の高校しか行けませんでした。叔父が、『あなたは、親がいないんだから』って……。親がいないというのはこういうことか、と改めて知らされました。それで自分の立場を忘れるために勉強しようって。でも、勉強も、当時は石油ランプで、石油がもったいないからって消されました」。Kさんは「あのころはしょっちゅう、死にたいと思っていました」と語ってくれた（筆者聴き取り・二〇一七年）。

屋我地島で戦争孤児となった上間幸仁さん（一九三三年生）は「親戚に他人のように育てられた。働きづめの人生でした。農作業に漁業、スクラップ業、なんでもやった。しかし、家から追い出された」と、語った。追い出された理由は「一八歳になったので、役場から、戦死した父の遺族年金が打ち切られた」と述べた（筆者聴き取り・二〇一八年）。社会の混乱が続くなかで戦争孤児の引き取りは、労働力として位置づけられたケースも多く、彼らは戦後の暮らしについて口が重く、話したがらない。

子どもの犯罪とトラウマ障害（ＰＴＳＤ）

一九五二年、沖縄はサンフランシスコ講和条約によって日本国から切り離され、実質的な米国の統治下に組み込まれた。そして米国民政府令第一三号に基づいて琉球政府が創設されたことで、沖縄では琉球政府を主軸に独自の法制度を立法化するところから再スタートした。

特に社会福祉事業のなかでも「生活保護法」「児童福祉法」は孤児を救済するためには必要不可欠な法律である。両法案とも一九五三年一〇月に琉球政府行政首席志喜屋孝信（しきやこうしん）の署名で公布され、本格的な行政組織体制のもと、孤児の受け皿として落ち着きだしたのが、一九五七年に開園した石嶺児童園である。時すでに沖縄では児童の不良化が出始め、少年犯罪の蔓延化が懸念された時期でもあった。

「生活保護法」「児童福祉法」が成立する二年前、『沖縄の社会福祉二五年』によると、一九五一年の少年犯罪検挙人数は一五一五名。そのなかで男子は窃盗七六三件、軍施設立入一六一件、女子は密売淫（売春）一三五件となっており、「およそ戦前では想像し得なかったほどの数字にのぼり、なお激増の兆しをみせていた」（傍線筆者）と記されている。警察本部刑事課の売春婦実態調査（一九五二年一〜九月）によると、総数五二九人のなかに一五歳五人、一九歳六七人が含まれ、セーラー服ほしさに米人と関係した中学生がいた（『沖縄タイムス』一九五二年一一月二日付夕刊）。さらに「激増の兆し」は、一九六七〜六八年がピークとなり、『沖縄県警察史 第三巻（昭和後編）』（二〇〇二年、四二〇頁）には、少年犯罪について「一九六七年のピーク時には、三倍近い（一九五一年・総数八八五）二三五〇人となっている。凶悪犯については、当初一桁台で推移していたが一九六三年には、千人を超え、ピーク時の一九六八年には、殺人十二人、強盗一三三人、放火三人、強姦一〇五人の合計二五三人が検挙されている」と記されている。

精神科医で戦争トラウマを調査している蟻塚亮二は「この非行の爆発的な増大は、沖縄戦と戦後の欠乏と困難の社会の中で児童が体験したストレスによって」「発達性トラウマ障害が進行した結果かも知れない」「この『戦後最悪の少年非行の年』は、沖縄戦と戦後の貧困とトラウマの結実だろう」と述べている（蟻塚、二〇一四、五六頁）。トラウマとはＰＴＳＤ（Post Traumatic Stress Disorderの略。心的外傷後ストレス障害）とも呼ばれ、外的もしくは内的要因で肉体、また精神的な衝撃（暴力や性被害など）を受けたことで、不快で苦痛な記憶が突然襲ってくる症状をさす。児童福祉に携わる山内優子は、戦争当時八歳の男性の事例をあげ、「彼は今、結婚し、素晴らしい奥さんに恵まれ、子どもを四人もうけて孫もたくさんいて幸せな生活をしていますが、それでも『集団自決』の後、四歳の弟を連れて逃げなかったことがトラウマになっています。弟を思い出すと今でも泣いています」「トラウマは記憶がある限り、いつまでも残るということが分かりました」と述べている（沖縄戦・精神保健研究会編、二〇一七、一九七頁）。

少年犯罪データは、必ずしも戦争孤児だけをとらえたものではないが、引き取られた後も愛情を与えられずに孤独感に苛まれ、結婚して独立・別居しても引き取った人々への愚痴もいえない戦争孤児らの精神状態は計り知れない。彼らの持つ戦争トラウマに、戦後に起きたトラウマが積み重なっていく過程をみると「戦争戦後トラウマ」とも呼べるのではないだろうか。

彼らの沖縄戦は終わらない。

参考文献

浅井春夫『沖縄戦と孤児院』吉川弘文館、二〇一六年
安仁屋政昭「移民政策」沖縄県文化振興会公文書管理部史料編集室編『沖縄戦研究Ⅰ』沖縄県教育委員会、一九九八年
蟻塚亮二『沖縄戦と心の傷―トラウマ診療の現場から―』大月書店、二〇一四年
沖縄県教育庁文化財課史料編集班編『沖縄県史 各論編六 沖縄戦』沖縄県教育委員会、二〇一七年
沖縄県警察史編さん委員会編『沖縄県警察史 第三巻（昭和後編）』沖縄県警察本部、二〇〇二年
沖縄県文化振興会公文書管理部史料編集室編『沖縄県史 資料編二〇 軍政活動報告（和訳編）現代四』沖縄県教育委員会、二〇〇五年
沖縄県平和祈念資料館『沖縄県平和祈念資料館 総合案内』二〇〇一年
沖縄社会福祉協議会編『沖縄の社会福祉二五年』一九七一年
沖縄戦・精神保健研究会編『戦争とこころ―沖縄からの提言―』沖縄タイムス社、二〇一七年

川満　彰『母に生かされて』あけぼの出版、二〇〇一年
北中城村史編纂委員会編『北中城村史　第四巻　戦争・証言編　二』北中城村役場、二〇一〇年
瑞慶山茂『法廷で裁かれる南洋戦・フィリピン戦　訴状編』高文研、二〇一八年
竹富町史編集委員会編『竹富町史　第一二巻　資料編　戦争体験記録』一九九六年
桃原用永『戦後の八重山歴史』私家版、一九八六年
名護市『米軍政府と民間人収容地区』二〇一九年
ひめゆり平和祈念資料館編『生き残ったひめゆり学徒たち―収容所から帰郷へ―』二〇一二年
平井美津子編『シリーズ戦争孤児三　沖縄の戦場孤児―鉄の雨を生きぬいて―』汐文社、二〇一五年
琉球政府文教局研究調査課編『琉球史料　第一集』琉球政府文教局、一九五六年
琉球政府編『沖縄県史　第九巻　各論編八　沖縄戦記録一』一九七一年
陸上自衛隊幹部学校『沖縄作戦講話録』一九六一年

第四章　戦争孤児としての「混血児」

——エリザベスサンダースホームと聖ステパノ学園の実践——

上田誠二

はじめに

本章は、敗戦後に日本女性と外国兵士、特にアメリカ兵との間に生まれた、当時「混血児」（以下括弧を外す）と呼ばれた子どもたちがどんな生き方を強いられたかを問う。現在ではハーフ・ダブル・ミックスなどと名指され「国際的」といったイメージを持たれることが多いが、そのイメージには敗戦後七五年の間に醸成されてきた差別意識が少なからず胚胎している（下地、二〇一八）。彼ら彼女たちは時には「日本人」（以下括弧を外す）として包摂され、時には「異端」として排除されてきた。本章は、そうした歴史について、敗戦を経た占領・復興期に焦点を当てて、性暴力と売春、貧困と格差、優生思想と差別といった社会矛盾の結節点として混血児たちが存在したことを明らかにする。

混血児たちは「純血」の日本人よりも劣等とみなされたり、生きるためにやむにやまれず売春を繰り返す母親と苛酷な生活を強いられたり、それゆえに不条理にも社会的に「不道徳の極印」を押されるなど、強い偏見や蔑視にさらされることが多かった（上田、二〇一八。以下、本章の歴史事象の記述はおおむねこれと重複する）。本章ではそうした混血児のなかでも、捨て子にされた子どもたちがいかに産まれ育ち＝「生存」し、どのように生きる勇気や知恵を学び＝「教育」を受けていったかに注目する。さらに、その子たちが高度経済成長期を生き抜くためにいかに働いたか＝「労働」に従事していったかについて最後にふれてみたい。逆説的だが、捨て子にされて児童養護施設で育ったがゆえに同じ境遇の仲間と出会い、支え合い共に生きていく力を育んだ事例をここでは紹介したい。神奈川県中郡大磯町の児童養護施設エリザベスサンダースホームおよび、主にそこで育った子どもたちのためにつくられた聖ステパノ学園小学校・中学校の実践である。

ホームや学園の混血児たちの戦後史からは、生存・教育・労働という日本国憲法社会権の保障実態の脆弱さの問題や、そうした戦後史の恒常的矛盾を超えていった子どもたちの生のありようの可能性など、私たちの今に連なる課題と展望がみえてくる。

敗戦後の混血児たちの生存権についていえば、一九四八年制定の優生保護法（一九九六年に母体保護法へ改正）は、そもそも混血児それ自体への差別・忌避を一つの契機として登場しており、混血児が生きてそこにいることへの否定を少なからず内包していた。さらに、そうした差別構造のなかで白色系混血児と黒色系混血児との間に明確な優劣関係が生起していった。優生思想に起因する包摂と排除は、アメリカ兵と付き合う女性たちを次第に自発的な人工妊娠中絶へと導いていくことになる。

混血児たちの教育を受ける権利については、多くの混血児は父親が「行方不明」で日本人の母親ないしその父母に育てられ日本国籍を有していたので、文部省の主導下、公立小学校で「無差別平等」主義の教育を受けていく。とはいえ、日本人の子どもたちの間では、アメリカという旧敵国への憎しみと経済的に豊かな大国への憧れ、敗戦の劣等感などがないまぜとなっており、そうした公立小学校の現場で混血児たちは、特に上級生から「パンパン」「アメリカ」と罵倒され差別と抑圧を受けていた。少なからぬ疎外感に苛まれ、学びの継続に支障をきたす混血児が生じていく。

混血児たちの勤労の権利に関する問題はより深刻であった。スポーツや芸術・芸能の世界で生きよ、という大衆雑誌の無責任な喧伝の一方で、そうした才能を持たない混血児たちは、企業社会の中層に入ることができればよいほうで、往々にして下層、ひいては周縁へ追いやられていくケースが見受けられた。家計を支えるためにキャバレーに勤め、さらには売春を繰り返す実母と厳しい生活を送り、貧困と格差に苦しんだ混血児のなかには、中学校卒業後に母親と同様に売春の道を選ぶ者もいた。

日本国憲法の社会権には、「健康で文化的な最低限度の生活」を営み生きること自体が保障され（第二五条）、「その能力に応じて、ひとしく教育を受ける権利」を有し（第二六条）、その後「勤労の権利」を行使するものと定められてはいるものの（第二七条）、混血児たちの権利保障が実態としては極めて脆弱であったことが理解できるだろう。

さらに、そうした混血児たちの社会権保障の現実的な劣化の背景には、アメリカの冷戦戦略と日本の基地化という問題が大きく横たわっている。朝鮮戦争（一九五〇～五三年）やベトナム戦争（一九六〇～七五年。アメリカの北ベトナム爆撃開始は六五年）に伴うアメリカ兵の大規模な移動によって、日本へのアメリカ兵の来訪が活発化した。そのために日本各地に「慰安の町」が必要とされ、売春が恒常的なものとなり、また自由恋愛の名のもと「現地妻＝オンリー」（以下括弧を外す）が数多く生まれ、他方でアメリカ兵による強姦事件が多発するようになった。

以上、要するに混血児の戦後史とは、いのちをめぐる優劣の測定と選別の風潮、教育現場における学習継続の困難、労働をめぐる疎外と雇用の不安定という現実、米軍基地と地域住民との確執など、まさに現在の私たちが抱える社会問題の原型ともいうべき様相を呈している。以下では、そのように社会矛盾の結節点として存在した混血児たちのエスノグラフィーを、生存→教育→労働という視点で概観したい。

一　「混血児」の誕生と優生保護法の制定

引揚の苦難

敗戦後の最初の混血児は、大陸からの引揚過程の所産として誕生してくる。満洲や朝鮮半島でソ連軍兵士に強姦された女性が産んだ混血児である。当時その子たちは「ロスケ」との蔑称を浴びていたのだが（高崎、一九五二）、満洲や朝鮮からの引揚の上陸港となっていた博多（はかた）にあって、海外からの性病と混血の胎児の上陸を水際で防ごうとする、厚生省と推察される政府筋の要請によって堕胎手術を受けた女性の数は、四、五百とも、それ以上ともいわれている（上坪、一九七九、武田、一九八五）。もちろん、水際で防げたわけはなく、上陸と同時に桟橋（さんばし）でソ連兵との混血児を産んだ女性や、母親と郷里に帰った後に土蔵の二階に閉じ込められ昼の世界を知らないソ連兵の子どもなど、混血児をめぐるさまざまな逸話が一九五二年四月二八日のサンフランシスコ講和条約発効以降、ＧＨＱ（連合国総司令部）の報道規制がなくなったためメディアに登場してくる。

敗戦後のセクシュアリティ統制

引揚過程の所産としてのソ連兵との混血児は相対的に多くはなく、占領下に売春婦となり、または現地妻＝オンリーとなり、あるいは強姦されて占領軍兵士との間に混血児を産んだ女性が多数だった。一九四五年八月一八日、警視庁はやがて上陸してくる占領軍のために公設の慰安施設をつくることについて協議し、同日、内務省は地方長官宛て無電で通牒を発し、芸妓・公娼・私娼・女給・酌婦などをそれに充てるようにとの指令を出している（平井、二〇一四）。東京では警視庁保安課が中心となって接客業者代表との懇談が行われ、日本女性の純潔を守るための防波堤として慰安施設の設置が指示された。

八月下旬には特殊慰安施設協会（一ヵ月後にRAA協会＝Recreation and Amusement Association に改称）が設立され、慰安部として第一部芸妓、第二部娼妓、第三部酌婦、第四部ダンサー・女給が置かれ、その数は五〇〇〇人にのぼった。都内を中心に設置された三〇あまりのRAA関連施設は、性病蔓延とアメリカ本国からの批判のために四六年三月に閉鎖されるが、そこで失職した女性の多くは「街娼」「パンパン」となった。RAA関連施設自体は「赤線」地帯（特殊飲食街＝公認売春地帯）として残り、売春防止法の罰則規定が施行される五八年四月まで、非公認売春地帯の「青線」と同様に、売春の繁盛地帯となる。こうした女性たちのなかから多くの混血児の母が誕生している。

乳児院エリザベスサンダースホームの創立

混血児、特に捨て子にされた孤児のために、澤田美喜（一九〇一～八〇）は乳児院エリザベスサンダースホームを一九四八年二月に創立させた。澤田は、三菱財閥の創業者・岩崎弥太郎の孫娘で、父は三代目総帥の岩崎久弥、夫は外交官の澤田廉三で、聖公会系の団体・個人などキリスト教関係者や四八社の後援会社（一九六二年六月時点）から支援を受けながら、私財を投じつつ混血児の教育活動に終生尽力した（上田ほか、二〇〇八）。

四七年二月、澤田美喜は東海道線の車中で、風呂敷に包まれた状態で網棚に放置されていた「黒ん坊の嬰児死体」の母親と勘違いされ、荷物検査要員の警官や男性乗客から「パン助め！」「日本人の面よごし！」「これだから日本は負けるんだ」との罵声を浴びせられ、敗戦の劣等感を混血児やその母という弱者に移譲するような日本社会の強い差別の現実を体感し、このとき「両方の国から要らないといわれる子供、親からも邪魔者扱いされ、闇から闇に葬られる子供」たちに未来を与える決心をしている（澤田、一九五三a）。

売春という選択

澤田は、売春婦として混血児を産んだ母の事例を、一九五二年九月にこう紹介している（〇は筆者。以下同様）。

メリーはその妹〇〇と三才六ヵ月までパンパンの母のもとにそだった。そこでは三人の同じ職業の女達が一軒の家をかりていた。夜毎に数人の黒人兵がかわる〲たずねてきた。この幼い姉妹もこうしてみごもったもの、、その父は誰かわからないと、二十一才の母はいう。メリーは、のび〲した利口な子で、するどい眼光は何でも一目でみぬくよう、日夜その母の行動を見て知っているようだ。（中略）その母は三回黒人兵と家出をし、二人の女の子を生んで、ホームに入れて八ヵ月目にふらりと、一見してパンパンとみえるどぎつい原色のコートをきて表われた。（澤田、一九五二）

このように、同業者とルームシェアした自宅での売春で生計を立てている女性が黒人兵と家出を繰り返し、混血児を二度出産しても生活を変えられずにいること、そうした母の生態を娘が察知していたことがわかる。ここで留意すべきは、澤田が「パンパン」を決して見放してはいない点である。澤田は、混血児のわが子を育てるために売春を繰り返す女性たちが「どうすることもできない袋小路に追いつめられて」いると認識しており、貧困と売春の負のスパイラルの理不尽さをしっかりと把握していた（澤田、一九五三ａ）。

「現地妻＝オンリー」という選択

一方、表面的には紳士で衣食を与えてくれる、いわば「エルザ姫にかしずく白鳥の騎士」としてのアメリカ兵に心を引かれた女性たちが、混血児の母となったケースも多く、澤田は「政府が戦災者に対して、寒暑をしのぐだけの衣料と、空腹をふさぐに足る食料を与えていたら、今になって三面記事によく登場する「運命の子供たち」の数はもっとずっと少なくなっていた」と指摘している（澤田、一九五三ａ）。これらの女性の多くはアメリカ兵が日本で一緒にいる間は現地妻の意でオンリーと呼ばれたが、本国への帰国命令や朝鮮戦争など、アメリカ兵の移動や出征によって置き去りにされても、音信不通のアメリカ兵をけなげに待ち続けていたと、澤田は同情の念を持って記している。

性暴力の被害者として

他方、サンダースホームには強姦によって産まれた混血児もおり、こう紹介されている。

母は人妻であり、草ふかい地方の（アメリカ軍—筆者）キャンプ近くにすむ主人との間に三人の子があり、〇子は四人目である。ある暗夜の出来事で、もちろん合意の上のことではない。（中略）やがて彼女は妊娠した。仕事の多い農家で働いたため健康にめぐまれ、月みちて大きな女が生まれた。夫も四人目でも初めての女の子で喜んだ。（中略）けれど五ヵ月目からかみの毛がちゞれだし、次第に黒くなって、遂にその子の妊娠した夜のことを涙ながらに告白した。家庭裁判所の調停によって子供がホームに送られた時は、もう三才になっていた。心にとがめのあるこの母はこの子をだいて幾度か自殺しようとし、夜子供の首をしめかけては（その子は—筆者）目をさまされた。度々のことにおびえきった子供はホームにきても、今でもあまりねむることをしない。（澤田、一九五二）

このように、アメリカ軍キャンプの兵士に強姦された女性が黒人系の混血児を産み、その子と自殺未遂をするまでに精神的に追い込まれていたこと、その子にとって実の母に殺されかけたという経験が大きなトラウマになっている様子がよくわかる。

以上述べてきたように、混血児の誕生は、強姦によって産まれた場合、売春による場合、オンリーの子として産まれた場合などに大別できる。そしてそのような混血児たちは、母親の売春、ネグレクトや虐待などによって少なからずトラウマを背負っていたのである。以下では、トラウマを背負う混血児たちに追い討ちをかけるように法制化されていった、敗戦後の優生思想のありようを検討したい。

敗戦後における優生思想の強化

一九四八年七月、国民優生法（一九四〇年五月制定）にかわって優生保護法が制定された（松原、二〇〇〇）。戦中に制定された国民優生法は日本初の断種法であり、治療目的以外の不妊手術を合法化し、第一条で「本法ハ悪質ナル遺伝性疾患ノ素質ヲ有スル者ノ増加ヲ防遏（ぼうあつ）スルト共ニ健全ナル素質ヲ有スル者ノ増加ヲ図リ以テ国民素質ノ向上ヲ期スルコトヲ目的トス」と述べていた。その一方で中絶規制を強化し、総力戦体制下の「産めよ殖やせよ」政策にも対応していた。

これに対して敗戦後の優生保護法は優生思想を強化し、かつ中絶規制を緩和して、人口の量と質の双方の管理を目指す法として制定された。第一条で「優生上の見地から不良な子孫の出生を防止するとともに、母性の生命健康を保護することを目的とする」と謳い、「遺伝性疾患」のほかに国民優生法では除外されていたハンセン病が中絶と不妊手術の対象とされた。さらに四九年六月から「経済的理由」による中絶が容認される。

人口の量と質の管理

実際に議員立法として国会に優生保護法案を提出した、産婦人科医で当時社会党議員だった太田典礼（おおたてんれい）は、「堕胎罪を骨抜きにし、かつ避妊を促進する」ことに優生保護法のねらいを定めていた（太田、一九八〇）。太田は一九六七年刊行の自著『堕胎禁止と優生保護法』（経営者科学協会）で優生保護法制定の背景をこう記している。

国民優生法も堕胎罪もあったものではない。ヤミ堕胎がさかんになり、その被害として子宮穿孔（せんこう）、細菌感染、死亡さえ次々に起った。（中略）（私は―筆者）ヤミを防ぐには受胎調節が必要であるとし、避妊リングの公認と普及につとめる一方、人工妊娠中絶は専門医の手によらねばならないと主張して、堂々と実行した。食うものもないのに妊娠した主婦が大勢相談にきた。一方、外国軍隊が進駐してパンパンがふえ、彼女らは心ならずも妊娠して、私のところへやってきた。

このように、食糧難のもとでの妊娠や占領軍相手の売春の末の妊娠、結果としての「ヤミ堕胎」という状況に産科医である太田が危機感を抱いていたことがわかる。そして彼は、次のような優生保護法案の「提案の理由」を国会に提出した。

現行国民優生法は、産めよ殖せ、の軍国主義的法律であり、しかもその手続きが煩雑で、実際には悪質遺伝防止の目的を達することが殆んどできないでいた。（中略）今や人権尊重の民主主義日本建設の時代に、しかも人口過剰に悩む現状にあって、こういう悪法は一日も早く廃止し新しい優生法を制定して、母性を保護し、子孫に対する悪質遺伝の防止を容易くし、且つ悪質者の子供が不良な環境によりて劣悪化することも防がねばならない。更に食糧その他生活必需物資不足のため国民全体が困窮を極めている今日にあっては、病弱、多産、貧困のために招かれる子孫の劣悪化病弱化を防ぎ且つ人口調節政策をも加味した法律を制定することが急務である。なお強姦による妊娠の場合並に常習性性犯罪者に対しては特に規定を設けてその被害を少くし子孫の不良化を防がねばならない。これがこの法律案を提出する理由である。

このように優生思想を強く主張し、かつ「悪質者の子供」の「不良な環境」での「劣悪化」防止を謳っている。前述のように太田は、占領軍相手の「パンパンがふえ」彼女たちが妊娠し「ヤミ堕胎」していた状況を危惧していたのであり、右の「提案の理由」で彼がいう「不良な環境」で「劣悪化」する「悪質者の子供」のなかに、心身障害者の子どもたちと並んで混血児たちが含まれていたことは、外国人兵士による強姦事件が多発していた占領下にあって、「強姦による妊娠」に対しても「その被害を少くし子孫の不良化を防がねばならない」と述べている点から明らかであった。

優生思想にさらされる「混血児」

エリザベスサンダースホームの澤田美喜が一九五三年刊行の『混血児の母』で嘆いているように、しばしばホームには、医学部の学生たちから混血児たちの知能検査や血液検査をしたいとの申し入れがきた。澤田は子どもたちが「モルモット代りにされるのがつらい、胸がさかれるような気がする」と心情を吐露している。優生保護法の制定以降、医学界に優生思想が少なからず浸透していったことがわかる。もっとも、優生保護法で「経済的理由」による中絶が認められた一九四九年六月以降は、妊娠しても売春女性たちは子どもを産まなくなったと推察される。さらに、五二年五月の優生保護法改正で地方優生保護審査会が廃止され、優生保護指定医の判断、本人・配偶者の同意だけで中絶が可能になる。

占領期に労働省婦人少年局神奈川県婦人少年室で主任を務め、丹念なフィールドワークを行っていた高崎節子は、一九五二年一〇月刊行の著書『混血児』（同光社磯部書房）のなかで、「パンパンは子供を生まない」と断じており、五二年五月以降に誕生していく混血児は、産むと決断した少数派のオンリーたちの子と推察される。

ここで注目したいのは、朝鮮戦争期（一九五〇年六月～五三年七月）の日本国内でのアメリカ兵移動に伴い、売春女性たちもそのあとを追って移動していたことである。先にみた神奈川県婦人少年室の高崎節子によれば、一九五二年秋のアメリカ軍施設の座間（ざま）への移設に伴い、混血児を連れて「パンパンは徐々に動き、相模（さがみ）平野のまん中の座間という小さな町は大きく変貌しつつある」という（高崎、一九五二）。そして、こうした基地周辺の歓楽街化に厚生行政は目を光らせていたのである。厚生大臣から中央児童福祉審議会に諮問された「混血児問題に関する対策の方針」への答申は、朝鮮休戦協定調印の約一ヵ月後の一九五三年八月二〇日に公表されており、そこでは「一般人に対する啓蒙」として、「基地周辺の女性に対しては、軽率な交際によって混血児を生むことのないよう啓蒙に努めること」が大切とされていた（「混血児対策に関する答申」全国社会福祉協議会連合会編集『社会事業』一九五三年九月）。混血児は日本社会に存在しないに越したことはないという認識といえる。

二　澤田美喜の教育実践──「混血児」の別学という人格主義──

別学という選択

一九四八年二月一日、澤田美喜は乳児院エリザベスサンダースホームを創立し、「この子達は、あすの世界平和を築く為に、絶対に必要な使徒達なのです」と述べた（聖ステパノ学園、二〇〇三）。入所している混血児一一八名のうち実に一〇三名の子の父親がアメリカ人で、母親の職業は先にみたRAA協会などの出身者（「進駐軍関係」二三名）や、アメリカ兵の現地妻＝オンリーなど（「無職」二八名）であり、母たちは将来への不安や「生活困難」「父親帰国」のためにわが子を手放したのだった（澤田、一九五三a）。

さらに澤田は、一九五三年四月、学齢に達した混血児のために聖ステパノ学園を開校するが、入学を控えた子どもたちに、「恥しくない教養を身につけて、世の中に出るとき、そのアビリテーの前には過去の暗い影はすつかりきえ」、「その日こそ我々の子らが、その父母の国の血相半ばしてゐることをほこりとし、アジアの祝福となる日である」とのエールを記している（澤田、一九五三b）。澤田美喜にとって混血児教育は、「世界平和」の「使徒」として生れた子どもたちが有しているであろう、単一ではない複数の文化に由来する感性や能力を伸長させてやり、彼ら彼女らを日本や世界で活躍できる社会人に育てあげることであった。こうした確固とした目的を達成するために、澤田は混血児と一般学齢児童との「別学」という教育方法を選択したのであり、それは公立小学校での日本人と混血児との「共学」とはまったく異なるものであった。

共学というタテマエ

澤田は「血相半ば」という固有性こそが「日本の子のもたない能力」の源泉と考え、そうした異質な力を持った子どもたちを共学・平等の名のもとに日本人に単に同化させてしまうのではなく、それを混血児たちが将来社会で生き抜いていくための労働を担保するよりどころと位置づけていた。ゆえに彼女は、子どもたち一人ひとりの人格・個性に即した教育を徹底しようと企図していた。もっとも、澤田が別学を選択したのには、行き届いた教育を行うという理由以外に、本来であればサンダースホームの子たちが入学するはずだった大磯町立大磯小学校のPTAとの間に大きな確執があったからであった。

澤田の一九七九年の回想によれば、混血児の就学問題が世間で騒がれ出した一九五〇年ころ、大磯小学校にホームの子どもたちの入学を打診したところ、同校ＰＴＡが混血児と「我子が机を並べて学ぶのはいやだと言い出し」、混血児は別棟に押し込めるという「差別もはなはだしい考えを示してきた」という（澤田、一九七九）。こうした背景もあり澤田は、混血児のみの学校として一九五三年四月、ステパノ小学校を開校したのだった。

澤田美喜に救われた子どもたちの教育

澤田の教育は先進的で、一九五三年刊行の『混血児の母』によればその特徴は「ダルトン・プラン式の教育」すなわち子ども一人ひとりの個性や学習進度に応じながら、興味関心や自発性を引き出すことで学習の深化をはかり、トータルな人間教育を施そうとする教育方法にあった。そうした教育方法は、一九五一年四月に開園したサンダースホーム併設の「幼稚園」でまず実践された。それは、少人数制で体験型の学びを軸とした教育方法であり、たとえば子どもたちが自然のなかで生きものの賑わいにふれながら、仲間と遊びながら共に学び合う教育だった（図１・２参照）。こうした学びは一九五三年四月開校のステパノ小学校に引き継がれていくのだが、学園の教育には文部省も注目しており、文部省初等中等教育局編『昭和三十年三月　混血児指導記録二』（国立教育政策研究所教育研究情報センター教育図書館所蔵）は、ステパノ小学校の教師から寄せられた実践記録を掲載している。

その記録によれば、ステパノ小学校の在籍児童は二学年二〇名（男子一三名うち白人系一二名・黒人系一名、女子七名うち白人系三名・黒人系三名・インド系一名）、一学年一八名（男子七名うち白人系六名・不明一名、女子一一名うち白人系六名・黒人系四名・不明一名）の計三八名で、この子たちは「捨て子にされた子、放浪の旅を母子ともに続けなければならなかった子、生計にあえぎつつ断食を強いられた子、栄養失調で正常な発育ができなかった子、憎らしさのあまり殺されかかった子、しらみだらけの子、母親が精神異常者となってしまった子」など、「ふつうの小学校に通っている混血たちよりも、もっともっと苦しい乳幼児時代」を経験しており、まさにエリザベスサンダースホームに救

図1　幼稚園での遊戯の様子（澤田美喜『混血児の母—エリザベス・サンダース・ホーム—』毎日新聞社，1953年）

われた子たちだった。

充実した設備の学び舎での自治と協働の仲間づくり

ホームで育ったそのような子たちがステパノ小学校に入学したわけだが、同小の教育環境は「教室三、工作室一、教員室一

図2　小・中学校修学旅行での岩手県小岩井農場農業体験（『ELIZABETH SAUNDERS HOME』寄付を募るための海外向けパンフレット，1961年，聖ステパノ学園所蔵）

と現在五室より成立し、総て一級二十名、一学年一級の定員規格」で、「児童の発達段階に応じて、天井の高さ、色彩、戸棚など、設計されたものであり、特にカラー、コンディションの上から苦労して作られ」、「ホーム内だけの生活をしている児童たちにとって、日々単調に流れやすい気分を防ぐために、変化に富んだ」学び舎にしようと「廊下を階段状にしたり、遊び場としての廊下をくふうしたり、また野外学習のための芝生の庭を各教室に付属させ」るといった、かなり恵まれたものであった。そうした教育環境のもとの学級経営では「どこまでも個人指導に力を注」ぐことが重要とされ、教師は「教科担任」的な教師ではなく「家庭的な関係」に配慮した「児童の話し相手」と位置づけられていた。その結果、育った子どもたちの「良い面」がこう紹介されている。

芸術的な要素を多く有し、白人系、黒人系ともに非常に美しい色彩感覚を持って独創的な絵を画く。白人系はピンク、みず色、うすみどり、むらさきなど中間色が好き。黒人系は黒赤黄など原色好きで、色感が強い刺戟性を持っている。手先きの仕事が器用で、粘土、木工、刺繍のようなものが好きである。音感に優れ、合唱がよくハーモニーする。合奏も好む。（中略）黒人系男子はリズミカルな面が目立ちすぐ踊り出す。自分の感情を隠すことなく率直に表現し教師に遠慮感を全然持たない。学校内の友人について白人系、黒人系が相対立して争う事はまったくない。

低学年ということもあり、個に応じた感性や能力の伸長を主に芸術教育によって目指している。混血児に固有な可能性の開花を企図する人格主義の教育であり、それは合唱や合奏を用いた自治と協働の仲間づくりの教育として人種の序列を乗り越えようとしていた。

芸術教育から技能教育へ

澤田は、最上級生が幼稚園の年長の時点（一九五二年度）に、すでに技能教育の重要性を考えていた。その子たちのために、彼女は一九五三年刊行の『混血児の母』でこう説いている。「不道徳の極印」を押された混血児たち、特

ミシン(洋裁技能)

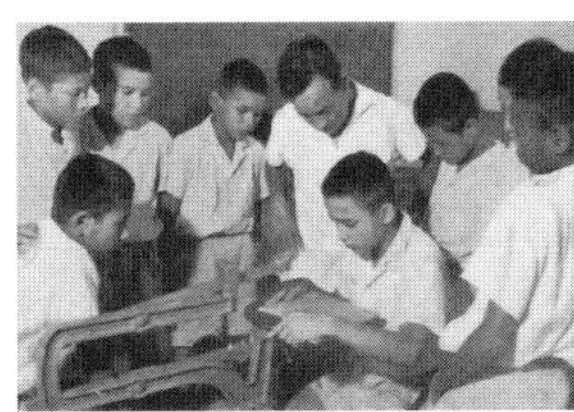
木工(加工技能)

絵画(芸術技能)

顕微鏡(化学技能)

人形づくり(手芸技能)

音楽(芸術技能)

図3 ステパノ学園の"Vocational Training"「技能教育」の様子(『ELIZABETH SAUNDERS HOME』寄付を募るための海外向けパンフレット, 1961年, 聖ステパノ学園所蔵)

に黒人系の混血児たちが差別の「はげししい社会に放り出される」前に、何らかの技能を身につけさせて、それを将来社会で生き抜くうえでの手立てにしたいと。

澤田が危惧するのは、敗戦の劣等感やそれと表裏一体の差別、あるいは人種的偏見など、さまざまな抑圧に溢れる日本社会で混血児たちが自ら職を得て生き抜くには大きな困難が伴うということであり、彼女は誰よりもそのことを知っていた。そうした危惧は混血児たちが就職時期にさしかかった一九六〇年代前半以降現実のものとなる。ステパノ小学校で芸術教育を重視しているのは、将来の労働を見据えての技能教育の一環であり、それは一九五九年四月開校のステパノ中学校で図3のように具体化していく。

おわりに

ステパノ中学校では、小学校での自治と協働の仲間づくりの教育を軸としながら、芸術教育と技能教育を重視していく。高度経済成長下の同中学校では、芸術的学び(絵画や音楽)と実業的学び(ミシンや木工)を表裏一体のものととらえ、人間性と技術力の両方をあわせ持つことが重要であるという教育理念が、混血児たちの教育を受ける権利の基調として存在していた。こうして学園出身の多くの混血児たちが高度成長の喧騒を生き抜いていく。

今後の研究の展望としては、聖ステパノ学園の卒業生たちのオーラルヒストリーを集めながら、当事者たちの思いを世に問うていきたいと考えている。

なお、本章の内容が、拙著『「混血児」の戦後史』（青弓社、二〇一八年）の内容の一部と重複することについて、快くお許しくださった青弓社に記して感謝申し上げる。

参考文献

太田典礼『反骨医師の人生』現代評論社、一九八〇年
上田誠二ほか『大磯町史 通史編近現代』大磯町、二〇〇八年
上田誠二『「混血児」の戦後史』青弓社、二〇一八年
上坪　隆『昭和史の記録 水子の譜―引揚孤児と犯された女たちの記録―』現代史出版会、一九七九年
澤田美喜「混血児とともに」教育技術連盟編集『教育技術 臨時増刊 脱皮する日本教育』一九五二年九月
澤田美喜『混血児の母―エリザベス・サンダース・ホーム―』毎日新聞社、一九五三年a
澤田美喜「入学期を迎へた混血児」『ニューエイジ』毎日新聞社、一九五三年三月b
澤田美喜『子供たちは七つの海を越えた―エリザベス・サンダース・ホーム―』日本テレビ放送網、一九七九年
下地ローレンス吉孝『「混血」と「日本人」―ハーフ・ダブル・ミックスの社会史―』青土社、二〇一八年
聖ステパノ学園『聖ステパノ学園はいま』二〇〇三年
高崎節子『混血児』同光社磯部書房、一九五二年
武田繁太郎『沈黙の四十年―引き揚げ女性強制中絶の記録―』中央公論社、一九八五年

平井和子『日本占領とジェンダー―米軍・売買春と日本女性たち―』有志舎、二〇一四年
松原洋子「日本―戦後の優生保護法という名の断種法―」米本昌平ほか『優生学と人間社会―生命科学の世紀はどこへ向かうのか―』講談社、二〇〇〇年

第五章　舵子問題と戦争孤児

水野喜代志

はじめに

「舵子（かじこ）」とは、一般的には聞き慣れない名称であろう。私は、それを戦前の雑誌に掲載されていた論文のなかではじめて知った。「舵子」は「楫子」とも「梶子」とも書かれるが、本章ではもともとの意味から考えて「舵子」の名称に統一した。ただ引用した文献などの漢字は文献のまま使用している。

本章では、まず舵子とはどういうものなのか、何が問題だったのかなどを述べてみたい。特に愛媛県下の舵子について述べる。さらにこの舵子の存在を世に知らしめた山口県周防大島（すおうおおしま）の情島（なさけじま）で起こった舵子事件についてふれておきたい。舵子についての資料は少ないが、文芸などで取り上げられているいくつかの作品を紹介しながら、この舵子問題を読者の皆さんと一緒に考えてみたいと思う。そして最後のまとめに、この問題にとりくんでの感想を述べておきたい。

愛媛県下の舵子について取材していくなかで、児童虐待と結びついているためか、舵子についてふれると口をつぐむ人もいる。「何のために舵子について調べているのか」という質問もよく聞かれた。舵子を知っている人も八十歳前後の高齢者に限られている。極めて地域性の高い特異な歴史的問題でもある。しかもその地域においてさえ舵子についての情報は極めて少ない。世間ではもう舵子の存在は絶えているものといってもいいだろう。しかし、家族やコミュニティのあり方、時として今日話題となる児童虐待などを考えると、この問題は過去のことだと捨て去ってよいということでもない。ただ、どんな虐待を受けたのか詳細に調べあげるということではなく、歴史のなかで起こった事実は事実として冷静に受け止めると同時に、現代という時代の課題を歴史のなかでみつけてゆくミッション（使命）こそ大切なのではないかと私は考えている。

一　舵子とは何か

舵子とは、一艘の船で主に一本釣り・猎（長い柄の先に数本に分かれたとがった鉄の金具を付けた漁具のこと）・延縄などの漁業を行う際に必要な人である。一本釣りの場合、釣り糸を垂らし魚を獲るための者と、船が流されないように上手に船の櫓を操る者の二人一組の共同作業が求められる。そのとき舵をとる役割をする者を舵子と呼んでいる。老人が櫓を漕ぐ担当になれば、その老人が舵子とも呼ばれる。また漁師が自身の子どもに櫓を漕ぐ役割を担わせる場合もあるが、それも舵子と呼んでいる。要は、船の櫓を効率よく漕いで漁業が遂行できる状態をつくりだす人を指す言葉といえばよいだろう。ところがその役割を担ったのは、ほとんどが親元を離れた少年や孤児となった少年たちだったことが大きな問題を引き起こす。島の多い瀬戸内海の漁場は、潮の流れが早く危険な場所でもある。その潮流に船を浮かべ一日中漕ぎ続ける力は、一〇代の子どもにとってはかなり重労働である。

島によっては畑も少なく、漁業だけで暮らしを成り立たせている人々も多い。幸い瀬戸内海は鯛やメバルなど魚の種類も豊富であるが、生活の糧である漁の増減はその家族にとっては死活問題ともいえる。いきおい舵子の責任は大きくなる。羽振りのよいときはお金の実入りもいいが、海に出られなくなったり、魚が獲れなくなると収入の道は閉ざされる。生活の糧を漁だけに頼るのは限界もみえやすい。農業とは趣の異なる漁業の生活基盤について改めて考えさせられる。

後にふれる情島の舵子は、江戸時代の後期に伊予の国から貧しい子どもを買ったり、貰い受けしたりして漁業に就かせる風習としてこの舵子制度が長く行われていたものといわれている。その辺の事情については記録もないようなので、今のところ立証することは難しい。しかし、山深い村で家族が明日の米さえ間に合うかどうかわからない餓えの不安が毎日頭をよぎる暮らしのなかで、子どもの将来を誰かにゆだねることは、残された家族が生きるギリギリの選択として考えれば、わからない話ではない。

山口県周防大島の情島の舵子の供給源であった伊予の国にも、実は舵子はいた。どちらが先に舵子を使ったのかは知る由もないが、貧困にあえぐ暮らしのなかで、舵子とは行き場のない少年たちの物語といえそうである。

二　愛媛の舵子たち

戦前にみる舵子の実像

冒頭で述べた舵子を知るきっかけとなった論文とは『愛媛社会事業』（一九三五年一二月一号発行）の一二月号に掲載された県庁職員（県社会課松原）の論文であるが、以下にその主旨をまとめてみた（原文からの引用は、旧仮名遣いを現代仮名遣いに訂正）。

松原は、その論文「本県の所謂（いわゆる）『舵子』について」のなかで、受持教師が、売られた舵子をお金を出してその境遇から連れ戻したり、父親の遺言で子どもが舵子に売られていた事実を知り、親戚が連れ帰ったりした巷（ちまた）の話を美談と

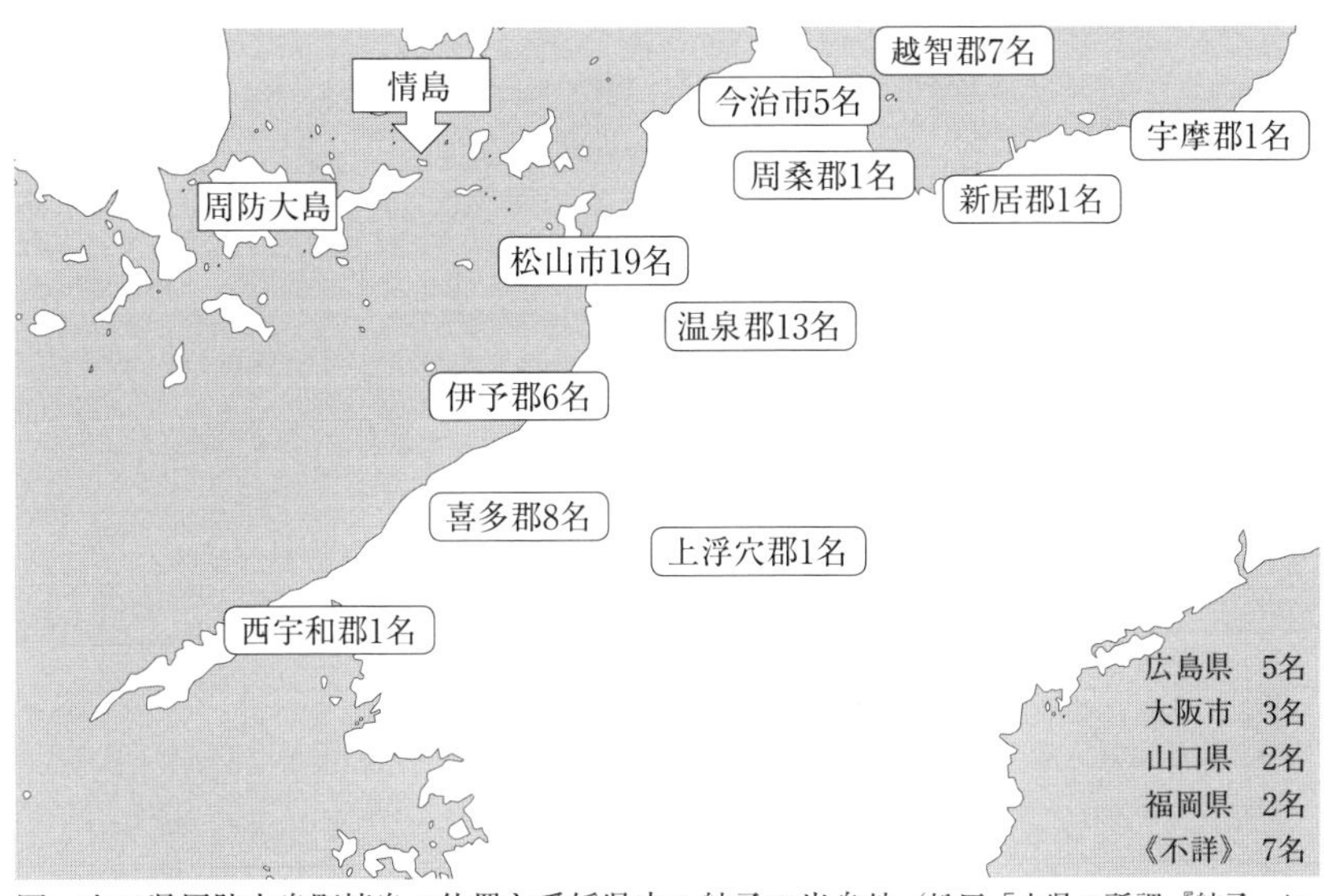

図　山口県周防大島町情島の位置と愛媛県内の舵子の出身地（松原「本県の所謂『舵子』について」『愛媛社会事業』1935年12月号をもとに作成）
新居郡は現在はなく，西条市と新居浜市の一部になっている．

して紹介している。当時世間ではしばしば聞かれた言葉だったのだろう。

また、松原は、舵子となった原因を以下の六点にまとめている。①生家貧困なるため（大部分）、②孤児となりたるため、③継父母の邪魔者扱いに遇いたるもの、④実父母あるも低能にて厄介視されたるもの、⑤盗癖その他不良性あるため、⑥私生児なるため（世を憚る処分方法としてなされたるもの）。さらに、温泉郡新浜村には五一名、今治市大浜には三一名の舵子がいる。その合計八二名の調査の結果、彼らの出身地を地図に落とした（図参照）。

ところで、この論文で松原が舵子の問題点を以下の四点に集約している。

①教育上の問題としては、義務教育を終えていない者がほとんどであること。勉強の機会を奪われることは、自立の概念にも影響を与える。学校で学ぶ機会もなく自立的観念が乏しい舵子は、五〇歳になっても舵子をやっている者がいる。年季明けで帰郷しても再び「舵子」への道に戻って来るこ

ともある。

②保健衛生上の問題として、発達途上の少年が船を漕ぐのに胸部は鍛えられるが、歩行をしない脚部の発育不全が認められること。この偏重な体格では、質実剛健が求められる徴兵検査に合格できない。

③一四歳未満の者（義務教育終了者は一二歳）は舵子業務を禁止すべきだが、急激な変化は舵子に頼らざるを得ない漁村の窮乏を深刻化させることになり、社会政策上の問題として、経済的貧困の悪結果を招くこと。

④舵子がおかれた環境が不幸になる危惧がある。「舵子への虐待や折檻（せっかん）については往々にして之を耳にしないでもないが、能力も低いし悪癖もある者も多いので、粗暴気荒（そぼうきあら）なる漁民の常としてある程度は黙認せねばならない」。

と述べている。行政の立場から舵子の境遇への危惧を指摘はしているが、是正しようという視点は弱い。

舵子は大変弱い立場に置かれている。近代の資本主義が発展していても辺境の地や第一次産業の下層には、このような封建的で不安定な位置にあえぐ少年たちが、社会から逸脱し、個々、または一群となって存在していたことを忘れてはいけないだろう。

今治市（大浜）・松山市（新浜）の舵子の話

ところで愛媛県今治市大浜で自身が舵子であった方（Y・Hさん）のお話を聞く機会があり、少しそのことについて述べておきたい。調査時その男性は七六歳で現在も漁師を営んでおられる。

舵子というのは、一艘の船で船の操縦をする子どものことなんよ。だから糸を垂らして魚を釣り上げる役の者とその船が潮に流されないように舵を取る役の者がいる。それは子どもがやってたんよ。私が知っている限り、今治の大浜の舵子で虐待されたということは聞いたことがないな。もっとも今治では血のつながった親子で魚を獲っていたから、舵子として虐待することはなかったんだと思うわ。わしも舵子じゃが、親子で舟に乗っていたけん、折檻や虐待などはなかったね。しかし松山の高浜から、虐待に耐え切れず大浜に逃げてきた舵子が二～三人いることは聞いたことはあるわい。「かじこぼんこ」という言葉を聞いたことがある。舵子にゆくのは、一人前ではなく半人前とみられていた。そこで鍛えられて一人前になるのだという意味じゃろね。

Y・Hさんの同僚の方は、「舵子なんて久しぶりに聞いたのぅ。懐かしい言葉じゃ」といっていたらしい。それほど遠い昔の話なのである。舵子は漁業生活が前提なので、それらに関する情報はその関係者に絞られてくる。

松山市新浜（高浜より南側に新浜が隣接する。苅屋は新浜の旧称である）の舵子の場合はどうだったのだろうか。

次の文章は、濱本幸紀さん（松山市在住）からお聞きした、松山での舵子についてのお話の要約である。

　私は昭和一五年生まれで、現在八〇歳です。高浜町四丁目に住んでいます。私の家は、祖父が漁師、父が魚屋、私が地方公務員、私の息子が医者をやっています。舵子の話は、私の祖父の代です。漁師は祖父だけがやっていました。私が小学校にあがる前に、家に舵子が一人いました。何か悪いことをしたのでしょうか、家の裏に祠があり、殴られたような感じで橙の木に括られていたのを覚えています。ほかにも筵の上で寝ていた二〇歳ぐらいの人もいましたね。舵子は小学校も満足に出ていないので、読み書きができない者が多かった。結婚した舵子もいましたが、三人ぐらい自分で船をもって漁をしていたものもいましたよ。大きな船をもって、漁をした人もいました。漁は時化の時にも出ていきましたね。その人も一〇年ばかし前にこの世を去りました。高浜の舵子は「一本釣り」とエビコギといわれる「底引き網」が多かった。魚の獲れる場所というものがあるのだが、漁師が指摘するそのポイントに舵子は船を近づけないといけない。現在の高浜は、昔は苅屋と呼んでいた。高浜は、六丁目、五丁目……一丁目と続いているのじゃが、三丁目に一〇人ぐらい舵子がいた。私がものごころついたころには彼らは成人になっていた。一軒に三人ぐらい舵子がいたように思う。舵子は外から貰われて来た子が多かった。その子らは、親の名前を捨て、親戚との関係も断ち切って連れて来られたようだ。それは家族の食い扶持を減らすためもあるのだろう。戦後は二〇歳過ぎの人もいた。障害のある人も三人ほどいた。そのなかには聾唖者

（聴覚障がい者）もいたね。戦争孤児というのはいなかったように思う。戦争と舵子は直接的な関係はないと思うね。高浜の一部はもともと広島からの船上生活者が仮小屋をつくって住み始めた独特の集落じゃったが、そのころには舵子はいなかった。映画みたいな話だが、雇主の娘と恋仲になった舵子がいてね。雇主が怒って娘を家に閉じこめてしまったんで、舵子が家に放火した事件もあった。

一九五五年ころから舵子になる人はいなかった。戦前からの舵子はいたが、増えることはなかった。成功した舵子も二人ほどいるが、親方にいろいろ相談にのってもらい、知恵を借りたようだ。親方が亡くなってもそのつながりはまったく変わらなかったね。質のよい家庭にいた舵子は、親方や家族を心底生涯にわたり慕っていたね。

また、『部落問題資料』（高市編著、一九七五）に舵子の新聞記事が掲載されていたこともあり、部落問題との関連について尋ねたが、「外から来た舵子がそれに該当するかどうかはわからないが、この辺の地に該当するところはないね」との話だった。外から貰われて来た子が多いということだが、舵子を斡旋する者がいたのではないかという質問に対しては、「そういう人は聞いたことがないね」という言葉が返って来た。

『海南新聞』（一九一四年三月四日付）には、苅屋の舵子が、船で就寝中にモヤが切れ漂流、三日後に発見され救助された記事もある。周防大島と愛媛県の舵子が、夜は船で就寝していたという。

ほんの数例をあげて全体を判断することはできないが、特別の家庭を除いて一般的には舵子といわれる人々の生活環境は厳しいものであったようである。お二人の話を聞いて、今治へ逃げた松山の舵子の話はまったくないとはいい切れない気もする。

三　いわゆる「舵子事件」について

舵子に関連した文芸作品などの紹介前に、周防大島の情島で起きた「舵子事件」について簡単にふれておこう。

舵子事件は、一九四八年七月七日、情島から逃げた二人の少年が乾した豆を盗もうとして久賀（くが）町の警官に保護された事件に発する。何でもないような事件だったが、事情聴取のなかで昨年四月に同島の舵子が虐待され死亡したことが明らかとなった。起訴された漁師は一九五〇年七月一一日、広島高等裁判所で懲役一年の実刑判決を受ける。これが第一次舵子事件のあらましだ。しかしその三年後の一九五一年五月二四日、五名の舵子が虐待に堪えかねて集団脱走する事件が起こる。彼らは広島への脱走中鉄道公安官にみつかり、徳山（とくやま）児童相談所に送致された。これが第二次舵子事件の概要である。これらの題材をもとに、小説やラジオ番組がつくられたり、後に述べる映画にもなった。社会的に大きな影響を与えた事件なのである。

取材過程での漁民の会話の引用や作品の描き方で、情島は人身売買の暗いイメージの島として世に映し出された。今でも島民たちは、この事件には口を固く閉ざしているといわれている（加登田、二〇〇九）。「舵子事件」については、周防大島出身の民俗学者宮本常一がいろいろな著作でもふれている。

彼は一貫して島民への理解ある立場を堅持する。藤野豊も著書の出版動機に、舵子を人身売買ととらえ「人身売買を黙認し、刑罰で取り締まることにきわめて消極的な国家の姿勢」（藤野、二〇一二）を重視したと述べ、戦後民主主義への問題提起をしている。

映画「怒りの孤島」（監督 久松静児、原作・脚本 水木洋子、一九五八年）の評論から

私は、映画『怒りの孤島』（水木、一九五七）を残念ながら今までにみる機会がなかった。児童が虐待されるシーンは、映画を鑑賞した人の胸に「恐ろしい」印象を残している。文部省推薦の映画ということなので、学校などでも上映されたものと思われる。シナリオを読んだだけなので、軽々しい映画評論はできないという自覚は持っているつもりである。しかし表現者たちが舵子をどうみていたのか、どう考えていたのかは取り上げてもよいだろう。

評論家でもある野間宏は映画評論「『怒りの孤島』について」で、映画の積極性と限界を指摘する。おとなは誰一人子どもの内面に眼をやらない人々と彼の眼には映る。野間は主人公の鉄少年の行動を注視し、死んだ友人を怒りと一緒に背負って歩く彼の姿に共感する。しかし、警察や労働基準監督署の職員が社会への怒りを感じないもどかしさを嘆く。「カメラは少年のなかにある矛盾をとことんまで見詰めようとしてどこまでも動きながら、これらのなかにある矛盾の前で動きをとめてしまい勝ち」（野間、一九五七）と述べ、映画が描く舵子に同情を寄せながら、怒りが社会化されないことに映画の限界を感じている。おとなの世界と鉄少年の世界のギャップをみせろとも要求する。またこの映画を機会に「社会のなかにある少年の問題に深くはいって」（野間、一九五七）と監督への期待や注文も忘れていない。

映画『怒りの孤島』のシナリオに、広島保護園の庭で園長が、情島（映画では「愛島（いとしじま）」と称する）へ出発する五名の舵子に対して次のように語る場面がある。

「い、か、みんなはこれから大自然の中で、思う存分、のびのびと働けるんだ。海は広い。そして愛島の漁師のおじさん方が、みんなを一人前に仕込んで下さるんだ。みんなは一軒毎に各家庭に別れてそこの家族同様に育てゝ下さる。いわば里子も同様だ。こんな仕合せなことはないね」「日頃、先生の云っていることをよく守って、さすがは広島保護園の少年達だ。い丶子達だと、一人残らず可愛がられる子になって貰いたい」（水木、一九五七）。

このセリフは、まるで修学旅行かキャンプ場かで訓示する先生の言葉のような響きである。この島に送られる子どもたちは、これから舵子となって働く過酷な現実の「社会」を知らない。島に上陸したときから、広島の保護園の空疎な激励の言葉とは断絶する。少年たちは小さな期待も夢も喪失してゆき、封建的な身分制度のなかに投げ入れられてゆく。自らの命をぎりぎりまで使い果たし、生きてゆかねばならない鉄少年たち。この論評は、鉄少年の言動を通して、映画の積極的な面と限界を論じているのである。

小説のなかの舵子たち

〔吉村昭著『鯛の島』（一九八一年）とGHQ（連合国軍最高司令官総司令部）〕

吉村はこの作品で舵子を取り上げている。特にGHQの視点が挿入されている点が印象深い。日本が占領期の特殊な状況下におかれているとき、国民が連合国の政策を納得し、受け入れることは重要なテーマであった。「正義の味方」として、連合国は今までの支配体制とは異質な民主主義国家へ日本国民を指導する。そのときに「舵子事件」は占領政策にとって、格好の題材を提供したのだというのである。新聞記者の「うまく利用されたんだ」という言葉を、ある男の言葉として作品のなかで語らせる。この視点は卓越している。

実は日本独特の風土のなかに潜む問題も、GHQはそれなりに把握している。「不本意な隷属や労働酷使から少数者を、法的及び行政的に保護する必要性を重視する。児童の境遇の中で、売買されたり年期奉公に出された児童、あるいは貰い子などに、隷属や労働酷使がみられる」（社会福祉研究所、一九七八）。また、戦争孤児の対応に里親制度を適応しようという意図を占領軍は持っていたが、里親に対しても油断するなといっている。

「民主化」を推し進めるには、良心的な人間・愛護精神を持つ人たちの惹起を起こすための児童虐待の判例が欲しいところである。占領軍の民主化政策は、非合理で無鉄砲な戦争相手であった日本人の精神構造の変化を期待していたのである。舵子事件を担当したGHQには、貧しい島民の事情を汲む時間などはおそらくなかったろう。彼らの文化水準は低く、封建的因習に縛られている孤島の住民としてしか、目に映ってはいなかったはずである。

さらに戦争孤児の描写も秀逸である。郵便物配達員の清作の目をとおして、次のように述べている。

　都市の駅の周辺にいる戦災孤児たちを「楫子に使う気はないか」との提案に、人手不足に困っている漁師たちが手を上げた。戦争の被害者の子どもたちを救済するという意義もある。一石二鳥である。やがて四人の戦災孤児たちが連れて来られた。しかし港にきた孤児たちの異様な姿に清作は驚く。素足で、顔や手足は黒く、髪はのび放題の風貌であった。その容姿には漁民たちも驚く。漁師やおかみさんたちの接待でお風呂に入れ、食べ物を提供する。孤児たちはやっと人間らしい生活に触れることが出来たのだ。一息入れた後、いよいよ櫓の漕ぎ方の練習だ。手を添えて櫓のこぎ方を教えたり、足の位置を教えたり、姿勢を調えさせる。だが孤児の中で最も小柄な少年は呑み込みが悪かった。三〇分ほどして一人の少年が櫓を投げ、船底に寝転んで拒否の態度に出た。他の子どもたちも同調して同じ態度をとった。腰をけっても、手をつかんでも、彼らの拒否の姿勢は変わらない。

「あんな子どもたちじゃ、楫子には使えんよ」「あの子供たちは、子供じゃないよ。体は小さくとも始末に負えん大人のようじゃ」と漁師は思い、少年たちの引き取りを拒んだのである。

「あの子供たちは、おれたちの想像もつかんような生き方をしてきよったんじゃ。長い目でみて、温かく遇してやらないけん」との区長の言葉もあったが、少年たちは小石を投げたり、鶏を盗んだりして漁民は結局、彼らの楫子への訓練に匙を投げるのである。「穏便に島から去る」ことを念じ、干物など渡して、区長一人が島から彼らを見送るところでこの小説は終わっている。

人に指図されることを嫌い、仲間を身内のように大切にする特別な関係が、戦争孤児たちの壮絶な生活体験のなかですでにできあがっていたのである。忍耐強く素直な「伊予っ子」とはまったく異なった資質の彼らは、揖子になり損ねた少年たちでもあった。

〔本庄しげ子著『人身売買―売られゆく子供たち―』（一九五四年）の梶子の叫び〕

この小説では、情島は「忍島」と称している。「少年を買う島」の章は、一九四四年に下関から家出をして大阪の空襲警報下をうろついていたときに声をかけられこの島にやって来た、当時一三歳の少年に聞いた話から始まる。続いて「親のない少年」の章で、終戦前は貧しい近海の漁村の子どもが前借金で売られて来ていたことが紹介される。一九四八～四九年ごろまではこの伝統が続いていたが、そのころから前借金のいらない孤児や浮浪児に切り替えられた。あふれるばかりに増え続ける収容児の善後策にほとほと困っている孤児院の院長に、「孤児の引き取りを堂々と申し出て、ただで貰い受けてくる」（本庄、一九五四）漁村の雇用主、施設と雇用主とが持ちつもたれつの関係であったことを示している。

また「逃亡」の章には、ある日体調が悪い赤ちゃんを医者に診せるため、おかみさんと一緒に母島へゆく場面が出てくる。そのために、親方は梶子に船を任せる。家の人に期待されている自分の存在を自覚し、この島に来て人に信頼される喜びは、初めての体験であった。受診の帰り、少年が犬を拾う話が出てくる。自分になつく犬を隠して連れて帰るが、親方にみつかり子犬は海へ捨てられてしまう。梶子にとって犬は、自分の存在を確かめられる肯定的な愛の発生であった。親方家族にバカにされ、誰にも信頼されない日常のなかで、犬は自分を信じてくれる唯一の存在でもあった。捨てられそうになる犬を必死で守ろうと哀願する場面は、読んでいて胸が痛い。梶子同士が浜辺で、お互いの身の上話を語り合うところにも同情を感じるが、犬を飼いたい気持ちは少年なら誰でも持つのではないだろうか。しかしその希望さえ、犬の処分で絶望に変わる。この場面が心に残るのは、人間はどんな境遇におかれても心を呼び覚ますものに出会うと、素直に心を開き、人間らしさに目覚めていくことを思い出させるからである。自分の内部に発見できる憧憬（どうけい）は、その後の自立へもつながる可能性を引き出すことがある。犬の存在はその役目を持っていたのかもしれない。

小説などの文芸を歴史的な記録として認めない人もいるかもしれないが、著者は大変重要な当事者の思いを語る表現方法だと思っている。著者の表現能力や価値観にもよるが、事実を述べている限り歴史の真実を伝えるものだと思っている。ハンセン病文学やプロレタリア文学などは当事者の思いへの接近や人々に共感能力を惹起する重要な手段である。当事者が自己を語るための方法を持っていない場合、その声の代弁者がいないと当事者の一人ひとりの思いや考えは世の中に残らないことになってしまうからである。

老婆が語る情島事情

藤原十重さん（松山市在住、九一歳）から情島の舵子について貴重なお話を聞かせていただいたので、この章の最後にそのお話の要約を述べたい。

舵子事件で亡くなったのは、松山市樽味町出身の三兄弟の一番末の子どもやった。浜で三人が座ってよく泣いていたのを覚えている。松山から売りに来られていた。年季のある者は年季が終われば地元へ帰れた。情島では、「かじこ」（舵子）と呼ばず、「いよご」（伊予っ子）といいよった。

戦後は広島の孤児が多かったね。そのなかに利口な子がいてな。舵子事件となる虐待死を久賀町に訴えたんじゃあ。私が小学生のころの話じゃ。親方が幼い子どもに、「おさえ」「ひけ」（船の操作の手順）といってもわからない子どもがいる。それで親方は怒る。物を食べさせない。ダンベ（魚の餌入れ）に入れられると、そこから手を出して何でも食べようとする。私は学校に行くたびに「かわいそうに」と思っとった。井戸の上にダンベを置いていたが、そのうちにその子はそのなかで死んでしもうた。

久賀には進駐軍がいっぱいいた。その子たちが進駐軍に訴えた。情島が沈みそうなくらいいろんな人がやって来た。舵子は家のなかに寝させず、船のなかで寝らせていた。舵子はお腹を空かせていたので、舵子が泥棒に入るのをとがめて隣のおっさんは、舵子の手を縛って玄関に吊るして青松葉でいぶしていたことがある。私は興味があったのでのぞこうとしたが、親から「かわいそうな、見るな」といわれてね。子だくさんの家では、舵子まで食料は充分にまわってこないんだろうね。

「カズ」と呼んでいた子どもは大きくなって、呉でやくざの親分になっていた。舵子は、字もよう書かない、何もできなん子が多かった。舵子が三人ぐらいいた家もあった。よいところの家の舵子は大事にされていた。その家では自分の子どもと同じように扱い、家のなかで寝ていた。漁師の親分は無知な人が多いんじゃ。村の戸数は一〇〇軒ほどあったが、みなほとんど漁師だった。獲った魚は儲けがあった。七年の年季を終えて自分で漁師を始めた舵子もいた。舵子からあがった人だが、家はなく船での生活だった。五人ぐらい子どもを持つ舵子もいたね。船はね、前部に引き戸があって小さな部屋になっていた。そこで寝てるんじゃ。雨の日はかわいそうじゃったね。

舵子を斡旋するおばさんが、浜に座って煙草をプカプカふかしている姿を見たことがある。雨の日は漁も休みだし、おばさんが納屋（なや）にいる舵子たちにビスケットをくれたこともある。昔はよく「サーカスに売るぞ」とか「舵子に売るぞ」とか脅されていた。サーカスはわかるが、舵子って何だろうと思っていた。ノブちゃんのお父さんは舵子あがりだが、やはり家がなかった。

私の父は釣りがへたで魚釣りができんかった。八〜一〇貫とらないと商売にならない「くろぶね」は福岡から岸和田（きしわだ）まで石炭を運ぶ船なんじゃ。帆の先には、私の家の紋が入った旗をなびかせていた。父は、この船に乗った。戦争が迫ってきて、「くろぶね」から巡行船（ポンポン船）に乗った。一九五〇年九月キジア台風が直撃し、高潮で家が流されてね、情島を後にした。それ以降は母の実家のある周防大島の本土へ落ち着いた。

五年ほど前までは情島の波音を電話で聞かせてくれた従妹の嫁さんが、広島の方へ出ていった。島には知り合いもほとんどいなくなった。島には食物はあったが、水には苦労したね。「鬼が島」だ。貧しいところだ。周防大島とは雲泥の差だ。周防大島では、隣の人が無花果（いちじく）をくれたこともある。情島で死んだ舵子のお墓は、ただの石がポンと置かれているだけじゃ。

藤原十重さんの母親は、情島には「やさしさ」がない、根性が悪いといっていたそうである。自分の家が流されたとき、他人がまず鍋・釜を拾って持って帰ったという。なお、十重さんのお母さんが周防大島出身で、お父さんが情島出身ということだった。

『海南新聞』（一九一四年二月一七日付）には新浜苅屋出身の舵子（一一歳）が、周防大島の油田（ゆだ）村で虐待を受け郷里で治療中とある。ほかにも数例をあげ、「情島付近にはこのような暴状はめずらしくない」（高市編著、一九七五）と記事が掲載されている。悪習の存在は昔からあったものと思われる。

おわりに

文中でもふれたが、宮本常一と藤野豊の「舵子事件」あるいは「舵子」についての主張を参考に、人権尊重の観点からこれからの地域の経済と民主主義をどうつくりあげるかというテーマで議論を深めてゆくことは、日本の抱えている今日的な児童虐待問題などの課題にも応えてゆくものだと思える。戦前には少年たちを保護する法律はなかったのかとの疑問もあるだろうが、少年院法（一九二二年）、工業労働者最低年令法（一九二三年）、救護法（一九二九年）、児童虐待防止法（一九三三年）、母子保護法（一九三七年）などはあったが、いずれも不幸な少年を保護するには十分な内容ではなかった（社会福祉研究所、一九七八）。

私は長く社会福祉に関心を持ってきた者だが、常に戒めていることがある。それは問題を抱えている人の「問題」は自分とどうかかわっているのかという視点を持つことと、「問題」に対して一面的な見方をせず弁証法の視点で分析するという、この二点である。舵子は人々の記憶のなかでしか存在しない。だからこそ温存されてきた事実をどうとらえるのか、考えなくはならない。貧困のなかで出口のない、激しく厳しい漁業労働の実態にあえぐ少年たちの叫びを封印している。運のよい舵子もいるにはいたが、大多数の舵子の環境は、優しく自分たちを包み込んでくれる空間ではなかった。子どものない家やまだ余裕のある裕福な家に貰われていった舵子にくらべて、子どもがいて貧しい家に貰われていった舵子は辛い立場に置かれる。どこにも身の置き場のない少年が、過酷な労働に対して同じ境遇の少年たちからの慰めの言葉以外に、誰からも慰めの言葉をかけられない時代を何と表現すればよいのだろうか。子どもの隣にいるおとなは、言葉にならない子どもの心の声に耳を傾ける努力を決して忘れてはならない。考え続けていかねばならない課題である。

この舵子の情報を得るために、当事者の方や関係者の方々からたくさんのご教示やご協力をいただいた。なかでも矢野達雄（元広島修道大学教授）には、舵子について何冊かの本を紹介していただき研究を深めることができた。その他にも御協力いただいた方々に改めて感謝を申しあげたい。

参考文献

加登田恵子「〈児童福祉法体制〉受容のプロセス―舵子事件をめぐって―」『山口県立大学社会福祉学部紀要』一五、二〇〇九年
金澤嘉一『一枚の卒業証書』あすなろ書房、一九七七年
社会福祉研究所『占領期における社会福祉資料に関する研究報告書』一九七八年
高市光男編著『愛媛近代部落問題資料　上』近代史文庫大阪研究会、一九七五年
野間　宏「『怒りの孤島』について」一九五七年一二月『野間宏全集　第一七巻』筑摩書房、一九七〇年に収録
藤野　豊『戦後日本の人身売買』大月書店、二〇一二年
藤野豊編『戦後初期人身売買／子ども労働問題資料集成　第六巻』六花出版、二〇一二年
本庄しげ子『人身売買―売られゆく子供たち―』同光社、一九五四年
水木洋子『怒りの孤島』日映株式会社宣伝部、一九五七年（「制作者のことば（専務　曽我正史）」藤野豊・石原剛志編・解説『戦後初期人身売買／子ども労働問題資料集成　第五巻』六花出版、二〇一四年に収録より引用）
水野喜代志「『舵子』の資料と研究方向」『えひめ近代史研究』七〇、二〇一六年

宮本常一『私の日本地図九 瀬戸内海Ⅲ 周防大島』未来社、二〇〇八年
宮本常一『宮本常一離島論集 第一巻—怒りの孤島に生きる人々—』二〇〇九年
宮本常一『忘れられた子どもたち』八坂書房、二〇一五年
宮本常一・山本周五郎・楫西光速・山代巴『日本残酷物語二』平凡社、一九六〇年
矢野達雄『法と地域と歴史と』創風社出版、二〇〇四年
吉村　昭「鯛の島」『新潮』一九八一年九月号（『脱出』新潮社、一九八二年に収録）

Ⅲ部　孤児問題研究をすすめるために

第一章　戦争孤児を生みだしたアジア・太平洋戦争

平井美津子

はじめに

日中戦争真っ最中の一九四〇年。子どもたちはどんな教育を受けていたのだろう（現代的観点からは不適切な語句があるが、史料の記載を重視しそのまま引用する）。

（問）平和を愛する我が国がなぜ戦争をしているのですか。

（答）支那国民政府は我が国がかねてから東洋平和を主義として尽くしているその真意を解せず、排日抗日をとなえ最近はロシアの共産主義をいれて我が国にたびたび無礼をしたのでその誤れる考えを再三再四反省させたが少しも聞き入れないばかりか我が国に戦を仕掛け東洋平和を乱したからです。

（問）あなたは支那人に対してどんな心持ですか。

（答）僕らは支那人を導いて正しい道を教えなければならない先生です。それにはまず仲よくして互いに手を握って防共に心を尽くさなければならないという心持でいます。（中略）

（問）あなたは支那の子どもに対してどんな気持ちを持っていますか。

（答）気の毒だなあと思います。

（問）どのようにしたいと思いますか。

（答）互いに仲よくして早く新支那の建設に加わりたいと思います。

（問）あなたは今の支那の子どもたちに比べてどんな点が幸福だと思いますか。

（問）万世一系の天皇をいただいて我が子のようなお情けをいただいております。そうして又、国民も御親と仰ぎ奉っています。また、支那の子どものように毎日働かなくても、かまわないので一生懸命勉強をしていればよいのです。


これは、大阪市港区市岡第三小学校六年生に行われた国史の試験で満点をとった生徒の解答である（『大阪の歴史教育』四、一九七二年）。当時の子どもたちは日本の戦争を聖戦だと学校で教え込まれていた。このような教育を受けた少なくない子どもたちが戦争によって孤児となっていった。多くの孤児を生みだしたアジア・太平洋戦争とはどんなものだったのだろう。その前史からひも解いていきたい。

一　アジア・太平洋戦争前史

日清戦争

明治維新を成し遂げた新政府は欧米諸国をモデルに法制度をはじめとする国内体制づくりを進める一方で、近代的な軍事制度のもとに対外的な膨張を推進していった。

一八七九年には警察官・軍隊を派遣し強硬に沖縄県を設置し琉球処分を行い、一八七五年の江華島（カンファド）事件をきっかけに、翌年朝鮮に日朝修好条規の調印を迫った。この背景にあったのは、ロシアを脅威として、ロシアが朝鮮半島に進出する前に先手をうって朝鮮半島を日本の勢力圏に組み込もうという狙いだった。清は、朝鮮半島への進出を図る日本に対して、朝鮮への内政介入による対抗手段を講じようとした。

一八九四年、朝鮮国内で朝鮮政府に土地制度の拡大などを求めた農民たちが蜂起した（甲午農民戦争）。この農民蜂起を抑えるために朝鮮政府からの要請を受けて出兵した清に続き、日本もすぐに出兵。農民蜂起が収まったにもかかわらず、日本軍は朝鮮王宮に突入して占領し、朝鮮政府に清の支配からの離脱を迫った。王宮占領の二日後、日本軍は清軍に先制攻撃をし、日清戦争が始まった。開戦前から周到な準備をしていた日本軍は、平壌や黄海での戦いに勝利をおさめ、旅順や遼東半島一体を占領。戦いの性格は朝鮮からの清の影響を排除するというものから、清への侵略戦争へと変わっていった。旅順では日本軍が多くの清軍の捕虜や市民を虐殺するという事件を起こし、世界の批判にされらされた。日本軍の清への侵攻の事態に欧米は一斉に戦争をやめるよう干渉し、一八九五年下関条約が結ばれた。日本は朝鮮半島に対する清の影響力を排除し、台湾・澎湖諸島・遼東半島と莫大な賠償金を手に入れた。しかし、ロシア・フランス・ドイツによる三国干渉を迫られた日本は、賠償金の増額で遼東半島を手放すこと認めざるを得なかった。

台湾征服戦争

一八九五年五月、下関条約で日本に領有されることになった台湾では、日本による支配に反対する激しい軍事抵抗が始まった。日本軍は莫大な兵力を投入し制圧したが、この占領戦は五ヵ月にも及んだ。台湾の民衆たちの激しい抵抗に直面した日本軍は、ゲリラの根拠地に集団殺戮と集落の焼き払いを徹底して行っていった。台湾住民約一万四〇〇〇人が犠牲になり、日本軍も一万八四一人の死者を出すことになった（藤村、一九七三）。この数は、日本への抵抗の激しさを示すものである。

台湾征服戦争における日本軍の行動は、日本軍に抵抗する民族は容赦なく掃討し、殲滅するという考え方に基づいていた。台湾の統治では、民族の自治を認めず、日本軍や憲兵、警察などによって徹底した支配を行った。また、台湾の民族の文化や伝統などを一切否定し、天皇の臣民としての「同化」を強制した。台湾征服戦争における形が、この後の日本の朝鮮や占領地の支配に引き継がれていったといえる。

日露戦争

日本は清から獲得した賠償金の多くをロシアと対決するための軍備拡張に使い、軍艦も世界水準の最新鋭のものとし、陸軍を増設、火力も大幅に強化した。

一九〇四年、日露戦争は日本の連合艦隊による旅順港外でのロシア艦隊への先制攻撃から始まった。海戦で主導権を握った日本軍だったが、地上戦では苦戦を強いられた。武器が乏しくなるなか、やみくもに兵士を突撃させ多大な犠牲を出してようやく旅順を攻略したものの、戦争を続行する力はもはや日本軍には残っていなかった。

一方、ロシアも国内で革命が勃発していた。欧米諸国はそれぞれの思惑で講和の勧告・斡旋に乗り出し、アメリカ大統領の仲介でポーツマス条約が一九〇五年に結ばれた。その内容は、賠償金もなく、日本国民からは大いに不満の声があがるものだったが、朝鮮半島の優越権をロシアに認めさせたことにより朝鮮半島への支配権をゆるぎなきものとし、南満洲への影響力を拡大させることとなった。

一〇年をおかずに行われた二度の戦争による被害は甚大なものだった。特に日露戦争は日清戦争に比して、投入された兵力も、戦死者も、戦費もけた違いだった。日露戦争における約八万四〇〇〇人の戦死者には、当然その数に見合う遺族が残されたことは容易に想像できる。一家の大黒柱を

	日清戦争	日露戦争
動員した兵力	24万1000人	108万9000人
戦死者	1万3000人	8万4000人
戦　費	2億円	17億5000万円

図1　日清戦争と日露戦争の比較（『近代日本総合年表』岩波書店より）

戦争で失った女性や幼い子どもが多く残された。

また、日露戦争の激戦地だった奉天(ほうてん)に、日本軍の侵略によって多くの中国人の戦争孤児が生みだされたことも忘れてはならないだろう。南満洲の営口(えいこう)で孤児院を運営していた二人の修道女が奉天でキリスト教孤児院を開いたのは、親を失いさまよう子どもたちを見るに見かねてのことだった。一方、奉天にやってきた日本兵と現地女性との間に生まれ、遺棄される子どもたちを保護する孤児院もあった。戦争に行った兵士の家族のなかで生まれた孤児、戦場になった地域の住民に生まれた孤児、そして戦争に行った兵士の性暴力などによって生まれた孤児もいたのである。これらの孤児院が、アジア・太平洋戦争で日本が敗北するとともに、日本人の孤児をあずかる場所になっていった。

韓国の植民地化

日露戦争中から欧米諸国と相次いで条約を結んだ日本は、自国の朝鮮半島への優越権を獲得していった。一九〇四年、日本は第一次日韓協約によって財政・外交に関する日本人顧問を韓国（当時、朝鮮は大韓帝国と改称し、韓国と呼ばれていた）政府に認めさせ、日露戦争直後の一九〇五年には第二次日韓協約で韓国から外交権を奪い、韓国統監府を設置して、韓国への支配を強めていった。一九〇七年には韓国皇帝を退位させたうえで、第三次日韓協約により軍隊を解散させ司法・警察権も握り、一九一〇年に韓国を日本の植民地とした。

韓国では日清戦争中から始まった義兵闘争がますます盛んになり全土をおおったが、これに対し日本軍は激しい弾圧を加える一方、「同化」主義（植民地住民を日本人にする政策）による支配を徹底した。しかし、「同化」とは名ばかりで、韓国の人々を平等に扱ったわけではなく、大日本帝国憲法も適用されなかった。日本政府は韓国を食料と工業原料の供給地と位置づけ、農民がこれまでつくっていた作物から米・桑・綿の栽培に無理やり切り替えさせ、増産した米を日本へと大量に運び込んだ。このことにより韓国では食糧不足が恒常化し、満洲から雑穀の輸入で補うありさまだった。また、土地調査事業と称して、土地の所有権調査を行い、韓国の人々の土地を取りあげ、日本から入植してきた人々が土地を手にしていった。

韓国を日本が植民地化したことを「韓国併合」と中学や高校の教科書では表現している。そのため、日本が韓国を植民地にしていった実態をみずに、「韓国にとっていいこともしてきた」といった認識を持つ人たちも少なくない。そもそも「韓国併合」という言葉は、日本側が一九一〇年につくった言葉であり、日本の侵略の実態を覆い隠すためのものである。この植民地化のなかで、徴用工問題や「慰安婦」問題が起きたことを忘れてはならないだろう。二〇一八年一〇月に韓国大法院で徴用工問題に対する判決が出され、企業に対し元徴用工への損害賠償を命じた。その判決文で、日本による植民地支配は「不法な植民地支配」だったと指摘している。韓国を植民地にしていた三五年間のみならず、江華島事件にまでさかのぼると七〇年にわたって日本は隣国を侵略し続けたことになる。

第一次世界大戦

一九一四年七月バルカン半島で勃発した事件をきっかけにヨーロッパ全土をおおう規模で第一次世界大戦が始まった。一九一八年一一月までの四年余りにわたって行われたこの戦争は、参戦国が経済力も、軍事力も、国民も、国家のすべてを注ぎ込む総力戦として戦い、その範囲は植民地にも及んだ。日本は日英同盟を理由にドイツに宣戦布告をし、ドイツの拠点があった中国の山東(さんとう)半島や太平洋のドイツ領諸島を占領した。さらに一九一五年にはヨーロッパでの戦線に欧米列強が集中している間隙(かんげき)をついて、中国における利権拡大を図ろうと、中国政府に二十一箇条要求を突きつけた。内容は、山東半島におけるドイツの利権の譲渡、満洲の新たな利権の要求、中国政府に日本人顧問を採用することなどで、日本人顧問以外のほとんどの条件を認めさせた。

また、日本政府は大戦中に起きたロシア革命を妨害しようとイギリス・アメリカ・フランスと共同でシベリアに出兵し、約七万人もの兵力を派遣した。この出兵による日本兵の死者は第一次世界大戦における死者より多く、三〇〇〇人を超えた。日本国内では米騒動が起きるなど、相次ぐ戦争と米価上昇への国民の怒りが爆発した。

大戦後の一九一九年六月に行われたベルサイユ条約では、敗戦国ドイツに莫大な賠償金が課され、すべての植民地を失う一方で、日本は中国と太平洋地域のドイツ権益の継承が認められた。大戦後の平和を求める動きは国際連盟結成へと結実し、四二ヵ国が参加した。

また、軍事費の増大は大国にとっても大きな負担となっていた。一九二一年にアメリカの呼びかけでワシントン会議が開かれ、軍縮による平和維持、中国の主権を尊重することなどが決められた。大戦中に取得した山東半島の利権を中国に返還することを余儀なくされた日本では、日本を封じ込める意図があると、反米論が沸き起こった。日本国内でも軍事費が増大し、職業軍人が増加の一途をたどっていたが、一九三〇年のロンドン海軍軍縮条約により職業軍人の失業や部隊の縮小などが行われ、軍縮への不満がくすぶることになった。

二　アジア・太平洋戦争へ

満洲事変

一九一九年はアジアの民衆にとって大きな画期となった。三月一日には韓国の京城で独立宣言が発表され、各地に広がり一二〇〇回以上のデモが行われた。同年五月四日には北京の天安門（てんあんもん）前に三〇〇〇名を超える学生が集まり、ベルサイユ条約に反対し、二十一箇条要求を認めないというデモが行われ、各地に広がった。中国でのこの民族運動がワシントン会議での山東半島の返還につながったといえる。

一九二七年、中国では、北方の軍閥を打倒し中国統一をめざして行動していた蔣介石（しょうかいせき）率いる中国国民革命軍が、首都を南京として国民政府を樹立した。日本はこの動きに対して、山東出兵を行い、国民革命軍と激しい戦闘を繰り広げるなど、一貫して自国の満洲権益を守ろうとした。

一九三一年九月一八日、満洲の柳条湖付近で南満洲鉄道の線路が爆破された。当初、関東軍は中国革命軍の仕業としていたが、実際には関東軍の自作自演だった。これをきっかけに関東軍は奉天の中国軍を攻撃し、戦闘を拡大させ、一九三二年初頭までに満洲全土を制圧した。これを満洲事変という。一九三二年三月一日に日本軍は満洲国を建設し、清朝最後の皇帝溥儀を満洲国の元首としたが、実質は日本の傀儡国家に過ぎなかった。中国国民政府からの訴えを聞いた国際連盟はリットン調査団を派遣し、日本に占領地からの撤退案を勧告した。一九三三年の国際連盟総会において、この勧告案が賛成四二・反対一（日本）で可決され、日本は国際連盟から脱退。国際社会からの孤立の道が始まった。これを契機に、国策として満洲での農業開拓が進められ、日本国内から多くの開拓団が村をあげて満洲の地に渡っていった。満洲に住む人々は開拓団によって土地を奪われ、財産を失った人々も少なくない。このことが、一九四五年終戦時における中国残留孤児・残留婦人や女性への性暴力、シベリア抑留などの大きな惨害を生みだすことにつながっていった。

満洲事変のなかで、記憶すべきことがある。一九三二年九月一六日、満洲で日本軍による恐ろしい虐殺事件が発生した。日本の支配を認めない反満抗日の動きが強まるなかで抗日勢力が撫順炭鉱事務所を襲撃し、日本側に五名の死者が出た。「抗日勢力が村を通過したことを警察派出所に報告しなかったのは、村人がこの勢力と通じていたからだ」とした関東軍は、見せしめのために平頂山村の村民三〇〇〇人余りを村の南西の崖下に集め、機関銃で一斉射撃し、ほとんどを殺害。平頂山村に火を放ち、集落そのものを焼きつくした。村民の死体もガソリンで焼き、ダイナマイトで崖を崩し、土砂で死体の山をおおい隠すといった行動にでた。虐殺により、人も村もすべて消されたのである。一九七〇年ようやく遺骨が掘り起こされ、そのまま記念館となっている。母親が子どもをかばうようにして掘り出された遺骨がある。母親とそのお腹にいた胎児のものもある。なぜこのような命が奪われなければならなかったのだろうか。

日中戦争

満洲国に隣接する華北にも第二の満洲国をつくろうと新たな動きを展開していた日本軍は、一九三七年七月七日夜に起きた盧溝橋（ろこうきょう）事件をきっかけに、宣戦布告のないまま中国との全面戦争へと突入していった。八月には戦闘は上海に及び、激しい地上戦が繰り広げられ、日中戦争史上最大の激戦となった。三ヵ月に及ぶ戦闘で中国軍の死者は二五万人前後、日本軍の死者も九一一五人、戦傷者の数も四万三六七二人に達した（笠原、二〇一七）。戦火のなかで多数の市民が上海の市街地にあふれ、難民となり、身寄りを失い孤児となる子どもたちも多数生まれることになった。

一方、日本海軍は南京への空襲を繰り返し行い、多くの一般市民を殺傷した。戦争末期、おびただしい民衆の被害をだした米軍による日本への空襲に先立つ一九三七年段階で、南京に日本軍が空襲を行っていたのである。

大本営の正式な決定のないまま松井石根（まついいわね）大将率いる中支那方面軍は南京攻略戦を推し進めていった。日本の大新聞も「どこの郷土部隊が南京城一番乗りを果たすか」といった南京攻略を煽るかのような報道を連日繰り広げ、国民も南京戦の情報に興奮した。中支那方面軍は食料や軍馬の飼料のほとんどを現地調達で徴発する現地調達主義をとっていたため、日本軍が通過する地域の住民は食料を略奪されるなど、戦時国際法に違反した行為が繰り返された。日本軍はこういった略奪行為のほかに、捕虜・投降兵・敗残兵の虐殺、民間人の殺害・強姦、放火、民間人の連行・使役などを行った。当時実際に陥落後の南京を訪れた芥川（あくたがわ）賞作家の石川達三（いしかわたつぞう）は、将兵らから聴き取ったことをもとに「生きている兵隊」（『中央公論』一九三八年三月号）を書いた。そこにはあまりにも生々しい描写があったために、発禁処分となり、石川ら出版関係者も有罪判決を受けている。当時の国民には知らせたくない日本軍の不法行為が赤裸々に描かれていたからだろう。第一六師団第三〇旅団に属した上等兵の日記が、笠原十九司『日中戦争全史』に記録されている。そこには、「一二月二七日　支那人のメリケン粉を焼いて食う。休憩中にかくれていた敗残兵をなぐり殺す。（中略）休憩中に五、六軒の藁ぶきの家を焼いた。炎は高くもえ上がり気持ちがせいせいした」とあり、中国人とみれば手当たり次第に殺戮し、民家なども焼いたり、略奪していたことがわかる。

泥沼化する日中戦争と国家総動員体制

南京陥落後、近衛文磨内閣は一九三八年一月「国民政府を対手とせず」と声明をだし、和平交渉の道を自ら閉ざした。国民政府を壊滅させるまで戦争を続けるという、泥沼化へと突き進んだのである。国内では一九三八年国家総動員法公布・国民精神総動員運動などによって、国民の経済と生活は政府によって厳しく統制されていった。

長期戦となった日中戦争は、欧米の権益も脅かすものとなった。アメリカ・イギリス・ソ連は中国国民党政府を軍事をはじめとするさまざまな面で支援した。日本軍はこの支援を断ち切るために海上封鎖するとともに、一九四〇年九月には仏領インドシナに進駐、米英との対立を深めていった。

この長期戦の過程で、日本軍は占領地に阿片を流通させるとともに、生物化学兵器も使用するなど細菌戦を実施した。細菌兵器の開発にあたったのは七三一部隊で、中国人約三〇〇〇人を「マルタ」と称して人体実験に使い、ペスト・腸チフス・コレラなどの病原菌を兵器化した（小俣、二〇〇三）。細菌兵器や毒ガスを使った攻撃が国際法上禁止されていることを大本営も承知したうえでの行動だった。

日中戦争のなかで起きた性暴力

日本軍「慰安婦」という制度はいつ、どこから始まったのだろう。一九三二年の上海事変のときに、すでに日本軍兵士による婦女子への強姦が多発している。それを防ぐという名目で陸軍は慰安所を設置した。また、海軍はそれ以前に上海に慰安所をつくっていた。しかし、兵士たちの現地の婦女子への性暴力はやむことはなかった。笠原十九司は、「上海戦が終われば帰還できると思いきや、そのまま南京攻略戦に駆り立てられた不満や憤りが兵士間に燻っていた。それらの不満のガス抜きとして、軍の上官たちは性的蛮行を『兵士の元気をつくるに却って必要』といった理由で黙認する傾向があった。『中国女性を征服し』『力ずくで女をものにする』という戦場の役得としての性暴力が、兵士を南京攻略に駆り立てるために黙認された」と書く（笠原、二〇一七）。日本軍の強姦が軍内部で半ば公然と認められていたことがわかる。しかし一方で、中国住民の反日感情の高まりや、兵士への性病の拡大、軍紀の保持などの問題から、慰安所の設置が進行していった。「慰安」という言葉でごまかしているが、実際には集団強姦所にほかならない。

戦争の長期化が日本軍兵士に何をもたらしたかについては、吉田裕が詳細に書いている（吉田、二〇一八）。戦病死・自死・餓死の多さに目を見張る。また「生ける屍」のようになる戦争栄養失調症や戦争神経症を病む者も多かった。圧倒的に米英より劣る装備で戦争に打ち勝つために、突撃精神といった極端な精神主義が押しつけられていった。兵士の鬱積した不満のはけ口が占領地の住民に対する残虐行為となって表れたのである。

一九四〇年に入隊し中国山西省に派遣され、その後、沖縄戦を戦った近藤一は、河北省での討伐作戦のなかで、現地の女性の輪姦に加わり、慰安所を利用した体験を持つ。彼は、「『お前の番や、行ってこい』と言われて輪姦に加わりました。四年間中国にいる間に、私はこんな人間になっていたのです」（アクティブミュージアム、二〇一三）と、証言している。小部隊で村の女性を軍の施設に無理やり連れていき監禁し、長期にわたって強姦するケースも多かったという笠原の指摘と符合する（笠原、二〇一七）。

アジア・太平洋戦争のはじまり

一九四一年七月、日本軍の南部仏印への進駐に対して、アメリカは対日石油輸出禁止によって中国からの日本軍の撤兵を要求した。しかし、このことがますます対米戦の世論をつくりだし、一一月五日には御前会議で日本の対日経済封鎖解除の要求が通らない場合、一二月初旬に米英との戦争を開始することを決定した。

一二月八日、日本陸軍はイギリス領マレー半島コタバルに上陸、日本海軍はやや遅れてハワイ真珠湾を空襲した。これによってアジア・太平洋戦争が開戦した。日本軍が優勢だったのは、開戦から半年間だけだった。一九四二年六月のミッドウェー海戦の敗北を機に形勢は大きく逆転し、日本軍は後退していった。日本とアメリカとの国力の格差がそのまま戦況に表れたといえる。

日本軍の後退

ミッドウェー海戦の敗北によって制海権も、制空権も失った日本軍は、ニューギニアやアリューシャン列島アッツなど各地で次々と全滅した。

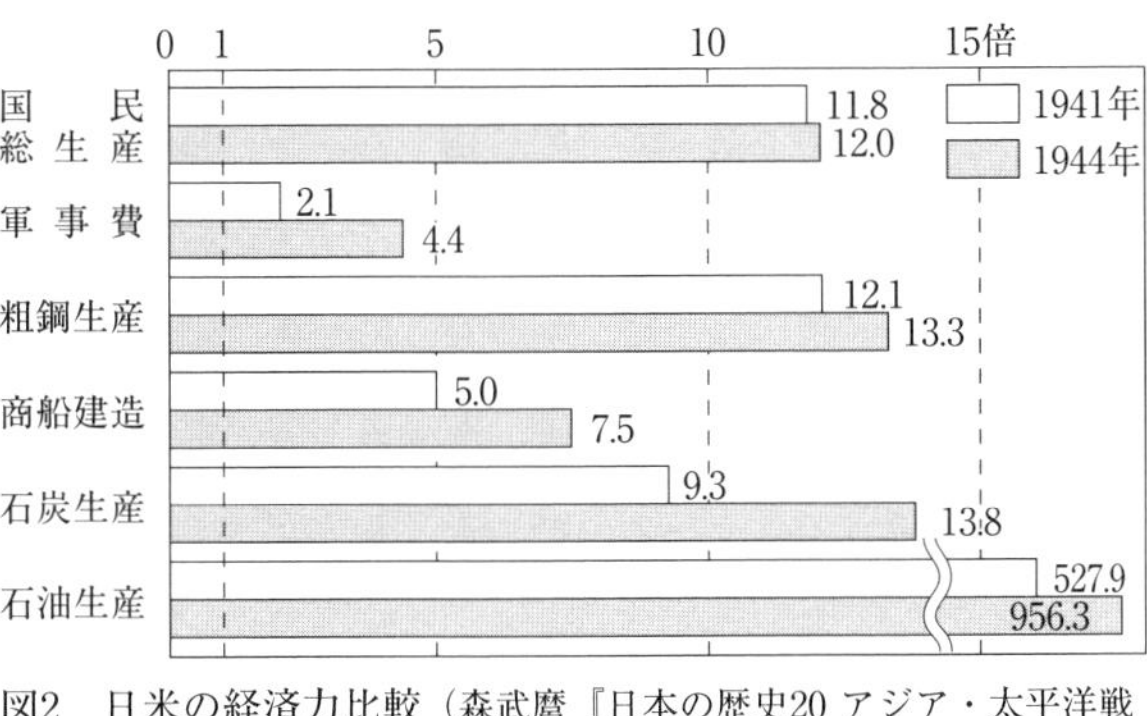

図2　日米の経済力比較（森武麿『日本の歴史20 アジア・太平洋戦争』集英社，1993年）
数字は日本を1とした場合．

一九四四年七月には日本軍にとって本土防衛上の最重要拠点のサイパン島などが陥落、日本本土全体にB29爆撃機による空襲が必至となった。同年一〇月、海軍はフィリピンのレイテ海戦において特攻作戦を開始し、航空機による組織的な体当たり攻撃が行われるようになった。表向きは「志願」という形をとらせながら、次第に命令によるものが常態化し、陸海軍あわせて約一二〇〇機が特攻に投入された。航空機だけでなく人間魚雷や海上特攻なども行われた。

大東亜共栄圏の実態

政府は一九四〇年八月以降「大東亜共栄圏」の建設と称し、この戦争を「大東亜戦争」と呼び、アジアを欧米の植民地から解放し、アジア全体が繁栄していくことをうたい文句にした。実体はどうだったのだろう。

植民地の台湾や朝鮮では、皇民化政策が強まり、日本語の強制・神社参拝・宮城および日の丸遥拝が強制され、一九四〇年には朝鮮に創氏改名が強制された。労働力不足を補うために、日本の軍需工場・ダム・鉄道・鉱山などでの労働者として強制連行が行われ、挺身隊として日本の工場などや、「慰安婦」として戦場に送られた女性たちもいた。長引く戦争のなかで戦力不足はいかんともしがたかった。これを補うために、一九四三年には兵役法を改正して徴兵制が導入され、日本軍兵士として戦場に送られた人も少なくなかった。

アジア・太平洋戦争が開始されてからも中国に日本軍は駐屯し続け、中国での物資や食料の略奪行為と、ゲリラ戦に協力しているとみなした集落を壊滅させるなどの工作を続けていた。

東南アジアでは軍政をしいた日本軍が直接支配し、食料や資源などを獲得。飛行場・道路・鉄道建設などのために現地の労働力を酷使した。そのため各地で抗日ゲリラ闘争が激しくなるなど、日本軍への反感が高まっていった。

アジア各地における死者は戦闘員だけでなく、戦争に巻き込まれた住民、抗日勢力として虐殺された人々など、膨大な数にのぼった。亡くなった人々には多くの残された子どもたちがいたことも想像できる。どこに大東亜共栄圏の理想があったといえるのだろうか。

サイパンの悲劇と沖縄戦

アメリカ軍が南洋諸島に上陸し、日本軍との間に激戦が行われると、現地の多くの島民は行き場を失い命を落としていった。一方、日本から移民として移住した人々も「敵に捕まれば女は強姦され、男はひどい殺され方をする」といったことがまことしやかに流され、それを信じて崖から飛び降りたり、手榴弾を使うなどの集団自決を行った人も少なくない。

ここでも、現地の島民や移民のなかから多くの孤児が生まれていった。サイパンではアメリカ軍による占領後の一九四四年六月、孤児のために収容所内に孤児院がつくられ、沖縄の座間味（ざまみ）島出身の松本忠徳（まつもとただのり）が院長となって劣悪な状況から子どもたちを救済したことが、「サイパン孤児院」研究プロジェクトメンバー（浅井春夫・嘉数よしの・松本忠司）の調査によってわかっている。

大本営は、サイパンで多くの民間人が犠牲になったことを、国家のために命をなげうったと称賛する一方、次なる沖縄戦に備えて民間人は戦闘の邪魔になると、子どもたちの県外疎開を進めていった。このことが学童疎開輸送中の対馬丸（つしままる）の撃沈という悲劇につながっていった。

一九四五年二月、近衛文麿は昭和天皇に戦争の早期終結と軍部強硬派の排除を上奏したが、天皇は米軍に打撃を与え、講和を模索するとして近衛の提案を拒絶した。このことが、沖縄戦や広島・長崎の原爆投下をもたらすことになったといえよう。

沖縄では三月二六日に慶良間（けらま）諸島に米軍が上陸し、日本軍による命令・強制・誘導などによる凄惨な集団自決をもたらした。沖縄に配備された第三二軍は本土決戦のため時間かせぎの持久戦を続け、一五万超の死者を出す戦闘となった。投降することも許されず、ガマからの追い出しや食料強奪、スパイとみなされて虐殺されるなど、日本軍の行為が多くの住民の命を奪うことにつながった。「軍隊は住民を守らない」、これが沖縄戦から得た沖縄県民の教訓となっている。

国民生活と空襲

一九四四年六月、学童疎開促進要綱に基づき、大都市に住む国民学校初等科三年以上の児童の集団疎開が決定された。

子どもたちが疎開している間、日本本土の大都市のみならず中小都市も米軍の爆撃の標的となった。同年一一月になるとB29爆撃機による本土空襲が始まった。日本政府が一九四一年に改定した防空法は「逃げるな！　火を消せ」が方針とされ、政府や軍部は、空襲を怖いと思わない国民をつくるために「焼夷弾は簡単に消せる」と宣伝していく。

一九四五年三月一〇日の東京大空襲では一〇万人以上の死者を出した。そして、その後、名古屋や大阪などにも相次いで大空襲が起きたにもかかわらず、政府は敗戦までこの方針を撤回しなかった。そのため焼夷弾による無差別爆撃によって二五万人以上もの死者を出すという事態をひきおこした。「空襲は恐くない」という情報統制と「逃げるな！　火を消せ」という方針のもとに隣組による消火活動が義務づけられた結果、多くの空襲被害者をだし、戦争孤児を増大させることにつながった（大前、二〇一六）。

日本の無条件降伏

持久戦を戦わされていた沖縄の戦況がいよいよ厳しくなると、日本政府はソ連を仲介とした和平交渉を模索するようになっていった。七月二六日、アメリカ・イギリス・中国の三国首脳の名で日本に無条件降伏を要求するポツダム宣言が出された。宣言には、戦後における日本の軍国主義の排除・基本的人権の確立・戦争犯罪人の処罰・日清戦争以降獲得した領土の返還・連合国による日本の占領などが書かれていた。しかし、国体護持にこだわる日本政府はこれを黙殺した。

戦後の国際社会における優位を確保したいアメリカは八月六日広島に、九日長崎に原子爆弾を投下。八日にはソ連が日本に宣戦布告した。沖縄戦・原爆投下・ソ連の参戦によって、各地で多くの戦争孤児が生まれることになった。政府は御前会議を開き、天皇の聖断という形で戦争の終結を決定した。八月一四日連合国に通告、国民には翌一五日正午に玉音放送によって戦争終結を知らせた。アジア・太平洋戦争は日本の無条件降伏をもって終結した。

三　国民を戦争に動員するために

「靖国の子」をつくった靖国神社

戦争を遂行するうえで一番必要なものは何だろうか。それは兵士である。召集令状一枚で戦地に派遣され、そこで国のために戦い戦死する兵士たち。近代戦争になればなるほど戦死者の数は増えていった。

表2　日本の侵略戦争によるアジアの被害

地　域	死亡者（人）	損害額(ドル)	日本が獲得した資源など
朝　鮮	約20万	不詳	鉄鉱石・米・大麻
中　国	約1,000万	5,000億	中国本土 鉄鉱石・石炭・ボーキサイト・タングステン・小麦・綿花・大麻 「満洲国」 鉄鉱石・石炭・ボーキサイト・小麦・大豆・とうもろこし・羊毛・大麻
台　湾	約3万	不詳	米・砂糖
フィリピン	約111万	58億5,000万	鉄鉱石・クローム・銅・マンガン・砂糖・コプラ・マニラ麻
ベトナム	約200万	不詳	石炭・タングステン・米・とうもろこし・ジュート
タ　イ	不詳	不詳	錫・米
ビルマ	約15万	不詳	タングステン・ニッケル・石油・鉛・亜鉛・米・落花生・とうもろこし・ジュート
マレーシア・シンガポール	約10万	不詳	錫・鉄鉱石・ボーキサイト・タングステン・ゴム
インドネシア	約400万	数十億	石油・ボーキサイト・ニッケル・石炭・錫・砂糖・とうもろこし・ゴム・キニーネ・コプラ
インド	約150万	不詳	
オーストラリア	17,744	不詳	
太平洋地域	不詳	不詳	
連合軍捕虜	約6万人		
合　計	約1,900万人		

（出典）小田部雄次・林博史・山田朗『キーワード日本の戦争犯罪』雄山閣，1995年.
（注）人的・物的被害は，原則として政府の公式発表の数字.
　　連合軍捕虜の死者は，オーストラリアの死者のうち約8,000人と重複.

戦争を続ければ続けるほど、戦死者が新たに生みだされる。そして、戦死者を補う数の新たな兵士が必要となってくる。戦争に息子・夫・父をとられ、戦死によって残された家族は悲嘆にくれただろう。戦争を憎み、戦争をした国家を恨む気持ちを持っても不思議ではない。しかし、国家としては、国民のなかに戦争への忌避観を持たせては、戦争続行は難しくなる。そのために戦死者をどのように追悼顕彰するかが重要だった。

国家は戦死した兵士たちを「靖国の神」として靖国神社に祀った。そして、戦死した兵士の遺族となった子弟のことを「靖国の子」「誉れの子」「靖国の遺児」と呼んで、彼らに、戦死した兵士の子として恥ずかしくない生き方をし、国民の模範となるという新しい役割を与えたのである（以下、靖国神社や「靖国の子」に関しては、山中、二〇一四や斎藤、二〇一九に負うところが大きい）。

靖国神社は一八六九年東京招魂社として東京九段に建てられた神社が一八七九年に明治天皇の命名で靖国神社となり、別格官幣社（神社の社格としては最高位）となったことにはじまる。明治維新で官軍として功績のあった人々を祀ったことからはじまり、日清・日露戦争をはじめアジア・太平洋戦争につながる数々の戦争で、戦死（戦傷病死も含む）した軍人・軍属を祀っている。

戦時体制のなかで国民を統合していく大きな役割を担っていたのが靖国神社といえる。そのため学校教育においても、修身・国語・国史などで靖国神社が教えられていった。以下に、『尋常小学校修身　巻四』（一九二〇年）の記述を紹介しよう。

第三　靖国神社

靖国神社は東京の九段坂の上にあります。此の社には君のため国のために死んだ人々をまつってあります。春四月三十日と秋十月二十三日の祭日には勅使をつかわされ、臨時大祭には天皇・皇后両陛下の行幸啓になることもございます。

君のため国のためにつくした人々をかように社にまつり、またていねいなお祭りをするのは天皇陛下のおぼしめしによるのでございます。わたくしどもは陛下の御めぐみ深いことを思い、ここにまつってある人々にならって、君のため国のために尽くさなければなりません。

修身の教科書に靖国神社が登場するのは一九一一年が最初で、その後は四度改訂されているが、最後の「ここにまつってある人々にならって、君のため国のために尽くさなければなりません」は変わっていない。このことからも、天皇のため、国家のために尽くす（命を差し出す）ことを国民（臣民）としての務めとして、子どもたちのなかに深く刻み込もうとしていたことがわかる。

教育勅語

大日本帝国憲法発布の翌年の一八九〇年、教育勅語（正式な名称は「教育ニ関スル勅語」）が明治天皇の名前で公布された。

明治天皇の家庭教師で儒学者の元田永孚（もとだながざね）らによってつくられた「教学大旨」には、「教学の要」は「仁義忠孝」を明らかにする（君主に対する忠義と親孝行をはっきりさせる）ことで、「君臣父子の大義（臣民は君主に、子は父に絶対服従するということ）」を幼いときから頭にしっかりと叩き込む必要があることを説いている。

教育勅語に先立って、一八八二年に軍人の心得として軍人勅諭が発布された。明治政府は、外国との戦争に備えることを目的として、近代的な軍隊をつくる必要に迫られていた。国民皆兵という考えのもと、国民による全国統一の近代的な軍隊をつくろうとした政府は、一八七三年に徴兵令を出し、満二〇歳になった男子はすべて徴兵検査を受け、合格者のなかから抽選で当たると、三年間軍隊に入隊するものとした。有無をいわせぬ強制に全国各地で民衆が反対一揆を起こした。そんな民衆に「天皇の軍隊」という形で兵役につくことを納得させようと発布したのが軍人勅諭である。

軍人勅諭の最初には、「朕は汝等軍人の大元帥なるぞ」と、軍は天皇のものであり、天皇自らが軍を率いていると示し、軍人が最も守らなければならないものとして「忠節」を求めた。「只々一途に己が本分の忠節を守り、義は山嶽（さんがく）よりも重く、死は鴻毛（こうもう）よりも軽しと覚悟せよ（軍人にとって、軍人の本分に努めることが何よりも大切で、命は鳥の羽よりも軽いものだと覚悟しなさい）」と説いた。また、「礼儀」として軍隊の階級に基づいて「上官の命を承ることは実は直に朕が命を承る義なりと心得よ（上官の命令は天皇の命令と受けとめよ）」とある。鳥の羽より人の命の値打ちが軽いという、今では信じられないようなことが、軍人勅諭には書いてあった。日本の軍隊は「天皇の軍隊」であり、軍隊では命よりも兵士としての務めが大切で、上官の命令には絶対服従が求められる。上官の命令どおりやればいい、という組織が日本軍であった。兵士たちを思考停止に陥らせ、ひたすら天皇のために戦うロボットにしてしまう仕組みが軍人勅諭だった。こうして、戦争になったら天皇のために喜んで戦地に行き、死んで奉公をするという考えが強制され根づいていった。

この軍人勅諭を教育に当てはめたものが、教育勅語である。子どものときから天皇への忠誠を叩き込むほうがいいと考えられたからにほかならない。

教育勅語を貫く最も重要な思想は「天皇のために命を捧げる」ということであり、子どもたちが臣民（天皇のしもべとなる民）として命を捧げるのは現人神であることが学校教育で教え込まれた。子どもたちは皇室にかかわる祝い事のときに学校に登校し、儀式のなかで校長先生が教育勅語を奉読。歴史（当時は国史と呼ばれていた）の授業では、日本の国は天照大神（あまてらすおおみかみ）の子孫である天皇が治める神の国だということが教えられ、あらゆる場で天皇の権威を国民に植えつけることが行われた。

冒頭に示した子どもの試験答案もそういった授業のなかで、「天皇が始めた戦争は聖戦である」と教えられたことが推察できる。

アジアのなかの「皇民化」教育

日本は、植民地とした台湾や朝鮮で「皇民化」政策を推し進めていった。学校では、修身・国史・地理・唱歌で、天皇に忠良な「臣民」をつくることを目的とし、宮城遥拝や教育勅語奉読などが行われた。

植民地や占領地には、朝鮮神宮や台湾神社、昭南（しょうなん）神社（シンガポール）をはじめとする神社が続々とつくられていった。これは、「皇民化」政策を推し進めるうえで要の役割を果たすものであった。当初こそ強制はしていなかったが、日中戦争が始まると、学校の児童だけでなく、あらゆる訓練や行事のなかで参拝が強要された。

朝鮮では、「内鮮一体」の考えのもと、日の丸の掲揚や勤労奉仕と合わせて神社参拝が強制され、一九四〇年には創氏改名が行われた。そして、アジア・太平洋戦争が激化する一九四三年八月、朝鮮人に対する徴兵制の施行が決定されてからは、「日本語のわからない者は役に立たない」として、日本語の普及がますます徹底されていくことになった。

サイパンやパラオのような南洋諸島でも、現地を統治した南洋庁は島民に対し、「わたしたちは立派な日本人になります。天皇陛下の赤子であります」と学校で繰り返し唱えさせ、国旗掲揚・宮城遥拝・君が代斉唱が行われた。その一方で、日本人を一等国民とし、他の地域の人々を二等国民・三等国民などと呼び、「同化」としながらも、実際には植民地や占領地の国民を差別していた。

「誉れの子」と戦争孤児

前述したように、国民が戦争を忌避すれば、戦争は成り立たない。特に戦死者が増えれば、厭戦（えんせん）の思いが国民に沸き起こってきても不思議はない。

そこで、一九三九年、政府は親が戦死した子どもたちを「誉れの子」として靖国神社に集団参拝させ、父の「御霊」に対面させるという、「社頭の対面」という儀式を開催した。子どもたちは盛大なる儀式に臨み、普段みることもない内閣の大臣や軍人たちと対面してありがたい言葉をかけられ、皇后からのお菓子を貰う。そして、列席した子どもたちは、「亡き父の志を受け継いで、父の名を辱めない立派な人間になります」などと誓いを述べている（斎藤、二〇一九）。

政府は兵士を戦場で死地に追いやり、残された遺児たちにも「誉れの子」として銃後で戦争に協力する役割を担わせていたといえよう。しかし、このような「誉れの子」たちに対して、政府の政策はどうだったのだろう。軍人の遺族は国家の恩遇にもたれず、国家社会の恩典優遇に依存せず、というように国家に依存せず自助努力せよという方針で臨んでいた。「社頭の対面」で「誉れの子」としての模範的な姿を国家から要求された子どもたちは、どんなことがあっても戦死した父の名に恥じずに生きていくという生き方を強要された。一九四四年、戦局の悪化のなかで「社頭の対面」はなくなった。

国家による庇護なきままに苦労を重ねた母が亡くなり「誉れの子」から一転して戦争孤児になる子どもたちも少なくなかった。空襲や広島・長崎の原爆投下、沖縄戦などで、「誉れの子」などと名づけられることもなく捨て置かれるおびただしい数の戦争孤児が生みだされた。

おわりに

アジア・太平洋戦争だけでなく、その前史としての数々の戦争のなかにおいて、どれほどの人々が悲惨な死に追いやられたことだろう。また、兵士のみならず、兵士を戦場に送り出し残された家族たちのおかれた状況は、悲惨という言葉では言い尽くせない。日本政府は、戦争に勝つという目的のために、多くの人々に甚大な犠牲を強いてきたのである。

戦後、日本政府は軍人に対しては恩給を復活、旧軍人や遺族に対する国家補償を行ったが、民間の戦災被害者には補償は行わず、戦前に「日本人」として戦場に徴兵された台湾や朝鮮出身の軍人・軍属に対する補償もしなかった。また戦争で孤児になった子どもたちも、捨て置かれたといった表現がふさわしい。これに関してはⅠ部第二章をお読みいただきたい。

最後に、日本が引き起こした戦争は自国民のなかに孤児を生みだしただけではない。侵略した地域にも孤児を生みだしたことを忘れてはならない。

参考文献

アクティブミュージアム「女たちの戦争と平和資料館」編著『日本軍「慰安婦」問題すべての疑問に答えます』合同出版、二〇一三年
大前　治『逃げるな「火を消せ」戦時下トンデモ「防空法」』合同出版、二〇一六年
小俣和一郎『検証人体実験―七三一部隊・ナチ医学―』第三文明社、二〇〇三年
笠原十九司『日中戦争全史』高文研、二〇一七年
「近代日本移民の歴史」編集委員会『ビジュアル版近代日本移民の歴史三　太平洋～南洋諸島・オーストラリア』汐文社、二〇一六年
斎藤利彦『「誉れの子」と戦争―愛国プロパガンダと子どもたち―』中央公論新社、二〇一九年
平井美津子『教育勅語と道徳教育―なぜ、今なのか―』日本機関紙出版センター、二〇一七年
藤村道生『日清戦争―東アジア近代史の転換点―』岩波書店、一九七三年
本庄豊・平井美津子編『シリーズ戦争孤児①～⑤』汐文社、二〇一五年
学び舎『ともに学ぶ人間の歴史』学び舎、二〇一六年

山中　恒『靖国の子—教科書・子どもの本に見る靖国神社—』大月書店、二〇一四年
吉田　裕『日本軍兵士—アジア・太平洋戦争の現実—』岩波書店、二〇一八年
歴史教育者協議会編『アジア太平洋戦争から何を学ぶか』青木書店、一九九三年
歴史教育者協議会編『ちゃんと知りたい！　日本の戦争ハンドブック』青木書店、二〇〇六年

第二章　世界の戦争孤児問題

──『失われた子どもたち』と戦争・紛争地域の子どもたちの現実──

結城俊哉

はじめに

本章では、二〇〇一年ごろ「ネットロア」（インターネット・フォークロアの略）として世界中を駆け回った『世界がもし一〇〇人の村だったら』の原点となる『世界がもし一〇〇〇人の村だったら』の紹介から始めてみたい。

（世界がもし一〇〇〇人の村だったら—筆者）村の三分の一（三三〇人）は子どもです。（中略）世界がもし一〇〇〇人の村だったら、五人の兵士、七人の教師、一人の医者がいます。年間三〇〇万ドルをわずかに超える村の予算のうち、一八万一〇〇〇ドルが武器や戦争に、一五万九〇〇〇ドルが教育に、一三万二〇〇〇ドルが医療にあてられます。この村は、村を何回も粉みじんにできるほどの核兵器を持っています。たったの一〇〇人がこれを管理しています。残り九〇〇人の村人は、彼らはうまくやっていけるのだろうか、もしも不注意や技術的なミスで核兵器を発射してしまったらどうするのか、また、たとえ彼らが核兵器を取り壊すことにしたとしても、村のどこに危険な放射能を帯びた廃棄物を処分するのか、とても心配しながら見守っています（池田・マガジンハウス編、

二〇〇二、二一・二九〜三一頁）

ネットロアで描かれた「一〇〇〇人村」規模に縮小した世界の現実を紹介した。その理由は、私たちが生きている世界の現状と直面している困難な課題について具体的で把握しやすいイメージにして理解する方法としてはとても有効であると考えたからである。

本章に与えられた課題は、「世界の戦争孤児問題」について検討するというものである。しかし、この課題には重大な困難（難点）がある。結論からいえば、「私たちの世界には戦後史なるものは未だに存在していない」ということである。つまり、アジア・太平洋戦争を含む第二次世界大戦終結（一九四五年）以後、憲法九条（戦争の放棄）によって「戦後史」を語れる日本の現状と世界の現実は明らかに異なっている。

世界史的視点で戦後を考えるならば、第二次世界大戦（一九三九〜四五年）以後、主な戦争だけでも中東戦争（一九四八〜七三年）、朝鮮戦争（一九五〇〜五三年）、ベトナム戦争（一九六〇〜七五年）、湾岸戦争（一九九〇〜九一年）、対テロ戦争（アメリカのアフガニスタン侵攻＝二〇〇一年〜継続中）、イラク戦争（二〇〇三〜一一年）など、アメリカとその同盟国を中心とした戦争が断続的に行われ、さらに世界各地で絶え間ない地域紛争が継続しているという現実を直視しなければならない。したがって、本章のテーマとしては、単なる「日本と世界の戦後史」という枠内で議論することが許されない極めて深刻な現代の戦争および紛争地域のなかで生きている子どもたちの現状から、何を学ぶべきなのかという「問い」が浮かび上がる。

したがって本章の課題は、①世界各地で今も行われている「戦争」の定義とは何かを考えること、②戦争・地域紛争に巻き込まれるなかで被害者難民として暮らしている「子どもたち」の現状を理解すること。そして最後に、③本章の役割として世界の戦争・地域紛争のなかで生きる子どもたちをめぐる「子どもの人権」問題と「戦争孤児の戦後史研究」の果たすべき役割について検討してみたい。

一　戦争の定義をめぐる『戦時国際法』について

戦争とはなにか

戦争についての基本的な考え方として、『大辞泉』（小学館）によれば、戦争は「軍隊と軍隊とが兵器を用いて争うこと」であり、「特に、国家が他国に対し、自国の目的を達するために武力行使する闘争状態」と説明されている。さらに、「国際法上は、宣戦布告により発生し、当事者間に『戦時国際法』が適用される」とその規定が定められている。

ここで提示されている『戦時国際法』（別名＝戦争法規／戦時法規）とは、戦時に適用される「国際法」の総称のことであり、交戦国相互間の関係を規定した「交戦法規」と交戦国と中立国との関係を規定した「中立法規」とがある。さらに、『戦時国際法』と呼ばれるものとして『ハーグ陸戦法規』（一八九九年第一回ハーグ平和会議で採択、一九〇七年改訂。日本は一九一一年批准）や、武力紛争での傷病者・捕虜・文民の保護に関して規定した『ジュネーヴ条約（赤十字条約）』（一九四九年より現行）などがあり、代表的な禁止（守るべき）ルールとして整理すると以下の九つがある（なお、条約締結国だけに適用されるものもある）。

①軍事目標以外への攻撃禁止（降伏者・負傷者・民間人などの攻撃禁止）、②休戦旗を揚げながら戦闘する行為の禁止、③遭難信号を不正に発信する行為の禁止、④赤十字旗を揚げながらの軍事行動の禁止、⑤軍事的必要性を超える無差別な破壊・殺戮の禁止、⑥捕虜虐待の禁止、⑦対人地雷使用の制限、⑧化学生物兵器使用の制限、⑨開戦に先立つ宣戦布告義務

『戦時国際法』の問題点

しかし、これらの『戦時国際法』の問題点もいくつか指摘することができる。

この『戦時国際法』には、①法律的な強制力がない。②そのため、法律を実行する強制機関が存在しない。③国連軍（国際連合軍＝UNF）は、安全保障理事会と国連加盟国で組織される国際間の平和と安全維持のための軍隊だが、今日まで正規の国連軍が組織されたことはない。近年、世界各地の紛争地域に派遣されているPKF（国際連合平和維持軍＝United Nations Peace-Keeping Force）とは性格が異なる。

したがって、『戦時国際法』に準拠した戦争は「犯罪」行為ではない。そして、戦闘状態（戦場）における殺人行為は、個人的責任として「殺人罪」という「罪」に問われることはない。しかし、社会福祉や人権の視点から考えるならば、「戦争（戦闘）行為」は、極めて「反福祉的でかつ非人間的行為」なのである。

しかし、過去の日本において戦争責任が問われた歴史がある。それは、アジア・太平洋戦争を引き起こした日本の戦争犯罪として、主に「日本軍が行ったさまざまな戦争行為に関する責任問題、及びそれに伴う戦時下での日本軍の残虐行為と捕虜虐待問題」などを問う意味で行われた「東京裁判（極東国際軍事裁判）」（宇田川、二〇一八）である（なお、「東京裁判」については、本章の対象範囲ではないため詳細は割愛するが、日本の戦後史を考えるうえで章末の参考文献などをぜひ参照してほしい）。

戦勝国（アメリカなどの連合国）が行った、東京大空襲をはじめとする日本各地への空襲や広島・長崎への原爆投下は、軍事目標ではない市民を巻き込んだ極めて非道な無差別殺人行為であり、これ自体は『戦時国際法』に違反した戦争犯罪である。東京裁判の問題点は、そのルール違反の責任が戦後から現在も問われている形跡がないことにある。さらに、アメリカ軍は日米安全保障条約（一九五一年締結）を盾に、その後も沖縄を中心に日本各地に自国の基地を置いたまま今日に至っている。

戦勝国であるアメリカでは、歴史教育のなかで「原爆投下は、悲惨な戦争を早期に終結させるためには必要不可欠な行為だった」と教えられている。だが、なぜ日本は戦争を始めたのか、そして、開戦後の初期の段階からすでに日本の敗戦は決定的な状況を迎えており、戦争の終わり方（敗戦の方法）を模索していた。しかし、あの時点（一九四五年八月）まで、なぜその決断が後手にまわったのかという経緯については、その後、多くの研究者による「戦前・戦中・戦後史」の歴史研究が行われている（加藤、二〇〇九・二〇一六）。

ただいえることは、勝利した側はいかなる罪にも問われることがないのが「戦争」の現実である。しかし、戦争を計画し実行し負けた側（日本）にのみ戦争犯罪が適用される矛盾に満ちた戦争責任論のあり方にも問題があるのではないだろうか。

日本は、誰が本当の意味で「戦争の責任」をとるべきだったのか。この戦争責任論に関しては、一貫して終戦から今日まで、東京裁判をめぐる検察側と弁護側の攻防のなかでも、本質的意味での日本国家としての戦争責任問題に関して未だに不問に付したまま「個人責任」にすり替わっているのである。その理由の一つとして考えられることは、敗戦国となった日本は開戦時から日本軍がフェアな戦争をしていないことがあげられる。つまりアメリカとの外交交渉打ち切りの通知を後で出しただけで正式な「宣戦布告」をしないまま「真珠湾攻撃」（奇襲作戦）という形で戦争を仕掛けたという事実があるため、最終的にアメリカを代表とする戦勝国の振る舞い方に対して国家として異議申立て（反論）ができない立場にあったと考えることもできる。

二　二一世紀の「戦争概念」の定義とは

五点の定義

国際ジャーナリスト・堤未果により描き出された「二一世紀の戦争」の定義について紹介しておきたい（堤、二〇一九）。

堤は、「第二次世界大戦、ベトナム戦争、湾岸戦争、イラク戦争、かつて私たちが戦争という言葉で思い浮かべた国家間の殺し合いは、二〇〇一年九月一一日の同時多発テロ事件を境に別のものに取って代わられました」と述べ、次のような議論を展開している。その内容を筆者なりに要約するならば、次の五点に整理される。

「対テロ戦争（テロとの戦い）」と呼ばれる「二一世紀の戦争」の誕生によって、

①「国境の喪失」＝「戦う相手の姿（国）が見えない」という不安感の増大。国内では、監視社会および国家のメディア・コントロール（ジャーナリズムの劣化という機能不全状態）による「市民監視及び情報操作社会」の強化と、今では政府がテロリストとして認定した人物・集団に対する問答無用の武力行使・殺戮の正当化の容認。

②「時間の喪失」＝「終戦」という戦争の終わりが永遠に訪れない状態。

③未来永劫に続く「軍事関連の資本産業特需の誕生」。

④「AIの進化による戦争形態の変化」＝遠隔操作のドローン戦闘機による空爆攻撃。

⑤ワーキングプア（貧困の若者）層を軍隊へ誘導する「経済的徴兵制」（堤、二〇〇八）という経済格差社会という罠（カラクリ・仕掛け）。

科学技術と戦争

堤の指摘③を踏まえるならば、科学の技術革新やパソコン・スマートホンのインターネット機能、GPS環境は軍事研究（益川、二〇一五）の産物である。さらに、電波障害解消のために開発した電波吸収塗料の転用で誕生したステルス戦闘機、車両のナンバー読み取りNシステム、無人（ドローン）戦闘機の開発、AI搭載ロボットなどは、軍事産業でも民生に使えるデュアルユースの問題でもあり、国家権力（政治）と利権をめぐる軍事産業界との癒着した関係のなかで、すでに従来からある「戦争概念」の変更が余儀なくされる時代を迎えている。

三　戦時下における社会的弱者の処遇の歴史

精神障害者

これまでも戦争は、大量の生命の殺戮と身体への障害および心理的な戦争ストレスによる神経症・心的外傷後ストレス障害（PTSD）などの精神障害者（帰還兵の自殺者）を生みだしてきた（デイヴィット・フィンケル、二〇一五）。しかし、それ以上にその背後に国家に貢献することが期待できない障害（児）者などの社会的弱者を容赦なく抹殺してきた歴史がある。

国家と優生思想

「障害者」に対する歴史的処遇の思想的背景について、藤井克徳は、第二次世界大戦時のナチドイツにおいて神経・精神医学者たちの強い関与を指摘している。それは、「T4作戦（障害者の安楽死計画）」と呼ばれ、「ユダヤ人」の強制収容所におけるホロコースト（大虐殺＝holocaust）のリハーサルであった。「殺してもよい生命」の対象を障害者やユダヤ人とした根拠として「優生思想」が利用された事実を、藤井は糾弾しルポルタージュしている（藤井、二〇一八）。私たちは、「優生思想」を科学的な根拠として、「社会的弱者（障がい児・者ら）」や「偏狭な民族主義思想」のターゲット（ユダヤ人）を排除・切り捨ての対象者としてきた事実から戦争の悲惨さ・残酷さを学ぶべきである。と同時に、この歴史は、私たち自身の「差別や偏見を生み出す内なる優生思想」と対峙する態度を堅持しなければ同じことを繰り返すに違いないと警告を鳴らしている。

つまり、国家にとって役に立たないとみなされた社会的存在に対して「生きる価値・存在する価値」がないという状況を容認してきた戦争の現実（リアル）を今こそ、戦後史研究（大田ほか、二〇一五）から学ぶべきである。

四　『失われた子どもたち』をめぐる家族再建問題——第二次世界大戦後のヨーロッパ——

タラ・ザーラの語るもの

第二次世界大戦後（すなわちナチス・ドイツとの戦闘後）、家族が引き裂かれ大陸をさまよう避難民となった「子どもの救済計画」がヨーロッパで行われた。戦争によって崩壊する運命を余儀なくされた家族の再建問題について、アメリカの近現代中東欧史の歴史研究者タラ・ザーラの『失われた子どもたち—第二次世界大戦後のヨーロッパの家族再建—』（Tara Zahra, 2011）を手がかりにその実態の概要を紹介してみたい（なお、メリル・ストリープ主演で映画化もされた『ソフィーの選択』〈ウイリアム・スタイロン、一九九一〉は、母親であるソフィーがナチス・ドイツによりアウシュヴィッツ強制収容所へ送られるときに、ドイツ兵から二人の子どものどちらを生かすのかと迫られ我が子に下した「選択」が、戦後を生きる彼女のトラウマとして描かれる作品であり、戦争時に「引き裂かれた家族」を考える手がかりともなる）。

著者のタラは、歴史的資料を丹念に読み込み吟味しながら、ナチス政権下で強制収容所に送られたユダヤ人家族の親・子が引き裂かれた状況や戦火を逃れるために、非ユダヤ人の子どもたちも生家を離れることを余儀なくされた事実を示す。その数十万の子どもたちがより安全な田舎への疎開や祖国を離れる方法として「養子」に出され、家族が引き裂かれていた現実を明らかにしている。そして、彼女は、それまでの経緯をめぐる戦時下での家族問題の検討を通して、アメリカやイギリスは避難民や養子の受け入れ国として、一方、戦時下という緊張状態にあるフランス・チェコスロバキア・ポーランドなどには、避難を余儀なくされた家族と子どもの離別という悲劇のなかで行方知れずとなった多くの「子どもたち」が存在していたことを示す。この事実から「失われた子どもたち」の捜索によって明らかにされた彼らの戦争体験とその影響について、第二次世界大戦後ヨーロッパにおける子どもの救済と利益の問題を多角的に検討し「家族再建」の実像が描かれている。

トラウマと家族再建

彼女が論じたことのなかで重要なことは、戦争時に家族との離別がもたらすトラウマ（心理的外傷体験）が、家族再建の問題における戦後の世界的課題として、「対応困難な厳しい現実」として立ちふさがることがあったという事実である。

タラが『失われた子どもたち』のなかで議論している、戦後のヨーロッパ再建のために一九四五年の国際連合創設より前の一九四三年に設立された「連合国国際復興機関（アンラ、一九四三～四七年）」の活動概要を紹介しておきたい。

一九四五年九月当時には、（中略）六〇〇〇万人以上のヨーロッパにおける避難民に衣食住を提供しながら、彼らを祖国へ帰還させる任を負っていた。（中略）その中には、保護者のいない子どもたちが二万人以上も含まれていた。（中略）ヨーロッパ難民キャンプと児童ホームは、心理学的な実験が公然と行われる場となっていた。そこで、人道主義的ワーカーたちは、戦争と人種的迫害によって強制移動を余儀なくされた人々を観察し、その観察を通じて子どもの発達と人間の本質について議論を闘わせた。（中略）こうした「統制された実験室」で、多くの英米の児童福祉専門家たちは、一連の普遍主義的な精神分析原則が正しいという確証を探し、それらをみいだした。しかし、ヨーロッパの若者の再建を家族主義的かつ精神分析的な観点からおこなうことに、異論の余地がなかったわけではない。同時代の大陸の教育学者および児童福祉専門家たちは、ヨーロッパの失われた子どもたちの再建に関して、より集団的な方法や構想を明確に打ち出した（タラ・ザーラ、二〇一九、一三九～一四〇頁）

この議論は、精神分析家のアンナ・フロイトやジョン・ボウルヴィらの研究により「母子分離」問題や「対象喪失」問題の解消のため、「子どもの心理学的な個別問題」のなかに回収され「里親としての家族への帰還」の重要性が主張され、「施設における家族的集団への帰属」との是非が問われることになった。その後、アンラの創設者たちとその後継団体として国際難民機関（ＩＲＯ、一九四七～五一年）が戦時中の救済活動を調査研究したが、その多くのとりくみが失敗に終わったと結論づけた。そのなかで、フランスの児童心理学者であり教育学者パパネックは、第二次世界大戦中、フランスの児童福祉慈善団体（ＯＳＥ）が運営したユダヤ難民児童ホームにかかわり、そのなかで彼は、次のように考えるに至ったとタラは結論づけている。

パパネックは、集団による教育は人種的迫害の犠牲者を回復させるのに有効であるという確固とした信念を持っていた。アンナ・フロイトが母子分離にこそ精神障害の普遍的な原因があるとしたのに対して、パパネックは、とりわけユダヤ難民の子どもにとって、児童ホームという集団的環境が、安心感をもたらす憩いの環境になると反論した（中略）ユダヤ人の子どもたちは集団の一員として迫害されたのだから、彼らが受けた経験から回復するためには、仲間集団が必要であるという確信を持っていた。したがって、彼は精神分析理論を支持する普遍主義者を批判し、ユダヤ難民には特別なニーズが存在していると主張した（タラ・ザーラ、二〇一九、一五五～一五六頁）

このように「失われた子どもをめぐる家族再建」の望ましい姿とは何かについて、個人の心理的内面を重要視する「精神分析的理解と方法」と、多民族からなる集団のメンバーシップと個人の主体性の保護と発達を重視する「社会環境的理解と支援」が対峙的に議論されたという歴史を知る意義がある。その意味では、本書の基調テーマ「戦争孤児の個別問題と支援課題」と同様に、戦後ヨーロッパにおける家族を失った子どもたちの「救済の場」として「里親」なのか、「施設」なのかという児童の社会的養護問題の原型は、「古くて、新しい問題」としてすでにその当時から存在していたのである。

五　戦争・地域紛争のなかで生きる「子どもたち」の現状と課題

ユニセフのレポート

ここでは、戦後の「失われた子どもたち」から今日まで続く戦争と地域紛争のなかで生きる「子どもたち」の現状と課題について考えてみたい。その手がかりとして、ユニセフ（国連児童基金＝UNICEF）の活動による世界の戦争・地域紛争下のなかで生きる「子どもたち」に関するレポートを中心に検討してみたい。

はじめに、ユニセフの二〇一四年版レポート（ユニセフ報告書、二〇一四）を紹介（抜粋引用）してみよう。

ユニセフ（国連児童基金）は本日、二〇一四年は世界中の何百万人もの子どもたちにとって、恐怖と失望の年であると発表。世界各地で起きている武力衝突が激しさを増し、子どもたちが争いの当事者である武装勢力によって、強制的に徴用され、故意に標的とされているにもかかわらず、それらの多くの危機がもはや世界から忘れ去られていることに、警鐘を鳴らしています。ユニセフのアンソニー・レーク事務局長は、「世界の何百万人もの子どもたちにとって、壊滅的な年になりました。教室で勉強しているときや、ベッドで眠りについているときに、子どもたちは殺害されています。親を亡くし孤児になり、誘拐され、拷問を受け、軍に徴用され、レイプされ、さらには奴隷として売られている子どもたちがいます。これほどまでに多くの子どもたちが、言葉にできないほど残忍な行為の対象となったことは、最近の記憶にはありません」と述べます。

一五〇〇万人もの子どもたちが、中央アフリカ共和国、イラク、南スーダン、パレスチナ、シリア、そしてウクライナで起きている紛争や武力衝突に巻き込まれています。その数には、国内に避難している子どもたち、国外で難民として暮らしている子どもたちも含まれています。現在、世界で二億三〇〇〇万人もの子どもたちが、武力衝突の影響がある国や地域で生活していると推定されています。

二〇一四年、何百人もの子どもたちが、学校敷地内あるいは登下校中に誘拐されました。何万人もの子どもたちが軍や武装グループによって徴用されています。学校や保健施設への攻撃、そして、軍事目的で校舎が利用されるケースがあらゆる地域で増加しています。

・中央アフリカ共和国では、二三〇万人の子どもたちが武力紛争の影響を受け、昨年一年間に最大一万人の子どもたちが武装グループに徴用されたとみられています。そして、死傷した子どもの数は四三〇人以上にのぼり、二〇一三年と比べて三倍も増加しています。

・パレスチナのガザ地区では、今夏に起こった五〇日間の激しい戦闘により、五万四〇〇〇人の子どもたちが家を追われてホームレスとなりました。この戦闘によって殺害された子どもは五三八人、負傷した子どもは三三七〇人にのぼります。

・シリア国内と周辺国では、七三〇万人の子どもたちが武力衝突に巻き込まれ、そのうち周辺国に逃れた子どもたちは一七〇万人にのぼります。国連の調べでは、今年一月~九月の間で、学校への爆撃が少なくとも三五回確認されており、それによって子ども一〇五人が殺害され、三〇〇人が負傷しました。イラクでは、二七〇万人の子どもたちが武力衝突に巻き込まれており、今年だけで少なくとも七〇〇人の子どもたちが死傷、あるいは死刑が執行されています。シリアとイラクの両国で、その激しさと残酷さを増していく紛争に巻き込まれた

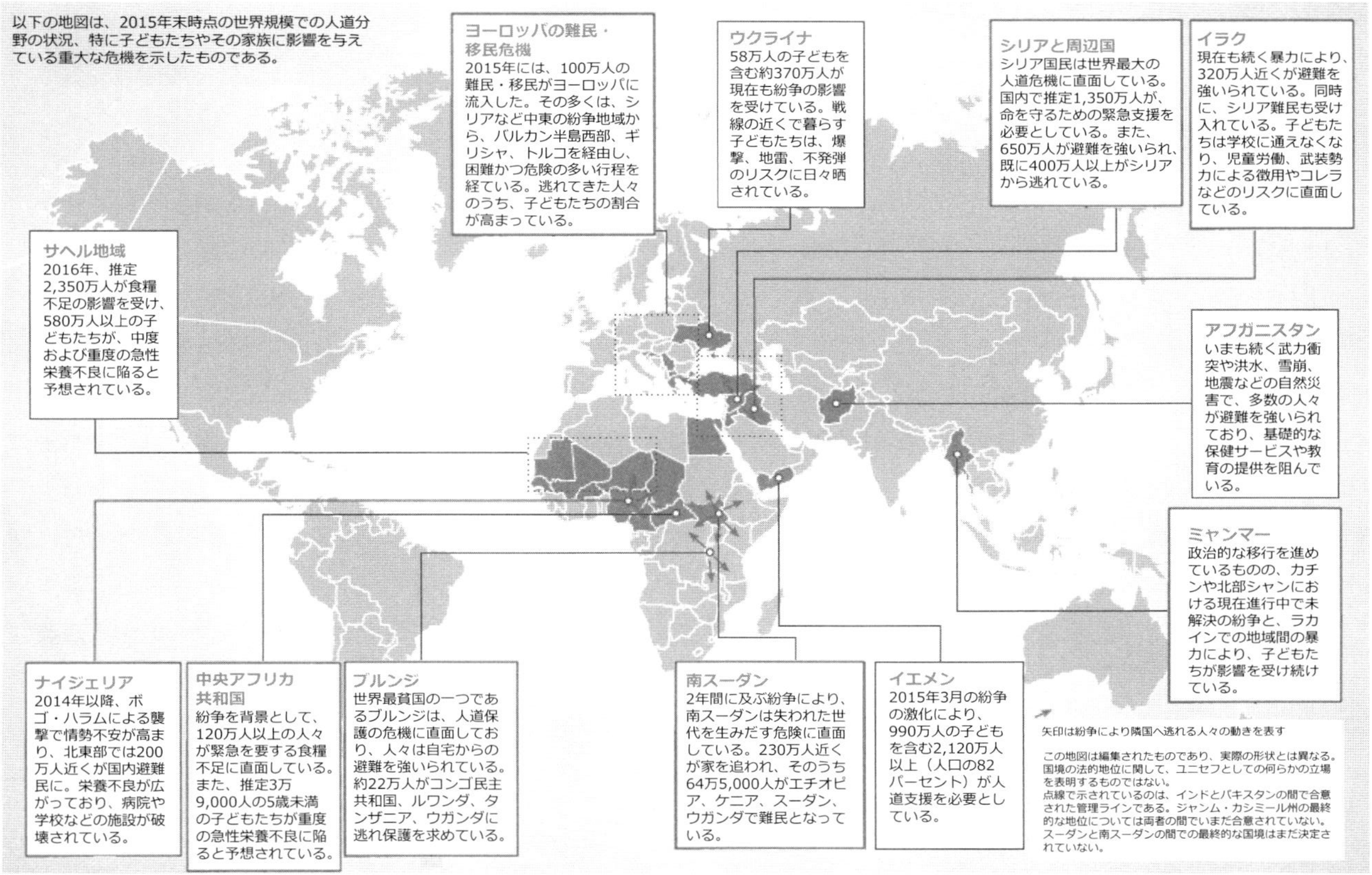

以下の地図は、2015年末時点の世界規模での人道分野の状況、特に子どもたちやその家族に影響を与えている重大な危機を示したものである。

ヨーロッパの難民・移民危機
2015年には、100万人の難民・移民がヨーロッパに流入した。その多くは、シリアなど中東の紛争地域から、バルカン半島西部、ギリシャ、トルコを経由し、困難かつ危険の多い行程を経ている。逃れてきた人々のうち、子どもたちの割合が高まっている。

ウクライナ
58万人の子どもを含む約370万人が現在も紛争の影響を受けている。戦線の近くで暮らす子どもたちは、爆撃、地雷、不発弾のリスクに日々晒されている。

シリアと周辺国
シリア国民は世界最大の人道危機に直面している。国内で推定1,350万人が、命を守るための緊急支援を必要としている。また、650万人が避難を強いられ、既に400万人以上がシリアから逃れている。

イラク
現在も続く暴力により、320万人近くが避難を強いられている。同時に、シリア難民も受け入れている。子どもたちは学校に通えなくなり、児童労働、武装勢力による徴用やコレラなどのリスクに直面している。

サヘル地域
2016年、推定2,350万人が食糧不足の影響を受け、580万人以上の子どもたちが、中度および重度の急性栄養不良に陥ると予想されている。

アフガニスタン
いまも続く武力衝突や洪水、雪崩、地震などの自然災害で、多数の人々が避難を強いられており、基礎的な保健サービスや教育の提供を阻んでいる。

ミャンマー
政治的な移行を進めているものの、カチンや北部シャンにおける現在進行中で未解決の紛争と、ラカインでの地域間の暴力により、子どもたちが影響を受け続けている。

ナイジェリア
2014年以降、ボコ・ハラムによる襲撃で情勢不安が高まり、北東部では200万人近くが国内避難民に。栄養不良が広がっており、病院や学校などの施設が破壊されている。

中央アフリカ共和国
紛争を背景として、120万人以上の人々が緊急を要する食糧不足に直面している。また、推定3万9,000人の5歳未満の子どもたちが重度の急性栄養不良に陥ると予想されている。

ブルンジ
世界最貧国の一つであるブルンジは、人道保護の危機に直面しており、人々は自宅からの避難を強いられている。約22万人がコンゴ民主共和国、ルワンダ、タンザニア、ウガンダに逃れ保護を求めている。

南スーダン
2年間に及ぶ紛争により、南スーダンは失われた世代を生みだす危険に直面している。230万人近くが家を追われ、そのうち64万5,000人がエチオピア、ケニア、スーダン、ウガンダで難民となっている。

イエメン
2015年3月の紛争の激化により、990万人の子どもを含む2,120万人以上（人口の82パーセント）が人道支援を必要としている。

矢印は紛争により隣国へ逃れる人々の動きを表す

この地図は編集されたものであり、実際の形状とは異なる。国境の法的地位に関して、ユニセフとしての何らかの立場を表明するものではない。
点線で示されているのは、インドとパキスタンの間で合意された管理ラインである。ジャンム・カシミール州の最終的な地位については両者の間でいまだ合意されていない。スーダンと南スーダンの間での最終的な国境はまだ決定されていない。

図1　危機下の子どもたち（『子どもたちのための人道支援』ユニセフ報告書，2016年）

子どもたちは、被害者、目撃者、あるいは加害者にさえなっています。（以下、省略）

このように、アフリカ・アジアの政情が不安定な世界の紛争地域という厳しい現実のなかで「子どもたち」は、日々生きることを余儀なくされている。さらに、近年のユニセフの二〇一六年版レポート（ユニセフ報告書、二〇一六）に掲載された地図によれば、今も紛争・貧困の危機下にいる子どもたちは、主にアフリカ・中東・アジア各地に存在していることがわかる（図1参照）。

危機にさらされる子どもたち

最後に紹介するユニセフの二〇一七年版レポート（ユニセフ報告書、二〇一七）では、世界の紛争は現在もさらに激化しており、「国際法」を無視し、人権を無視した残酷な行為が日常的に頻発していることが報告されている。

ユニセフはこの一年間を通し、世界の紛争地域では、紛争を起こしている中心となる紛争当事者が、最も弱い立場にある人々を保護することを目的とした「国際法」をあからさまに無視したままであることにより、そこに暮らす子どもたちが驚くほどの規模による攻撃を受けた現実を報告しつつ、以下のような警鐘を鳴らしていた。

攻撃と暴力の一年

「子どもたちは家で、学校で、そして公園で、攻撃の対象にされ、攻撃や残虐な暴力に晒（さら）されています」とユニセフ本部緊急支援局長のマヌエル・フォンテーヌは述べました。「このような攻撃が何年も続いていても、私たちはそのことに対して反応を鈍らせてはいけません。このような残虐行為を新たな日常にしてはならないのです」

世界中で起きている紛争では、子どもたちは前線の攻撃対象とされ、人間の盾として使われ、殺害され、生涯残る傷を負わされ、戦闘に徴兵・徴用されます。強姦、強制的な結婚、拉致、奴隷化することが、イラク、シリア、イエメンからナイジェリア、南スーダン、ミャンマーまで、各地の紛争で広く一般的な戦術となっています。

いくつかの地域では、過激グループに拉致された子どもたちが、解放され治安部隊に拘留された際に再度虐待を受けることがあります。さらに何百万人もの子どもたちが、これらの紛争の代償を間接的に払わされています。戦闘により食糧、水、衛生や保健などの社会サービスが奪われ、ダメージを受け、破壊され、子どもたちは栄養不良、病気、そしてトラウマに苦しんでいます。

・アフガニスタンでは、今年一月から九月までの間に七〇〇人近くの子どもが殺された。

・中央アフリカ共和国では、紛争が再燃してから数カ月で暴力が劇的に増加し、子どもたちは殺され、強姦され、拉致され、武装勢力に徴兵・徴用された。

・ナイジェリア北部とカメルーンでは、ボコ・ハラムが、昨年のほぼ五倍にあたる、少なくとも一三五人の子どもに自爆攻撃を強要した。

・イラクとシリアでは、子どもたちは人間の盾として利用され、包囲された地域に閉じ込められ、狙撃兵に狙われ、集中砲火と暴力の中で暮らした。

・ミャンマーでは、ロヒンギャの子どもたちが、ラカイン州で攻撃され家を追われ、衝撃的かつ大規模な暴力を経験し目撃した。カチン州、シャン州およびカイン州の国境近くの遠隔地に暮らす子どもたちは、ミャンマー政府軍と諸民族の武装グループの間の緊張の影響を受け続けている。

・南スーダンでは、紛争と経済の崩壊により一部の地域で飢饉が宣言され、二〇一三年一二月の紛争勃発以来、一万九〇〇〇人以上の子どもが武装勢力や武装グループに徴兵・徴用され二三〇〇人以上の子どもが死傷した。

ユニセフは、すべての紛争当事者に対して、国際法が定める責任を果たし、直ちに子どもに対する暴力と学校や病院などの市民の生活に不可欠な施設やインフラへの攻撃を終わらせるよう求めます。ユニセフは、紛争当事者に影響力を持つ各国政府に対しても、その力を子どもの保護のために使うよう求めます。

以上の内容に関する報告書をユニセフは国際連盟に加盟している国々へ提出しているが、戦争・紛争下のなかで生きる子どもたちの現実は、今も極めて悲惨な状況にある（図2参照）。

日本でも、近年「子どもの貧困」問題や居場所としての「子ども食堂」などが注目されている。しかし、ここで紹介した「ユニセフ報告書」の内容は、日本の現状とは比べようもない、想像を絶する世界の戦争・紛争地域のなかで生きる「子どもたち」の生活の現実（リアル）を描き出している。平和でなければ、「真の福祉は実現することは困難である」という前提に立つならば、紛争下の子どもたちはいまだ「福祉」が実現できない境遇に置かれたままの状態にある。まさに、「戦争孤児」もしくは「地域紛争孤児」が、此処（ここ）ではない、世界の何処（どこ）かで、今も新たに誕生しているという自覚と認識が「世界の戦争孤児問題」を考えるためには必要不可欠なのである。

おわりに

戦後史研究の共通基盤とは

本章では、これまで「戦争の定義」の理解、第二次世界大戦後の「失われた子どもたち」と家族再建の議論、そしていまだに「終わらない戦争」をする国や紛争地域のなかで生きなければならない「子どもたち」の現実の一端を紹介してきた。

その意味では、「戦後史研究」の共通理解の基盤として「どのような理由があるにせよ戦争は、反福祉的・非人道的行為であるという事実」を確認しておきたい。そのうえで、戦後史研究者にとって必要な信義として以下の六項目を提言しておきたい。

①「人が人を殺すこと（殺人・虐待も含む）は、罪である」という確信を持つこと。

図2　紛争下を生きる子どもたち（https://www.savechildren.or.jp/donation/reg01.php?donation_code=1-11&lp=2019&gclid=EAIaIQobChMIkpmh3Jrd5gIVVj5gCh1gtAVuEAAYASAAEgKV-PD_BwE, 2019年11月30日アクセス）

②「自分が、他者から殺されることは人権侵害である」という自覚を持つこと。

③「国家のために死ぬことは、間違った行為である」という認識を持つこと。

④「社会が、平和・平穏でなければ真の福祉は実現しない」という信念を持つこと。

⑤「基本的人権意識と生命の尊厳を守る」という強い意志を貫き通すこと。

⑥「優生思想や社会的弱者を排除する論理を持つ社会は弱い」と理解すること。

この六項目を読んで、「極めて当たり前、常識じゃないか！」と一喝できる人間は実に幸せな人かも知れない。しかし、現実はそれほど甘くはない。戦後史研究者は、「歴史に刻まれた戦争（戦闘）は、人間の理性を狂気の沙汰に追い込んだ現実そのものである。その意味で、戦地から戻った帰還兵（復員兵）の多くが、自らが戦地で見たこと、行ったこと、例えば、東京裁判の基本問題となった残虐な殺戮行為、捕虜への虐待（強姦も含む）行為などについて口を堅く閉ざす（沈黙する）ことは無理もない」と理解すべきだと考える。さらに、戦争（戦地）での武勇伝の多くは、自己弁護的に美化された「嘘」か「虚栄心」の表れだと理解しておいた方がよい。

本書の他の章で論じられる「日本の戦争孤児の戦後史研究」からの学びを今日の戦争・地域紛争を防ぐ「盾」とするためには、「今も現在進行形で展開される世界の戦争（地域紛争）の現実（リアル）」を視野に入れて検討する必要がある。

筆者は、日本の戦後史研究の担い手が自国中心的思考やルサンチマン（ressentiment＝内攻した憎悪・復讐衝動・被害者意識）という視点から「戦後史」を読み解くことはとても危険であると警鐘を鳴らしたい。なぜならば、「歴史」は時の権力者によって都合よく糊塗され、美化されてしまう要素（弱さ）を持っているからである。つまり、戦後史研究には、「歴史」を読み解きながらその歴史の「弱さ」を梃子にして「真実」を語らせる「強さ」をその担い手が持たなければならないと思う。

「子どもの権利」についての戦後史研究の課題

人間の「いのちの尊厳」と「基本的人権」を踏みにじる「戦争」に対抗する、子どもを守るための手段について考えてみたい。

そのため「子どもの権利条約」（「児童の権利に関する条約」一九八九年国連採択）第三九条（搾取・虐待・武力紛争などによる被害受けた児童の回復のための措置）に注目したい。そのなかで「児童の権利」については、以下のように記されている。

締結国は、あらゆる形態の放置、搾取若しくは虐待、拷問若しくは他のあらゆる形態の残虐な、非人道的な若しくは品位を傷つける取り扱い若しくは刑罰又は武力紛争による被害者である児童の身体的及び心理的な回復及び社会復帰を促進するためのすべての適当な措置をとる。このような回復及び復帰は、児童の健康、自尊心及び尊厳を育成する環境において行われる。

しかし、今まで述べてきたように「子どもの権利条約」が国連で採択された現在でも、世界各地で勃発している戦争・紛争地域のなかに子どもたちは生活している。子どもたちは生まれる場所を選択することができない。さらに、生命が日常的に危険にさらされ、育つことさえも困難な状況に置かれている「子どもたち」の保障されるべき権利が、今もまだ守られていないという私たちの世界の現実にどのように向き合うべきなのだろうか。世界規模の視点に立つならば「戦争孤児の戦後史」研究はまさに、子どもの人権および権利をないがしろにしてきた国家（社会）の「過去の事実（歴史）」を現在に引き寄せ、その真実を解明することで、子どもたちが「平和に生きていける世界」の実現に貢献すべき責任の重い研究領域であるという自覚が求められている。

最後にドイツの元大統領・ヴァイツゼッカー（一九二〇〜二〇一五年）が一九八五年に「荒れ野の四〇年」（ヴァイツゼッカー、二〇〇九）と題した、敗戦後四〇周年のときに西ドイツの国会で行った演説として知られる言葉を紹介しておきたい（傍線筆者）。

問題は、過去を克服することではありません。さようなことができるわけはありません。後になって過去を変えたり、起こらなかったことにするわけにはまいりません。しかし、過去に目を閉ざす者は結局のところ現在にも盲目となります。非人間的な行為を心に刻もうとしない者は、またそうした危険に陥りやすいのです。

戦争問題と戦後史研究にとりくむ「価値とその意義」を彼の言葉が教えてくれる。つまり、歴史研究のなかでも、特に戦後史研究の問題は過去の克服ではなく、過去の死者も含めた我々人間が犯した「誤ち（罪）」の歴史のなかに呻く微かな声に「耳」をすましながら真っ直ぐにその実像と「眼」を見開いて向き合い「心」に刻み込む営みを続けなければ、過去と現在をつなぐ「歴史（時間）が意味するもの」を正確に解明することができない。そうでなければ、私たちは、結局、歴史から学ばないまま「未来」に向かって再度、非人間的な行為（戦争・紛争という殺戮・虐待・人権侵害）を繰り返す危険な罠におちることになる、という警句に充ちた彼の言葉に立ち戻る必要がある。その意味でも、今を生きる私たちの手のなかに「真の自由と平和」を取り戻し、それを、未来の世界の「子どもたち」にしっかりと手渡すことが、「戦争孤児の戦後史研究」の本懐なのだと考えている。

参考文献

浅井春夫『戦争する国・しない国』新日本出版社、二〇一六年

池内　了『科学者と戦争』岩波書店、二〇一六年

池内　了『科学者と軍事研究』岩波書店、二〇一七年

池田香代子・マガジンハウス編『世界がもし一〇〇人の村だったら二』マガジンハウス、二〇〇二年

井上寿一『戦争調査会―幻の政府文書を読み解く―』講談社、二〇一七年

ヴァイツゼッカー（永井清彦編訳）『言葉の力―ヴァイツゼッカー演説集―』岩波書店、二〇〇九年

ウイリアム・スタイロン（大浦暁生訳）『ソフィーの選択（上・下）』新潮社、一九九一年

宇田川幸大『考証 東京裁判―戦争と戦後を読み解く―』吉川弘文館、二〇一八年

内田　樹『街場の戦争論』ミシマ社、二〇一四年

大田昌秀・浅井春夫・植田章・桂木志保・芝田秀昭・山城紀子・結城俊哉『戦争と福祉についてボクらが考えていること』本の泉社、二〇一五年

オリバー・ストーン、ピーター・カズニック、乗松聡子『オリバー・ストーンが語る日米史の真実 よし、戦争について話をしよう。戦争の本質について話をしようじゃないか！』金曜日、二〇一四年

加藤陽子『それでも、日本人は「戦争」を選んだ』朝日出版社、二〇〇九年

加藤陽子『戦争まで―歴史を決めた交渉と日本の失敗―』朝日出版社、二〇一六年

堤 未果『ルポ 貧困大国アメリカ』岩波書店、二〇〇八年

堤 未果『増補版 政府は必ず嘘をつく』角川書店、二〇一六年

堤 未果「戦争の定義と哲学」『kotoba（特集 戦争と共存）』二〇二〇年冬号、二〇一九年

デイヴィッド・コーエン、戸谷由麻『東京裁判「神話」の解体―パル・レーリンク・ウェブ三判事の相克―』筑摩書房、二〇一八年

デイヴィット・フィンケル（古屋美登里訳）『帰還兵はなぜ自殺するのか』亜紀書房、二〇一五年

戸谷由麻『新装版 東京裁判―第二次大戦後の法と正義の追求―』みすず書房、二〇一八年

ノーム・チョムスキー（鈴木主税訳）『メディア・コントロール』集英社、二〇〇三年

藤井克徳『わたしで最後にして―ナチスの障害者虐殺と優生思想―』合同出版、二〇一八年

布施祐仁『経済的徴兵制』集英社、二〇一五年

益川敏英『科学者は戦争で何をしたか』集英社、二〇一五年

むのたけじ『戦争いらぬやれぬ世へ―むのたけじ語るⅠ―』評論社、二〇〇七年

ユニセフ報告書（ＵＮＩＣＥＦレポート）『一五〇〇万人の紛争下の子どもたち 世界から忘れ去られた人道危機 二〇一四年は子どもたちにとって『恐怖と失望』の年に』二〇一四年（一二月八日ニューヨーク／ジュネーブ発）https://www.unicef.or.jp/news/2014/0179.html

ユニセフ報告書（ＵＮＩＣＥＦレポート）『子どもたちのための人道支援報告書』二〇一六年（一月二六日ジュネーブ発）https://www.unicef.or.jp/news/2016/0019.html

ユニセフ報告書（ＵＮＩＣＥＦレポート）『世界の紛争地の子どもたち 攻撃と暴力の一年 人間の盾、強姦、強制結婚、拉

致も戦争の手段に　ユニセフ、紛争地の子どもの保護を要請』二〇一七年（一二月二八日ジュネーブ発）https://www.unicef.or.jp/news/2017/0281.html

Tara Zahra, *The Lost Children: Reconstructing Europe's Families after World War II*, Harvard University Press, 2011（タラ・ザーラ〈三時眞貴子・北村陽子監訳／岩下誠・江口布由子訳〉『失われた子どもたち—第二次世界大戦後のヨーロッパの家族再建—』みすず書房、二〇一九年）

第三章　聴き取り調査の基本的スタンスと方法

石原昌家

はじめに

「孤児問題研究をすすめるために」ということが、Ⅲ部の課題なので本章のテーマもその目的にできるだけそうように考えていきたい。

そこで、まず「戦争孤児たちの戦後史」という大枠のなかにすえられたテーマだということを念頭に入れよう。戦争孤児たちの戦後史ということは、個々の孤児たちがいかに日々の生活を積み重ねてきたのかという記録が当然大事になる。孤児たちの聴き取りを集大成することによって「戦争孤児たちの戦後史」をうきぼりにし、社会の共通認識にしていくというのが本シリーズの大きな目標であろう。孤児たちが戦後どのような歩みをたどってきたのかということは、孤児たちの生活の記録・生活史（口述史ともいう）を聴き取りすることによって知ることができる。

本章では「聴き取り調査の基本的スタンスと方法」についてというテーマが設定されている。そこでこのような認識をもとにしながらも戦争孤児に特化することなく、それを含む一般論として筆者の経験に基づきながら本章のテーマについて述べていくことにする。

執筆のスタンス

そこで執筆者としてのスタンス（姿勢・立場）について、その書き出しを思案していたところ、一通のメールが届いた。それは「沖縄のガンジー」ともいわれ、伊江島（いえじま）土地闘争のシンボルとなった阿波根昌鴻（あはごんしょうこう）（以下、昌鴻さん）が主宰した「わびあいの里・反戦平和資料館　ヌチドゥタカラ（命こそ宝の意味）の家」の資料整理から生まれた内容だった。阿波根昌鴻資料調査会が発掘した昌鴻さんの「日記」を世に出す過程で、聴き取り調査の必要性が生まれてのメールだった。まずはその内容を紹介することによって、聴き取り調査を必要とする切実性を実感したい。

阿波根昌鴻資料の「真謝（まじゃ）日記」「陳情日記」を一昨年から、皆さまのご寄付により発刊し、歴史を伝える資料として、皆さまにお届けすることが出来ました。現在も「爆弾日記」の発刊にむけて、調査会のT先生はじめ、様々なかたのご協力のもと、作業をしているところです。

昨年の「陳情日記」からは、体験者からの聞き取りを行い、その一部を日記自体に盛り込み、多角的に見たり、日記に記載のない情報を入れたりしています。今回の「爆弾日記」についても、A（私）が真謝区の方から聞き取りをしています。

そこで思うことは、石原先生が阿波根さんや戦争体験者の方々から聞き取りをされた時の情報量の多さ、インタビュアーとしての素晴らしさです。石原先生のように、これまで研究をしてこなかった「ただの事務員」としては、「もっとさまざまな質問ができれば、もっと深い洞察ができるのに」という反省です。石原先生が体験者の方々にお話を聞かれるときに、大切にされていたモットーのようなものは、どんなことですか？　もし、よろしければお聞かせください。なんとか、次のインタビューで活かしたいと思っています。

以上の質問に応答するかたちで、本章のテーマにそった内容のあらましを見当がつくようにしたい。

聴き取り前の心得

その返事の本筋の前に伝えておきたいことは、Aさんは「ただの事務員」が聴き取りするにあたり、と謙遜している。しかし、そのことは聴き取り調査・聞き書きをするうえで最も大切なこと、伝えたい材料を提供してくれている。というのは、聴き取り調査・聞き書きのプロを養成する専門家がそもそも存在していたわけではないということである。百人百様の生活をしてきた人たちからの聴き取りには、基本的なスタンスや方法あるいはルールがあるにしても、準備した聴き取り項目以外にも、聴き取り相手にうまく適応した機転をきかした質問をその場ですばやく思いついていくことが一番大事である。聴き取り調査が必要となった「ただの事務員」であっても、できるだけの準備をして、聴き取り調査・聞き書きの数を重ねてさえいけば、一般に聴き取り調査の手法は、試行錯誤的に身につくものである。それはつねに人びとからさまざまな話を聞き出して活字にしている新聞・雑誌などの駆け出し記者がベテラン記者に成長して、身につけていく取材術とも似通っているともいえる。

一般に、日ごろから性別年齢を問わない他人との会話を楽しみ、話が弾むことを心がけ、他人から話を引き出していき、俗に「聞き上手」といわれるような会話を意識することは、聴き取りの「基礎訓練」になるといえる。そのうえに、相手の懐に飛び込むような人懐こさにくわえて、聴き取りの目的を相手の心に響くよう、熱意を持って話し、信頼を得ることは聴き取りの成果が得られるか否かのカギになる。つまり、はじめて会う場合が多い聴き取り相手を、いかに重んじ（リスペクトし）、その人の気持ちにそえるかということがとても大切だということである。

以上を前置きにして、Aさんへの返事として、昌鴻さんの「日記」にまつわる聴き取りの準備などをつぎに考えたい。

聴き取り準備

まず、昌鴻さんの「真謝日記」「陳情日記」にひきつづき、「爆弾日記」なるものを出版するわけだから、昌鴻さんがどのような人として世間では評されているのかを知っておきたい。

それには二〇〇〇年四月に移設し、装いを新たに開館した沖縄県平和祈念資料館に新設された「未来を展望するゾーン」をみることが最適である。その一角には、未来を担う子どもたちが積極的に平和を愛する心を育むための子ども・プロセス展示室が設けられており、ここで昌鴻さんの人物像が端的にうきぼりになっている。そこには「君たちにおくる平和のメッセージ」のコーナーがあり、世界で平和活動に貢献したマザーテレサ、ネルソン・マンデラ、リヒャルト・フォン・ヴァイツゼッカー、アンネ・フランク、マーティン・ルーサー・キング、モハンダス・カラムチャンド・ガンディー、阿波根昌鴻の言葉が、若い世代へ送るメッセージとして展示されている。平和に貢献した世界的な著名人として、昌鴻さんが並んでいることを知ることができる。それは直接資料館に足を運ぶ機会がつくれなくても『沖縄県平和祈念資料館総合案内』（沖縄県、二〇〇一年）を何らかの方法（直接資料館に問い合わせるなど）で入手し、それを通してでも知ることができる（つまり資料・出版物による聴き取り調査の準備）。

まずは、以上の点をふまえて「日記」がつけられた背景を知り、日記の位置づけをしなければ読者の理解は深まらない。そのような日記をつづっていくことになった昌鴻さんの動機を深く知っておくことが重要である。

「日記」誕生の推測

一九〇一年生まれで二〇〇二年に他界した昌鴻さんから聴き取り調査はできないので、存命であれば大まかにまず聞くことは以下のような項目である。①いつ、②どこで生まれたか、③家族の構成、④家の職業、⑤小学校から学業を終えるまでの暮らし、⑥職の移り変わり、⑦住まいの移動などの概略を聴き、聴き取りの足がかりをつくる。しかし、直接は聴けないのでその代わりに、これまで昌鴻さんから直接聴き取りして発刊された出版物が多数存在するので、①～⑦の概略はそれらのいくつかを読むことによって把握できよう。

一般に生活史の聴き取りは、その相手と未知の世界へ旅するようなものである。聴き取りの内容の深さによって、その旅の特徴も変わってくる。また、そこでは時代の空気の聴き取りも欠かせない。アジア・太平洋戦争後七五年目の今なら七五歳以上の人たちは戦争の時代の記憶をたどることや出稼ぎ移民生活なども聴き取れる。当時零歳児であっても肉親や戦争孤児であればその周囲が問わず語りに話してきた戦時下の様子を語れる人もいる。そして戦争終結後から戦後復興にいたるまでというのは、誰もが山あり谷ありの変化に満ちた生活を送ってきているので、それぞれの生活が一定の落ち着きを取り戻すにいたる経過は、特筆するエピソードがあるはずである。

昌鴻さんの場合もきわめてユニークな人生をあゆむことによって、世界の著名人と並ぶことになった。そこで、さまざまな「日記」を残した昌鴻さんを語るうえで、多方面にわたるあゆみのどのあたりに特に注目したらよいかということが課題となる。

その一つは、妻喜代さん（一九〇八年生）の証言である。一九二五年四月新婚間もない昌鴻さんは身ごもった新妻を残して友人たちとキューバ移民にでかけてしまった。その年の一〇月に長男が誕生したが、一〇歳になる三五年まで一度も父昌鴻さんは帰国しなかった。その間、周辺は喜代さんに再婚を勧めた。だが、昌鴻さんはキューバ、その後再移民したペルーから手紙や写真を妻にたびたび送り続けた。それを喜代さんは「毎日の出来事を日記みたいにして送ってきていました」と語っていた。「私はたまにしか書きませんでした。昌鴻さんは『手紙をこんなに送らなかったら待っていなかっただろうね。手紙のお蔭だ』と帰国してからの笑い話にしていました」（「聞き書き　伊江島の戦中・戦後体験　石原昌家」伊江村教育委員会編、一九九九）と離縁しなかった理由を日記風手紙にあったと語っていた。喜代さんの証言は、Aさんらが発刊してきた昌鴻さんの「日記」と深い関係があるのではないかと推察できる。移民中、妻の心をつなぎとめるために「日記」をつけ、それを手紙として送り続けていたので、「日記」をつけることが習慣化していたということだろう。それでその後の伊江島土地闘争のとき、こまめにできごとを記録し続けることも苦にならなかったのではないかと思える。

さらに、Aさんらの編集している「日記」がどうして生まれたのか、その源流をたどるヒントは、喜代さんの次の証言にありそうである。「（帰国後）昌鴻さんは特にきまった仕事はしていなくて、内地（日本のこと）の偉い人から習い事をするのが好きでしたから、教えをうけるために三か月も家をあけることがたびたびでした。それでも農業するための土地を買うため伊江島や本部（村）を廻って探していました。今の真謝の米軍射爆場にまとまった土地が見つかったので十か年計画で購入することになりました」という。「偉い人から習い事をするのが好き」だったというのは、移民生活中にさまざま人と接触して情報を入手したであろうと、いま執筆しながら気づいたことなので、その点を確認することはできない。しかし、移民生活の段階で日本からはるか彼方の中南米にまで「偉い人」の名が轟いていたということであろう。

妻の語る「偉い人」というのは、その一人は日本基督教会牧師の賀川豊彦である。戦前戦後をとおしてさまざまな社会運動をおこし、特に生活協同組合運動の基礎を築いたことでも有名である。「ノーベル平和賞」「ノーベル文学賞」の声があがるほどで、戦前聖人とも称されていたようである。「無抵抗、非暴力」の平和思想家として世界的に評価されてきたようで、昌鴻さんはその賀川豊彦の門をたたいていたという。昌鴻さんが戦後、米軍への抵抗で非暴力を貫いてきたのはその志を引き継いでいるように思える。また、昌鴻さんが最も崇拝してきたのは、「一燈園」を創始した西田天香（以下、天香さん）である。農業をするために土地を買い求めていったというのは、天香さんの「一燈園」をモデルにしたものである。その感化を受け、伊江島で「デンマーク式農民学校」を息子とともに営むことが最大の目標となった。天香さんは、「人間としての争いのない生き方を求めて求道の日々を重ね」（一燈園のホームページ）、約三三haの敷地に一種の〝理想郷〟というべき「無所有・奉仕の宗教的共同体」（八木晃介花園大学名誉教授の言葉）を賛同者と共に営んできた。昌鴻さんの主宰する伊江島の「わびあいの里」はまさにその天香さんの遺志を継ごうとしたものであろう。

米軍に抗う「日記」

沖縄戦の前から昌鴻さんは「一燈園」にならって伊江島真謝区で壮大な「農民道場」づくりの計画を息子と着手していたが、それは計画途中の段階で伊江島の戦闘とその後の米軍の軍事基地建設によって無惨にも破壊されてしまった。昌鴻さんの無念の思いは計り知れない。土地を収奪して軍事基地を建設し、爆弾投下訓練などを行う米軍に対する「無抵抗の抵抗・非暴力」平和活動の日々の記録として、Aさんのいう三つの「日記」をつづることになったと受け止められるであろう。

Aさんがいま「爆弾日記」の編集をするにあたり、昌鴻さんの周辺から聴き取り調査をする場合、昌鴻さん夫妻から聴き取りした証言資料や既刊本の『米軍と農民』（阿波根、一九七三）などに目を通していくことによって、聴き取り調査に深みがでてくることが期待されるだろう。

以上、聴き取り・聞き書きは、汲めども尽きない泉にたとえることができるといえる一端が、具体的事例をとおしてある程度みえたところで本論に入る。

一　聴き取り・生活史法をとおして

『ライフ・ヒストリーを学ぶ人のために』（谷編、二〇〇八）で、聴き取り調査について執筆依頼された原稿を若干手直ししながら、「はじめに」と重複部分も含みながらも本論として展開したい。各界各層の人びとの生活全般に関して時代を追いながら、微に入り細にわたって聴き取り調査することを他の研究者にならって、「生活史法」と称しておく。

生活史法の基本的姿勢

生活史の調査にあたって、調査者の最重要な基本的姿勢は、聴き取り相手に対していかに誠実に接し、調査の意味・意義を十分に理解してもらい、短時間にラポール（信頼関係）を成立させるかということである。

生活史の聴き取り調査は、聴き取り相手本人にとって人生の総括をしていくことになる場合があるので、調査者は聴き取り相手が自分の志・主義主張や思いもよらないできごとなどで歩んできた人生・生活にどこまで深く入り込めるのかが課題となる。それには、聴き取り相手の生の声で語られる生活史に深く共感し、それを社会のなかでどのように位置づけるかにかかっている。すなわち、聴き取り相手個人の歴史・存在の重みを知ることになり、いかに深い尊敬の念を持って聴き取りにあたることができるか、ということである。聴き取り相手がときにははじめて語る人生の奥底に調査者が共鳴し、それを共有することによって、往々にして彼らと親密な深いかかわりが生じてくるものである（たとえば、大学生に祖父母から戦争体験などの聴き取りを夏期休暇の課題にしたら、体験を聴くまでほとんど口を聞いたことがない祖父と以後、親密になったとレポートの最後に記した学生もその例である。筆者が一九八〇年に聴き取りした相手はすでに他界しているが、その家族とは四〇年近い現在も交流している）。こうなると、調査者は最初の聴き取り調査以後、長期間にわたるつきあいをとおして聴き取り相手から生活史の聴き取り・資料をより多く提供されることも可能となる。

こうして、生活史法によって、個々人の人生を決定した体験、それは自らの人生目標の実現に成功したり、失敗したりする人生模様を、具体的に見出していくこととなる。これは生活史法による質的調査の大きな特徴である。

聴き取りの奥深さ

生活史の調査研究は、聴き取り相手の人生・生活全体の奥底まで掘り下げていくので、調査者自身のパーソナリティ（思考と行動の傾向）も問われるものである。その意味では、生活史の調査はそれほどの準備の必要がなく誰にでもすぐにとりかかれるが、どこまで事実・真実に迫れるかという生活史の真髄を極めることは、誰にでも可能というわけにはいかない。

生活史調査において銘記すべきことは、一人ひとりの内面生活はみな異なり、まったく同一の生活史というものは存在せず、当然ながら百人百様だということである。それどころか、聴き取り相手は同一人であっても、調査者が一〇〇人いたらそれぞれ微妙に違う一〇〇通りの生活史が生まれるということも心得ておくべきであろう。それは聴き手の問題意識による質問によって、話し手は自分の遠い過去の記憶・体験をその時点で「ああ、そうだったか」と思い当たる節に気づいて、改めて記憶がよみがえってくることがあるからである。その点から考えても、生活史調査は統計調査などから導かれた抽象的・総合的理論の枠になじみにくいといえると同時に、質的調査（聴き取り調査）の真骨頂はこの調査相手の記憶を呼び覚ましたり、その時点での閃きによって、記憶されてきたできごとの修正などをするという思いがけないできごとにめぐり合うことにある。

一般に、生活史のために聴き取り調査を開始するにあたっては、当然、調査のテーマを設定して、聴き取り項目が準備されなければならない。しかし、その項目にこだわる必要はない。もし、その項目にこだわってしまうと、聴き取り相手が体験している極めて重要な項目を聴き落とすことになりかねない。したがって、準備した聴き取り項目には柔軟性を持たせ、聴き取り過程でその聴き取り相手の記憶のなかにしまいこまれている重要な体験の存在をキャッチしたら、それを調査者の問題意識・関心領域にしたがって「イモヅル式」に、つまり系統立てて聴き出していくということが肝要である。

生活史のさまざまな体験に無限に秘められている新たなテーマの発見は、その意味では「準備なし」調査（ただし、そのテーマに関する知識はある程度準備されていなければ、聴き出していくことには限界がある）によって、しかも、あらゆる情報をキャッチする高感度の「全方位アンテナ」を張りめぐらすことによって、聴き取りの幅が生まれる可能性が高い。しかしながら、そのテーマをいかに深化させるかは、当然のことながら調査者の問題意識やその体験にかかわる知識の度合いによって、決定づけられるものである。

一例だけあげよう。郷友会（きょうゆうかい）という出身地（シマ・ムラ）が同じ人たちの同郷人意識の絆が生んだ組織・寄り合いについて、先島（さきしま）出身者から聴き取り調査を開始したときのことである。故郷を離れるときの状況を聴き取りしていくと、ほぼ異口同音に「ヤミ取引のため」、「ヤミ船にのって」、「密貿易船で」、「バーター（物々交換のこと）するために」とかいう、まったく聞いたことがない言葉が飛び交った。はじめて聞く言葉だったが、戦争直後の「餓死線上」で沖縄民衆が官憲の目をくぐり、おおやけにされていない秘かな営みで飢えをしのいでいたのでないかと、急きょ目下の聴き取りを「密貿易」に焦点を絞ることにした。郷友会の調査項目で郷里を離れたときの状況に絞って、聴き取りすることに変更したのである。その結果、郷友会組織より六年も先に、『大密貿易の時代―戦後初期沖縄の民衆生活―』（石原、一九八二）を上梓することになった。「準備なし」調査で、当事者以外には一般に知られていない沖縄民衆の生活史を明るみにすることが可能になったのである。

注意すべき諸点

生活史の調査聴き取り相手は、思想信条を異にした各界各層の人たちである。生活史全般にわたる聴き取りにあたる場合、時事問題・社会問題や信仰など思想信条にふれるときがある。その際、たとえ相手に意見を求められても、そこで議論したり、あるいは説教調になったりしてはいけない。聴き取り相手がみてきたこと、考えてきたとおりのことを聴き出して記録するという姿勢に徹すべきである。そうしたうえでなら事実関係において、聴き取り相手の判断の誤り・誤解を指摘することがあってもよいだろう。さもないと、聴き取り相手に不快感を与え、語る気持ちをなえさせて、記憶の糸をたぐりよせることが困難になるうえ、ラポール（信頼関係）が成り立たなくなる。

ところで、生活史における証言内容においては、整合性を持たない場合もときおり生じてくる。しかし、それでもってただちに聴き取り相手の証言内容全体の信ぴょう性を疑ってはいけない。なぜなら、日常生活や職業上における個々人の表面的な言動の裏には、他人には語れない、ましてやおおやけにできない複雑な事柄や記憶違い、自己弁護から生じる矛盾などが多少なりとも含まれているからである。それは、さまざまな資料を駆使したりして発した言葉から、隠された事柄をある程度解明できる場合もあれば、社会の深奥部分に閉ざされたままということもある。

さらに聴き取り・聞き書きによる生活史研究では、社会の奥底までみえすぎることによって、研究結果の公表がはばかれるということもある。また、ラポールの成立によって、語られた内容（例えば他人を批判・非難する語りなども含む）のすべてが公表できるというものではない。たとえ聴き取り相手が公表に同意している内容であっても、それをおおやけにすることで発生する問題を推察して、調査者自らの判断で公表を断念するような抑制・倫理性も求められる。もちろん、聴き取り相手を特定できないように匿名にしたり、一般化したりした形でその内容を公表することは可能である。

事実と真実

聴き取り・聞き書きをするにあたり、その人しか知らないという体験の場合は、複数証言を得られない。しかし、可能な限り複数証言を得ることによって、聴き取りの内容がより真実に近づいていける。

ここで最も重要なことは、多数の事実を集積しても真実とは異なる事実があることも見極めておかないといけない。このことは「上意下達」の命令の伝わり方の実際の具体事例をあげるとわかりやすい。戦時中、一人の日本軍人が島全体の住民に命令を伝えるとき、数名の住民の班長たちを招集して、軍刀を抜いて脅して島からの退去命令を下した。各班長はそれぞれの班の住民にその退去命令を伝えていった。軍人が住民一人ひとりに命令を伝えたわけではない。それから数十年後、その退去命令について軍人の寄宿先だった住民に尋ねたとき、退去命令はその軍人からではなく「島の班長から私は聞いたのですよ」と答えた。その住民が島の班長から退去命令を聞いたというのは、事実である。ほとんどの住民は、その退去命令はそれぞれの集落の班長から聞いたというのも事実である。しかし、それぞれの住民は、軍人が島の班長に退去命令を下した場面を直接はみていなくて、自らも命令を受けていないのは事実であっても、軍人が命令を下したというのが真実である。ところで、別の島で日本軍部隊長の命令で集団死した事件について、部隊長から直接命令を受けたかと一人ひとりの住民に聴き取りして島内をまわり、「誰ひとり軍人から命令を聞いていない」という「実証的」聴き取り調査の結果、真実を意図的に捏造する著名なノンフィクション作家も実在している。つまり、例えば一〇〇人中九九人の事実の証言が、真実ではないという場合があり、その問題を熟知していないと、事実誤認させられてしまうということである。したがって、事実と真実の見極めはきわめて重要だということを強く認識しておくことである。

二　生活史法の基本的テクニック

生活史の調査研究成果は、調査の意義を十分理解している聴き取り相手の記憶を調査者がいかに鮮明に記憶をよみがえらせるかというテクニックに大いに左右される。

生活史の聴き取り調査にあたっては①いつ（when）、②どこで（where）、③だれが（who）、④なにを（what）、⑤なぜ（why）＋どのように（how）の５Ｗ＋１Ｈを基本にするということが当然視されている。この点をさらに簡潔にした表現としては、聴き取り相手とその場に居合わせたかのように映像化できるよう、微に入り細にわたって聴き出すように努めることをモットーにせよ、と学生たちには伝えてきた。絵画に例えるなら、デッサンから細密画に近づけるように努めるということである。

一般に、体験の記憶が完全に消え失せていると思えることでも、系統立てた質問によって、本人自らも驚くほど記憶が鮮明によみがえる場合がある。質問されたそのときには思い出せなくても、聴き取りを進めていくなかで、当人にとってはそれが深層部分でかかわりを持っていて、時間をおいて再び質問されたときに記憶がふいによみがえる場合がある。再質問に応じて語ってくれる時があるので、そのタイミングをいかにつかむかも重要である。

さらに、それは数日経過して思い出す場合もある。つまり、関連質問という刺激を脳に与えることによって、日ごろ完全に忘れている事柄でも、記憶を呼び覚ますことが可能であるということを再確認しておきたい。日常生活のなかで誰もが忘れていた事柄を、連想していくなかでふいに思い出すということを経験している。生活史法による聴き取り調査のベテランは、聴き取り相手に対してこのような「記憶の呼び覚まし」をしばしば経験しているはずである。現代の脳科学者の研究においても、日ごろ忘却の彼方にしまいこまれていた記憶が、一つのヒント（刺激）によって連鎖反応的に記憶がよみがえるということが証明されているようである。

聴き取り内容が、過去にさかのぼればさかのぼるほど、聴き取り相手は日常の世界から非日常の世界へ時空を超えて入り込むことになる。したがって、生活史の聴き取り調査では、日常の世界に引き戻す要素がない場所を設定したほうがよい。たとえば、聴き取りしている最中の部屋に聴き取り相手の孫が入ってきてその人のひざの上に座ったりしてしまったら、たちまち日常の世界に引き戻されてしまう、などということも考慮しなければならない。非日常の世界に入り込む具体的なテクニックの一例をあげよう。八〇歳の女性から一〇歳の少女時代の記憶をたぐりよせている場合、そのころ呼ばれていた名前で聴き取りしていったほうが時空を超えやすい。七〇年前の一〇歳の少女時代を語るのに、八〇歳の今呼称されている「おばあちゃん」を孫世代の調査者が使っていたら、現実世界に引き戻され、鮮明な記憶がよみがえりにくいと想像したほうがよい。これは聴き取り調査の場数を重ねていくことによって経験的に体得していくテクニックの一つである。聴き取り相手が非日常の世界に入り込み記憶をたぐりよせているとき、高齢者であればあるほど、日常の世界に引き戻されたとき、ふたたび記憶のかなたにしまい込まれていく。それは「なんだったかね……」という言葉を発するので、その状態が推察できる。また、記憶をよみがえらす力は、個人差があると同時にその日の肉体的・精神的な体調や時間的にゆとりがあるかなどにも左右されやすい。

しかも、数十年過去にさかのぼる聴き取りの内容によっては、同一調査者が同一の聴き取り相手から聴き取りをしても、時間をおいて聴く場合はその内容に相違が生じている場合もある。それはラポールの成立如何にかかわらない問題である。したがって、日時や数字、ある事象などの確認のために、そのことだけを突然問い合わせをしたら、かえって間違いが生じやすく、どちらが正確なのかは、調査者はもとより本人自身にも自信を失わせてしまうという混乱をきたすことがある。生活史の原稿をチェックしている編集者や時間に追われている新聞記者、経験を積んでない学生などが、生活史調査の基本的な心得を知らないか、無視することによって、往々にして犯す過ちの一つである。

したがって、生活史の研究でも、可能な限り複数証言や関連文献資料での傍証、事実の確認を基本にすえておきたい。しかし、それが不可能な場合は、聴き取り相手が肉体的・精神的に最も好都合な状態のもとで、より記憶を鮮明によみがえらせたときの内容を優先させることになる。

おわりに

生活史というのはその人のこれまでの人生の記録である。したがって、そのための聴き取り相手というのは、一般庶民からそれぞれの分野における著名人にいたるまで各界各層にわたる。各人からの聴き取りの内容というのは、無限といっても過言ではない。

本シリーズは「戦争孤児たちの戦後史」である。戦争孤児たちの苦難の歴史を聴き取りする場合は、幼少年期に受けた心の傷がそれぞれ根深いものであろうことを容易に推察しながら向き合ってきているはずである。しかし、その心の傷の深さは本人以外には真に理解することはできないかもしれない。本当に理解したといえるまでには、数年にわたって「起居を共にする」ほど、密着して聞き出していくということを積み重ねていくことによってしか到達することはできないと認識していたほうがよいかもしれない。しかし、そのような濃密な聴き取り・聞き書きは「言うは易く行うは難し」である。したがって、その点を考慮に入れつつ、自分の聴き取りに満足せず、つねに未完成という意識があれば聴き取り相手からさらにさまざまな体験を聞き出せる可能性があるだろう。だが実際には、二時間程度で一回きりの聴き取り調査というのが大半であろう。しかし、その聴き取りの回数を重ねていくなかから、「濃密な聴き取り」で得られる内容の心の奥底の部分が、垣間見えるような話しを引き出せる可能性があることに望みを託しておきたい。

他人の生活体験（人生体験）を聞き出すということは、日常的な会話のなかで誰でも多かれ少なかれ行っている一般的行為である。それは仕事の合間、さまざまな会合、ささいな雑談、あるいは見知らぬ相手とのなにげない会話、さまざま事柄を見聞きしているタクシー運転手など、他人とのなんらかの接触のなかで生じる言葉のやり取りをとおして、社会の本質にかかわる体験に基づく言葉が発せられている場合がある。関心のあるテーマを耳にしたときは、その場で後日会う約束をとりつけるということが生活史の聴き取り調査を志す人の習性になるよう、日ごろから意識しておいた方がよいと思う。

戦争孤児は人間のみにくさの極限をみてきている可能性が高い。したがって、心の傷を負っているであろうと相手をおもんぱかりがちだが、「人間とはなにか」という問いの深淵をのぞいてきた体験者で貴重な存在だと評すべきだろう。その体験を社会が共有できるのは、聴き取り調査者の力量しだいということになるのであろう。

参考文献

阿波根昌鴻『米軍と農民—沖縄県伊江島—』岩波書店、一九七三年
伊江村教育委員会編『証言・資料集成 伊江島の戦中・戦後体験記録』一九九九年

石原昌家『大密貿易の時代―占領初期沖縄の民衆生活―』晩聲社、一九八二年（『空白の沖縄社会史―戦果と密貿易の時代―』晩聲社、二〇〇〇年に改題）
江頭説子「社会学とオーラル・ヒストリー―ライフ・ヒストリーとオーラル・ヒストリーの関係を中心に―」『大原社会問題研究所雑誌』五八五、二〇〇七年
ケン・プラマー著、原田勝弘・河合隆男・下田平裕身監訳『ライフドキュメント　生活記録の社会学―方法としての生活史研究案内―』光生館、一九九三年
谷富夫編『新版ライフヒストリーを学ぶ人のために』世界思想社、二〇〇八年

戦争孤児問題年表

（酒本知美作成）

日本の年表	日本の子どもに関する年表	世界の年表
一八七三年　東京府養育院を設立 一九一〇年八月　韓国併合（～一九四五年） 一九一七年七月　軍事救護法（一九三七年に軍事扶助法に改定、一九四六年九月廃止） 一九二〇年一月　国際連盟加入 一九二二年四月　健康保険法制定 一九二三年九月　関東大震災	一八七九年　東京に福田会育児院を設立 一八八七年　石井十次が孤児教育会を設立（岡山孤児院）	一九一九年一月　パリ講和会議 一九一九年六月　ヴェルサイユ条約成立 一九二〇年一月　イタリア、国際連盟加入（～一九三七年一二月） 一九二二年　イタリアがファシズム政権樹立 一九二四年　国際連盟で「児童権利宣言」が採択

一九二五年四月　治安維持法成立
一九二七年五月　山東出兵（～一九二八年五月）
一九二九年四月　救護法公布（一九三二年七月施行）
一九三一年九月　満洲事変
一九三二年一月　上海事変
一九三二年三月　満洲国建国宣言
一九三二年五月　五・一五事件
一九三二年六月　警視庁に特高警察部、各府県に特高課が置かれる
一九三三年三月　国際連盟脱退
一九三四年　文部省に思想局設置
一九三六年二月　二・二六事件

一九三三年五月　少年救護法制定
一九三三年一〇月　児童虐待防止法施行

一九二六年一〇月　ドイツ、国際連盟加入（～一九三三年一〇月）
一九二九年一〇月　世界恐慌始まる
一九三二年七月　ドイツ、総選挙でナチスが第一党に
一九三三年一月　ヒトラーがドイツ首相に就任
一九三五年三月　ドイツ、ヴェルサイユ条約を破棄して再軍備を宣言
一九三六年五月　イタリア、エチオピア併合

一九三七年七月　盧溝橋事件、日中戦争開始（～一九四五年八月）

一九三七年一一月　日独伊防共協定締結

一九三七年一二月　母子保護法制定（一三歳以下の子どものいる寡婦が対象。一九四六年九月廃止）

一九三八年一月　厚生省設置＝精兵養成、軍需労働確保、勤労行政と衛生行政が優先（健民健兵政策）

一九三八年三月　社会事業法公布

一九三八年四月　国家総動員法公布、国民健康保険法施行

一九三九年七月　国民徴用令制定、軍事保護院設置

一九四〇年九月　日独伊三国同盟調印

一九四〇年一〇月　紀元二六〇〇年記念全国社会事業大会、大政翼賛会発会式

一九四一年八月　医療保護法公布（一九四

一九三八年一月　厚生省社会局内に児童課が設けられる

一九四一年五月　全国児童愛護実施要項制定

一九三六年七月　スペイン内乱勃発

一九三六年一二月　西安事件

一九三八年三月　ドイツ、オーストリア併合

一九三八年九月　ミュンヘン会談

一九三九年九月一日　ドイツ、ポーランドに侵攻開始（～一九四九年　第二次世界大戦勃発）

一九四〇年六月　フランスがドイツに降伏

六年九月廃止）
一九四一年一一月　国民勤労報国協力令公布
一九四一年一二月　真珠湾奇襲、アジア・太平洋戦争勃発（〜一九四五年八月）、言論出版集会結社等臨時取締法公布
一九四二年一月　日本軍、マニラ占領
一九四二年二月　日本軍、シンガポール占領
一九四二年四月　戦時災害保護法施行令公布（一九四六年九月廃止）
一九四二年六月　日本軍、ミッドウェー海戦で大敗
一九四三年一月　生産増強勤労緊急対策要綱閣議決定
一九四三年三月　戦争死亡傷害保険法公布
一九四四年八月　学徒勤労令公布（一九四五年一〇月廃止）、女子挺身勤労令公布（一九四五年三月廃止）
一九四四年一〇月　レイテ沖海戦、神風特攻隊編成
一九四五年二月　軍人恩給廃止の勅令公布
一九四五年三月　国民勤労動員令（一九四五年一〇月廃止）、東京大空襲

一九四四年八月　学童集団疎開第一陣が東京を発つ
一九四五年三月　東京都養育院に東京大空襲による孤児が収容される

一九四三年九月　イタリア降伏
一九四三年一二月　カイロ宣言
一九四四年六月　ノルマンディー上陸作戦
一九四五年二月　ヤルタ会談

一九四五年四月　沖縄本島にアメリカ軍上陸
一九四五年八月六日　広島原爆投下
一九四五年八月七日　ソ連対日参戦
一九四五年八月九日　長崎原爆投下
一九四五年八月一四日　御前会議、ポツダム宣言受諾
一九四五年八月一五日　日本降伏
一九四五年九月二日　アメリカ艦ミズーリ号で降伏文書に調印、ＧＨＱの占領下になる（〜一九五二年四月）

一九四五年五月　東京都疎開児童援護会が援護学寮（二子玉川学寮）を開設し、孤児の収容が始まる
一九四五年六月二二日　「戦災遺児援護対策懇談会」開催（厚生省と恩寵財団戦災援護会の共済）
一九四五年六月二八日　「戦災遺児保護対策要綱」が示される
一九四五年七月　子供の家（東京都杉並区）が設立され、乳幼児の戦災孤児が収容される
一九四五年八月八日　比治山国民学校迷子収容所の設置（広島県）
一九四五年九月一五日付「戦災孤児等集団合宿教育所に関する件」（文部省）により、一七ヵ所以上の戦災孤児合宿教育所が設置される

一九四五年四月　サンフランシスコ会議（〜六月）、国際連合憲章採択
一九四五年七月　ドイツが連合国に無条件降伏

一九四五年一〇月　治安維持法、特高警察の廃止、政治犯の釈放

一九四五年一二月一五日　生活困窮者緊急生活援護要綱閣議決定（一九四六年四月実施）

一九四五年一二月一五・一六日　上野地下道一帯の一斉収容（浮浪者）を実施（東京都）

一九四六年一月　天皇の人間宣言

一九四六年二月　ＧＨＱよりＳＣＡＰＩＮ（連合国最高司令官指令）七七五が示される

一九四六年五月　旧生活保護法公布（一〇月施行）、東京裁判（極東国際軍事裁判）開廷

一九四六年一一月三日　日本国憲法公布（一九四七年五月三日施行）

一九四五年九月二〇日　「戦争孤児等保護対策要綱」発表（厚生省）

一九四五年一〇月　東京都で浮浪児を主体とした一斉狩込が実施される

一九四五年一二月一日　広島戦災育成所開設

一九四六年四月　「浮浪児その他児童保護等の応急措置実施に関する件」（社会局長通達）

一九四六年九月一九日　「主要地方浮浪児等保護要綱」（厚生次官名通達）

一九四五年一〇月　国際連合成立

一九四六年七月　アメリカ合衆国のビキニ環礁での核実験開始

一九四六年一二月　ＵＮＩＣＥＦ（国連児

一九四八年一月　改正民法実施（家制度の廃止）

一九四八年七月　民生委員法施行

一九四七年七月　厚生省が「児童福祉法（案）要旨」発表

一九四七年七月五日　ラジオドラマ「鐘の鳴る丘」開始（～一九五〇年一二月）

一九四七年一二月　児童福祉法公布（一九四八年一月施行）

一九四八年二月　「全国孤児一斉調査」（二〇歳以下一二万三五一一人、うち戦争孤児二万八二四八人、引揚孤児一万一三五一人、一般孤児八万一二六六人、棄迷児二六四七人。合計は異なるが、『全国戦災史実調査報告書　昭和五七年度版』の記述のママ掲載）

一九四八年九月　浮浪児根絶緊急対策要綱決定（一九四八年一一月実施）

一九四八年一一月　里親制度開始

一九四八年一二月　児童福祉施設の最低基準施行

一九四九年　ＵＮＩＣＥＦの日本への支援が開始される（～一九六四年）

一九四九年六月　少年法施行、児童福祉委員

童基金）創設

一九四八年五月　第一次中東戦争勃発

一九四八年一二月　国連による世界人権宣言

一九四九年四月四日　北大西洋条約機構設立

一九四九年一二月　身体障害者福祉法施行 一九五〇年五月　生活保護法・精神衛生法施行 一九五〇年六月　労働省、失業者が五〇万人と発表 一九五一年三月　社会福祉事業法交付（六月施行） 一九五一年九月　サンフランシスコ講和会議開会 一九五二年四月　戦傷病者戦没者遺族等援護法制定、サンフランシスコ平和条約発効、日米安全保障条約（旧）発効 一九五二年九月　全国世帯一斉調査実施 一九五二年一〇月　厚生省、生保全国一斉調査 一九五二年一二月　母子福祉資金貸付等に関する法律制定	会が児童福祉審議会に改称 一九五〇年一一月　全国養護施設協会結成 一九五一年五月　児童憲章が定められる 一九五一年一〇月　児童福祉法の保護受託者制度実施 ※一九五一年は生活難による子どもの人身売買が増加した 一九五二年七月　児童福祉法一部改正 一九五三年二月　保育問題研究会発足、東京都児童福祉施設研究会結成	一九五〇年六月　朝鮮戦争勃発（一九五三年七月二七日、休戦協定調印）

一九五三年八月　恩給法改正、軍人恩給復活

一九五四年三月　母子福祉資金に支度資金創設

一九五六年七月　『経済白書』の「もはや戦後ではない」が流行

一九五三年四月　一九四五年の終戦後に誕生した混血児就学期迎える

一九五三年九月　児童福祉法施行事務監督要綱実施

一九五四年二月　第一回里親・職親を求める運動実施

一九五四年四月　保育所入所児童に要する措置費の徴収基準制定

一九五四年一〇月　養護施設運営要綱実施

一九五四年一一月　全国里親連合会結成

一九五四年八月　不就学及び長期欠席児童対策要綱実施（文部省・厚生省・労働省）

一九五六年三月　「この子たちの親を探そう」運動

一九五六年五月　第一回子供の日

一九五六年六月　児童福祉法関係事務を府県から指定都市に移譲

一九五四年三月一日　キャッスル作戦によりビキニ環礁で日本の第五福竜丸が被爆

一九五五年五月一四日　ワルシャワ条約機構設立（～一九九一年七月一日）

一九五六年一二月　国連に加盟 一九五九年一月　戦争と失業に反対する国民大行進 一九五九年一一月　無居室の老齢、障害、遺児、寡婦等の国民年金法施行	一九五七年四月　児童福祉法の一部改正 一九五七年五月　都道府県に児童福祉行政指導職員設置 一九五七年八月　児童局に児童保護監査官制度設置 一九五八年一二月　厚生省、児童福祉施設の最低基準の改正（設備の基準など） 一九五九年三月　児童福祉法の一部改正（深夜喫茶立入禁止） 一九五九年一二月　「児童の権利宣言」衆院で可決 一九六〇年八月　中央児童福祉審議会答申「児童福祉行政の刷新強化に関する意見」が示される 一九六〇年一一月　家庭養護寮発足（神戸）	一九五六年一〇月　第二次中東戦争勃発 一九五九年一一月　国際連合総会にて「児童権利宣言」が採択

執筆者紹介（生年／現職）—執筆順

浅井春夫（あさい　はるお）→別掲

片岡志保（かたおか　しほ）一九七六年／日本福祉大学福祉経営学部（通信教育）助教

山田勝美（やまだ　かつみ）一九六五年／山梨県立大学人間福祉学部教授

艮　香織（うしとら　かおり）一九七五年／宇都宮大学共同教育学部准教授

藤井常文（ふじい　つねふみ）一九四九年／東京都児童相談センター児童福祉相談業務指導員

本庄　豊（ほんじょう　ゆたか）一九五四年／立命館大学・京都橘大学非常勤講師

金田茉莉（かねだ　まり）一九三五年／戦争孤児の会元代表

川満　彰（かわみつ　あきら）→別掲

上田誠二（かみた　せいじ）一九七一年／日本女子大学人間社会学部准教授

水野喜代志（みずの　きよし）一九五三年／なかま共同作業所施設長

平井美津子（ひらい　みつこ）一九六〇年／大阪府吹田市立南千里中学校教諭

結城俊哉（ゆうき　としや）一九五八年／立教大学コミュニティ福祉学部教授

石原昌家（いしはら　まさいえ）一九四一年／沖縄国際大学名誉教授

酒本知美（さかもと　ともみ）一九七二年／日本社会事業大学通信教育科講師

編者略歴

浅井春夫

一九五一年　京都府に生まれる

一九七八年　日本福祉大学大学院社会福祉学研究科博士課程前期修了

現在、立教大学名誉教授

〔主要著書〕

『沖縄戦と孤児院』（吉川弘文館、二〇一六年）

『戦争をする国・しない国』（新日本出版社、二〇一六年）

川満　彰

一九六〇年　沖縄県に生まれる

二〇〇六年　沖縄大学大学院沖縄・東アジア地域研究専攻修了

現在、名護市教育委員会文化課市史編さん係会計年度任用職員

〔主要著書・論文〕

『陸軍中野学校と沖縄戦』（吉川弘文館、二〇一八年）

「どうして沖縄が戦場となったのか」「離島の沖縄戦」など（吉浜忍ほか編『沖縄戦を知る事典』吉川弘文館、二〇一九年）

戦争孤児たちの戦後史1
総論編

二〇二〇年（令和二）八月一日　第一刷発行
二〇二一年（令和三）九月一日　第三刷発行

編者　浅井春夫（あさいはるお）　川満彰（かわみつあきら）

発行者　吉川道郎

発行所　株式会社 吉川弘文館
郵便番号一一三—〇〇三三
東京都文京区本郷七丁目二番八号
電話〇三—三八一三—九一五一（代）
振替口座〇〇一〇〇—五—二四四番
http://www.yoshikawa-k.co.jp/

印刷＝株式会社 東京印書館
製本＝株式会社 ブックアート
装幀＝黒瀬章夫

ISBN978-4-642-06857-4

浅井春夫・川満 彰・平井美津子・本庄 豊・水野喜代志編

戦争孤児たちの戦後史 全3巻

①総論編　浅井春夫・川満 彰編

②西日本編　平井美津子・本庄 豊編

③東日本・満洲編　浅井春夫・水野喜代志編

本体各2200円（税別）

吉川弘文館